현대 사회와 조직

최 창 현

도서출판 대영문화사

머리말

현대 사회는 흔히 조직사회로 지칭된다. 조직사회로 지칭되는 현대 조직사회에서 조직과 환경 간의 끊임없는 상호작용이 발생하고 있으며, 조직 구성원으로서의 개인이나 조직이 생존하기 위해서는 현대 사회와 조직에 대한 이론적 고찰이 필요하다. 이 책에서는 현대 사회와 조직에 관한 최신 내용을 소개한다.

현대 사회를 이해하기 위해 사회학의 네 가지 패러다임, 즉 구조기능주의 사회학, 갈등주의 사회학, 해석사회학, 비판사회학 중 구조기능주의 사회학과 갈등주의 사회학을 위주로 사회학의 일반이론을 소개하고, 이를 바탕으로 조직사회학을 중심으로 소개한다. 조직사회학에서는 주로 관료제 이론과 탈관료제 이론 등을 설명한다.

사회학의 여러 가지 근본 패러다임을 이해시키고 현대 조직사회의 여러 가지 문제점을 보고, 느끼고, 창조적으로 생각하는 능력을 키워 주기 위해 멀티미디어 교재와 다양한 동영상 등을 활용한다. 특히 외국에 나가지 않고도 어학연수 및 외국 대학의 교양과정을 체험할 수 있도록 8주 강의의 매주 30% 정도는 미국인 저명교수들과 성우들에 의해 아주 정확한 발음과 이해하기 쉽게 제작된 동영상을 활용한다. 또한 비록 영어 강의가 청취 문제가 없도록 쉽게 제작된 것이지만, 이를 더 쉽게 이해할 수 있도록 미리 영어 강의에 나오는 용어들과 학습 내용 등을 분석, 설명한 내용을 다루고 있다.

이 책은 사회와 관련된 기초 개념(Sociological Perspectives), 사회학 정의, 영어 강의 내용 분석 등을 다루고 있다. 구체적으로 1. 사회(Society), 2. 사회구조(Social Structures), 3. 세계화(Globalization), 4. 미시사회학

(Micro-Sociology), 5. 거시사회학(Macro-Sociology), 6. 사회학적 상상력(Sociological Imagination), 7. 사회관(Sociological Perspective)의 흐름, 8. 사회학 패러다임(Paradigm) 변천사 등을 다룬다

또한 1. 콩트(A. Comte), 2. 마르크스(K. Marx), 3. 뒤르켐(É. Durkheim), 4. 베버(M. Weber), 5. 미드(G. H. Mead), 6. 파슨스(T. Parsons) 등의 사회학의 주요 학자들을 다룬다.

이 밖에 1. 사회 명목론과 사회 실재론, 2. 기능론적 관점과 갈등론적 관점, 3. 기능주의(Functionalism), 4. 갈등이론(Conflict Theory), 5. 상징적 상호작용주의(Symbolic Interactionism) 등을 소개한다.

이어 문화(Culture)와 관련해서는 1. 문화의 개념 및 속성(Definition of Culture), 2. 문화의 발전 단계(Cultural Development), 3. 문화분석하기(Analyzing Culture) 등을 다룬다.

조직사회학의 부분에서는 조직에 대한 여러 가지 관점을 소개한다. 1. 기계장치로서의 조직, 2. 유기체로서의 조직, 3. 두뇌로서의 조직, 4. 문화로서의 조직, 5. 심리적 감옥으로서의 조직, 6. 지배를 위한 도구로서의 조직 등이 그것이다.

이어서 조직이론의 변천사를 소개한다. 고전적 조직이론, 신고전 조직이론 등을 소개한다. 그리고 마지막으로 복잡계이론을 소개하고, 복잡계이론의 조직적 활용 방안을 모색해 본다.

이 책은 현대 사회와 조직 사이버 강좌를 수강하는 학생들이 교재가 없어 불편하다는 이야기를 듣고 쓴 것이라 사이버 강좌를 수강하는 학생들에게 조금이라도 도움이 되길 바라는 마음에서 집필되었다.

2012년 1월

최창현

차 례

Chapter

01 사회학의 기초 개념

착시 현상

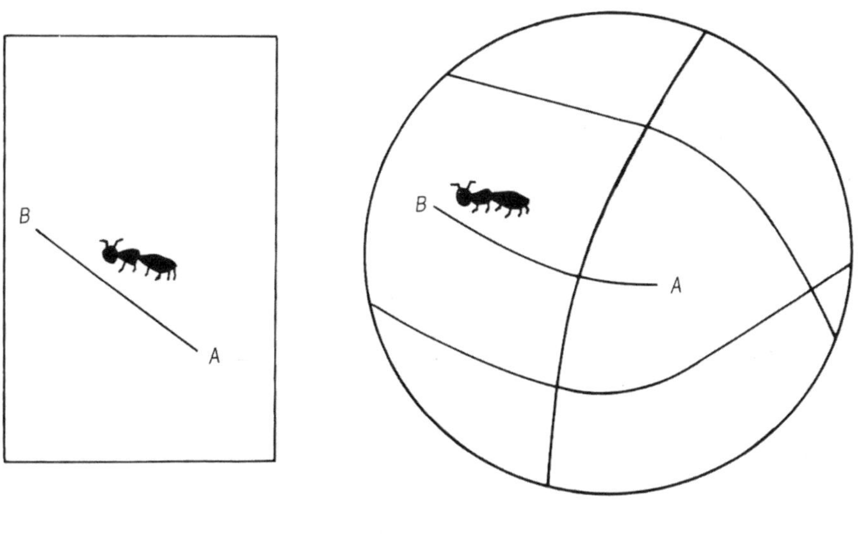

우리가 어떤 현상이나 사물을 생각하는 인식론적인 차원이 다르면, 동일한 현상이나 사물도 전혀 다르게 받아들이게 된다.

위 삽화의 A-B선의 길이는 같다. 그러나 2차원에서 그리고 3차원에서 느끼는 거리는 각각 다르다.

제 1 절 이론이란 무엇인가?

연구 과업을 시작하려면 모든 연구자는 이론에 관심을 갖지 않을 수 없다. 따라서 연구 과업을 시작하기 전이건 후이건 간에 연구자는 이론을 구성하려고 시도한다. 과학적인 의미에서의 이론은 관찰된 사회 현상을 설명할 수 있어야 하며, 또한 예측할 수 있는 것이어야 한다.

즉, 이론(理論, theory)이란 "사회 현상을 설명하고 예측하기 위한 일련의 명제(proposition)"다. 명제란 상호 연관된 개념(concept) 간의 관계를 의미한다. 또한 개념이란 특정 의미가 부여된 용어다.

많은 사람에게 '이론'은 비교적 간단한 사건인 듯 보이는 것을 기술하는 복잡한 전문 용어다. 또 어떤 사람에게는 이론이란 실질적인 일의 실제 세계와는 격리되고, 구분되고, 이국적인 것을 의미한다. 또 어떤 사람들에게 이론이란 무엇이 잘못됐는지에 대한 이론을 가지고 있다라는 말에서 볼 수 있듯이 설명 개념을 지닌다(최창현 역, 1992).

1 이론의 목적 및 기능

우선 이론은 예측력뿐만 아니라 설명력(explanatory power)을 지녀야 한다. 설명이란 특정 관계에 대한 명제가 사회 현상을 기술할 수 있는 정도로 규정될 수 있으며, 이론은 많은 사회 현상을 단순한 명제로 설명할 수 있도록 설명력을 가질 때 좋은 이론이 된다. 그러나 이론은 단지 설명력뿐만 아니라 예측력도 지녀야 한다. 만일 직위와 소득 간의 관계에 대한 이론이 있다면, 갑의 직위를 알 경우 갑의 대략적인 소득을 예측할 수 있다. 끝으로 이론은 의도적이건 아니건 간에 사후적 합리화의 한 방편으로 이용되기도 한다.

편의상 이론을 상황이나 문제를 이해하게 해 주는 지적 구성으로, 즉 실제적 이론(practical theory)으로 규정한다. 그러면 실제적 이론이란 다른 방법으로는 명백하지 않을 행동의 가능성을 조명해 주거나 이미 행동하고 있는 것을 좀 더 이해하도록 자극하는 이론이라고 할 수 있다. 실제적인 이론의 두 번째 특징은 상식에 의해 발견되는 것과는 다른 새롭고 예기치 못한 통찰력을 유발시키거나 혹은 다른 방식으로 상황을 보는 힘, 즉 독창성(novelty)이다(최창현 역, 1992).

독창성도 필연적으로는 낡은 것이 되므로 이런 의미에서 이론은 새로운 이론에 의해 계속적으로 증진되어야 한다. 이론을 너무 잘 알고 있는 것은 사고에 도움이 되는 것이라기보다는 사고를 대치하는 결과를 초래할 위험성이 있다. 따라서 이론은 상황과의 정신적 참여를 인정하지만 독창적인 이론은 이와 동시에 관찰되는 것으로부터 이론가이건 행정가이건 간에 관찰자를 격리할 필요성이 있다. 이러한 격리는 두 개의 기능을 수행하는데 첫째, 상황이나 문제뿐만 아니라 사고방식에 대한 비판적 회고(critical reflection)를 가능하게 한다. 우리가 어떤 것에 대해 비판적으로 생각하기를 원한다면 그것에 대해 어떻게 생각하는지에 대해서도 비판적으로 생각해야만 한다. 다양한 이론은 다양한 이미지와 함께 우리가 보는 것과 어떻게 보느냐 간의 중요한 차이점을 상기시켜 준다.

이론에서 독창적인 또 하나의 기능은 이론과 실제의 관계에 대한 중요한 도덕적 고려를 포함한다는 것이다. 지속적으로 이론적 이미지를 바꿈으로써 얻는 독창성은 세계를 인식하는 '올바른' 방법이 존재한다는 관찰자의 가정을 완화시켜 준다. 그러한 진실에 대한 가정은 사람들로 하여금 선호된 세계에 대한 이미지에 의해 조명된 행위 경로가 도덕적 정당성을 지닌 것이라고 믿도록 인도한다. 이 경우 책임성은 사람이 주관성과 상황의 정의에 대한 상대적 진실을 인식하는 개인적 수준으로부터 사람이 그들의 지식이 실패 없이 올바른 행동으로 나타나리라는 그릇된 가정을 하는 비인격적 수준으로 변화한다. 따라서 책임성은 그러한 행위를 나타내는 이론에 포함되어 있는데, 이는 이론이 법이나 규칙의 권한과 유사한 방식으로 권위적이 된다는 것이다(최창현 역, 1992).

공식적인 학문적 이론이건 혹은 실제 행정가의 묵시적 이론이건 간에 이론의 힘은 법이나 규칙보다 행정행위의 방향을 결정하는 데 더 큰 위력을 발휘할 수도 있다. 버거와 러크만(Berger & Luckmann, 1967)의 제안에 의하면, 그 이유는 사회적 세계를 기술하고 설명하기 위해 고안된 이론이 세계를 만들고 유지하는 데 도움을 주기 때문이라는 것이다.

앞에서 언급한 것은 행정 실제를 위한 이론의 유용성을 강조한 것이다. 즉, 이론은 미래를 향해 행동하기 위해 현재를 이해하도록 해 준다. 또 다른 이론의 기능은 사후적 합리화 기능으로서의 이론화(theorizing as retrospective sense-making)다. 빅(Karl Weick)은 추가적인 시간적 관점을 덧붙인 이론에 대한 보충적 접근법을 제시한다. 그에 의하면, 이론은 우리의 지나간 행동을 이해하는 수단을 제공한다. 행동에 대한 합리적·수단적 관점에 의구심을 던지며, 그는 행동에 대한 사람들의 이해는 회고적으로만 발견 될 수 있다고 주장한다(Weick, 1979). 즉, 비록 행동을 유발하는 무의식적인 동기에 대해 충분한 이론적 기술을 시도하고 있지는 않으나, 사람들의 행위는 중요한 것으로 간주되는 우연한 사건에 대한 자발적인 반응에 주로 기인한다는 것이다.

이론 혹은 빅이 더 선호하는 용어인 '이론화(theorizing)'는 사람들이 일단 행한 것을 회고적으로 그럴듯하게 만드는, 그리고 미래의 특별한 사고나 상황을 일으키기 쉬운 행위를 사후적으로 합리화하는 중요한 수단을 제공한다. 그의 저서 『조직화의 사회심리학(*The Social Psychology of Organizing*)』에 나오는 중요한 문장은 그의 접근법을 잘 요약하고 있다. "내가 말하는 것을 알기 전까지 내가 생각하는 것을 어떻게 알 수 있겠는가?(How can I know what I think until I see what I say?)" 그가 의도하고자 한 의미의 일부는 우리 행동의 결과로서 우리가 이제까지 해온 것을 아는 것이다. 우리가 이미 생각한 목적이나 목표에 입각해 행동할 때에도 이론화는 우리의 의도가 진정 무엇이었는지에 관한 추가적인, 또한 때로는 상충적인 증거를 회고적으로 나타내 준다.

이론화가 무엇을 포함하는지에 대한 빅의 개념은 이미 언급한 이론에 대한 개념 규정을 모두 포괄한다. 특정 이론이 어떻게 문제를 규정하는 데 도움을 주고 혹은 과연 이론이 주어진 상태를 '문제'로서 기술하도록 해 줄 수 있는지의 여부를 이해하는 것이 이론을 실제적인 것으로 만드는 중요한 한 부분이다.

동일하거나 혹은 유사한 사회 현상을 설명하는 여러 가지 이론이 존재할 경우 어느 이론이 더 나은 것인지를 판단하는 기준은 무엇인가 하는 문제가 대두될 수 있다. 다른 대안적인 이론에 대한 어느 한 이론의 우수성은 세 가지 기준에 의해 결정된다. 즉, ① 이론의 간단명료성(parsimony), ② 설명의 정확성(accuracy), 그리고 ③ 다른 사회 현상을 설명할 수 있는 정도 등의 세 가지 기준이 이론의 설명력을 결정한다. 그리고 이러한 기준에 합치되는 좋은 이론을 구성하는 것이 바로 과학의 궁극적인 목적이라 할 수 있다(Kerlinger, 1964).

2 이론의 구성 요소

이론이란 무엇인가? 이론(理論, theory)이란 사회 현상을 체계적으로 설명하고 예측하기 위한 일련의 상호 연관된 명제들의 집합이다. 그렇다면 명제란 또 무엇인가? 명제(命題, propisition)란 일련의 개념들 간의 관계이며, 명제와 유사한 용어인 가설(假說, hypothesis)은 실증적으로 검증 가능한 명제를 의미한다. 명제가 개념 간의 관계라면 개념이란 무엇인가? 개념(概念, concept)이란 이론의 기본 구성 요소로서 특정 의미를 부여받은 용어다. 따라서 아무리 어려운 이론이라 할지라도 그 근본 요소로서의 개념을 잘 이해하고 개념 간의 연관성을 파악하면 이론을 이해할 수 있다.

이론을 실증적으로 검증하려면 개념을 조작화할 필요가 있는데, 조작화된 개념을 변수라 부른다. 즉 변수(變數, variable)란 조작화된 개념, 곧 수치화된 개념이다. 모든 이론은 특정 상황 하에서만 적용되는데, 이러한 조건을 가정이라 한다. 즉 가정(假定, assumption)이란 이론이 적용되는 제반 조건을 의미한다. 이론은 원형 내에서 논의된다. 원형(原形, paradigm)이란, 관점을 틀지어 주는 좀 더 근본적인 모형으로서 특정 과학자집단이 상호 주관적으로 공유하는 신념이나 가치 체계를 의미한다. 이론과 관련된 또 다른 개념으로 모형이 있는데, 모형(model)이란 복잡한 형식의 단순화된 추상화라고 할 수 있다.

1) 명제

명제(命題, proposition)란 두 개 이상의 개념 간의 관계다. 전형적인 명제의 형태는 다음과 같다.

(1) *a*가 크면 클수록 *b*도 크다.
(2) *a*의 증감은 *b*의 증감과 연관된다.
(3) *a*는 *b*와 긍정적(혹은 부정적)인 관계다.
(4) *a*의 변화는 *b*의 변화를 초래한다.
(5) *a*와 *b*는 무관하다. 여기서 a와 b는 개념이다.
(예: 학생 수가 많으면 학습 효과는 적어진다)

가설(假說, hypothesis)은 실증적으로 검증 가능한 명제를 의미한다.

2) 개념

개념(槪念, concept)이란 이론의 기본 구성 요소로서 특정 의미를 부여받은 용어다. 개념은 네 가지 방법에 의해 만들어진다. ① 시회경제적 지위(socioeconomic status: SES) 등과 같이 상상력에 의해, ② 조직과 같이 경험에 의해, ③ 대중매체(mass media)와 같이 관습에 의해, ④ 사회경제적 지위의 구성 요소인 직업(occupation)과 교육(education) 간의 불일치 현상을 설명하기 위해 고안된 지위 불일치(status inconsistency) 등과 같이 다른 개념으로부터 만들어질 수 있다. 연구자는 새로운 개념을 상상력에 의해, 혹은 경험에 의해 만들어낼 필요는 없으며, 관습에 의해 이미 만들어진 개념을 사용하는 것이 무난하다. 그리고 특정 연구 목적상 관습적 개념을 수정한 경우 이를 명시해 주어야 한다.

명제란 두 개 이상의 개념 간의 관계이기 때문에 이제는 개념 간의 관계에 대해 설명하고자 한다. 하나는 공분산적 관계(covariational relations)로

(1) *a*가 크면 클수록 *b*도 크다, (2) *a*의 증감은 *b*의 증감과 연관된다, (3) *a*는 *b*와 긍정적(혹은 부정적)인 관계다 등과 같은 형식을 취하며, 어떤 개념이 원인변수인지 결과변수인지에 대한 언급은 없다. 이에 반해 인과 관계(causal relations)는 a의 변화는 b의 변화를 초래한다 등과 같은 형식을 갖는 명제로 원인변수와 결과변수를 명시한다.

가설적 인과 관계의 분석모형을 구성하기 전에 인과모형에서 선험적 사전 가정(*a priori* assumption)이 필요하다.

① 특정 변수는 다른 특정 변수에 직접적으로 의존해 있지 않다.
② 오차가 상호 연관되어 있지 않다 (the errors are uncorrelated).
③ 한 변수의 변화는 다른 변수의 변화의 선형 함수(linear function)로서 발생한다.
④ 상호 인과 관계(reciprocal causations)는 없는 것으로 가정한다. 즉, 만일 *X*가 *Y*의 원인변수라면, *Y*는 직접적으로든 간접적으로든 *X*에 영향을 미칠 수 없다 (Asher, 1983).

그러나 이 마지막 가정 ④는 선형구조 관계(LISREL)를 이용하면 적용되지 않는다 (Joreskog & Sorbom, 1988, 1986; 최창현 1992, 1991 참조). 흔히 연구자는 이 두 가지 관계를 혼동하는 경향이 있는데, 연구 수행 시 이를 명백히 해 주어야 한다.

마지막으로 영 관계(null relations)가 있을 수 있는데, 이는 *a*와 *b*는 무관하다 등과 같은 형식을 가지며, 그 예로는 "성별과 지역 차별에 대한 인식과는 무관하다"는 명제를 들 수 있다.

개념과 관련된 용어로 구성체(construct)를 이해할 필요가 있다. 이는 여러 개의 하위 개념, 즉 인자(factor)를 포괄하는 고차원적인 상위 개념(ahigher level of concept)으로, 대부분의 사회과학 용어는 구성체이며 만일 이론이 구성체로 이뤄져 있다면 실증적인 연구가 쉽지 않다는 것이다. 사회경제적 지위(SES)는 교육, 소득, 직위 등의 하위 개념을 포괄하는 용어이며, 조직구조는 집권, 공식도, 통합도, 복잡도 등을 포괄하는 용어이고,

조직효과성은 능률성, 사기, 응집성, 인력 개발, 안정성 및 적응성 등의 여러 개념을 포함하는 구성체의 예다. 구성체를 측정하려면 복합지표(multi-pleindicators)의 개발이 필수적이며, 복합지표를 사용한 실증적 분석을 위해서는 LISREL 등과 같은 통계 패키지를 이용해야 한다.

3) 변수

변수(變數, variable)란 조작화된 개념, 즉 수치화되거나 문자화된 개념이다. 신장, 체중, 연령, 교육, 소득 등과 같은 개념은 그 자체 조작화된 개념(self-operationalized concept) 즉 변수이나, 직위 · 공식도 등의 개념은 변수화해야 한다. 구성체의 경우는 먼저 어떠한 하위 개념을 포함시킬 것인지를 이론적으로나 실증적으로 검증한 후, 명백한 개념 규정을 해야 변수화가 가능하다.

이에 대해서는 다음 장에서 자세히 설명하겠으나 여기서는 변수의 종류에 대해서만 알아본다. 가장 유용한 변수의 구분은 독립변수와 종속변수로 나누는 것이다. "*a*의 변화는 *b*의 변화를 초래한다"라는 명제에서 *b*라는 결과의 원인이 되는 *a*를, 종속변수(dependent variable) *b*의 독립변수(independentvariable)라 한다. (1) *a*가 크면 클수록 *b*도 크다, (2) *a*의 증감은 b의 증감과 연관된다, (3) *a*는 *b*와 긍정적(혹은 부정적)인 관계다라는 명제의 경우는 독립변수와 종속변수의 관계가 반드시 인과 관계는 아니라는 점을 시사한다. 독립변수(independent variable)는 선행변수(antecedent variable), 예측변수(predictor variable), 외생변수(exogenous variable)로도 불리며, 종속변수(dependent variable)는 예측된 변수(predicted variable), 내생변수(endogenous variable)로도 불린다.

독립변수와 같이 종속변수에 영향을 끼치는 변수로 매개변수(intervening variable)가 있다. 예를 들면 조직몰입도를 제고하는 요인으로서 조직구조가 영향을 미치는데 우선 조직구조가 직무만족도에 영향을 주고, 이 직무만족도가 조직몰입도에 영향을 준다면 이 경우 직무만족도는 매개변수의 역할을 한 셈이다. 매개변수와 유사한 변수로 독립변수의 종속변수에 대한 영향력을 정확히 규명하기 위해 통제되는 통제변수(control variable)

가 있다.

변수를 구분하는 두 번째 방법은 조작변수와 특성변수로 나누는 것이다. 독립변수는 흔히 조작(manipulation) 가능하기 때문에 조작변수로 분류되기도 한다 이에 반해 성별, 연령, 사회경제적 지위 등과 같이 조작할 수 없는 개인 특성(personalistic attributes) 등을 특성변수(attribute variable)라 한다.

세 번째로 지속변수(continuous variable)와 범주변수(categorical variable)로 구분할 수 있다. 지속변수는 특정 범위 내에서 최소한 서열화할 수 있는 변수(서열, 등간, 비율척도)인 반면, 범주변수는 양적인 대소 관계를 구별할 수 없는, 즉 수치화가 불가능하고 대신 부호화를 통해 범주화한 변수(명목척도)를 의미한다. 예컨대, 성별이라는 개념에서 남과 여를 각각 0과 1로 범주화한 경우 이를 범주변수(dichotomous variable)라 한다. 두 개의 범주만으로 분류될 경우는 이 범주변수로 불리며, 또한 일반직 공무원을 1급부터 9급까지 측정했다면 이 경우는 특히 다범주변수(polytomous variable)로 불린다.

마지막으로 잠재변수(latent variable)와 현재변수(manifested variable)로 구분해 볼 수 있다. 현재변수가 관찰된 변수인 반면, 관찰된 변수의 이면에 존재하는 것으로 추정되는, 관찰되지 않으면서 구성체인 경우의 변수는 대부분 잠재변수다. 이제까지는 통계기법상의 한계로 인해 잠재변수의 잠재변수에 대한 영향, 혹은 잠재변수의 현재변수에 대한 영향분석이 불가능해 이론 구성상의 희생을 감수해야만 했으나, 최근 들어 LISREL (LInear Structural RELations) 등의 통계 패키지를 이용한 공분산구조분석(analysis of covariance structure)이 가능해졌기 때문에 좀 더 정교한 이론을 실증적으로 검증할 수 있게 되었다.

이론이 법칙과 다른 점은 법칙은 보편타당하게 적용될 수 있는 것인 반면에, 이론은 특정 상황에서만 타당하다는 점이다. 가정(假定, assumption)이란 이론이 적용되는 특정 상황이나 제반 조건을 의미한다.

3 조사 방법

사회과학자들은 과학적인 방법을 사용한다. 그리고 주제를 연구하는 객관적인 접근법은 과학적인 이론을 만들어낸다.

과학적인 이론이란 2인 이상의 인간, 장소, 사물들 간의 관계에 대한 논리적으로 연결된 일련의 개념을 말한다.

과학적 이론은 '과학적인 방법'을 이용해 관찰을 통해 검증 가능해야만 한다.

무엇이 방법을 과학적인 것으로 만드는가?

1) 객관성(objectivity): 연구에 주관성이 개입되지 않는 것
2) 타당도(validity): 실제 측정하고자 하는 것을 측정하는 정도
3) 신뢰도(reliability): 반복 측정했을 때 동일한 결과를 나타내는 정도
4) 일반화(generalizability): 어느 한 표본으로 얻은 연구 결과를 모집단에, 즉 다른 표본에도 적용되는 정도

조작적 정의를 내린 가설을 조사하는 방법에는 질문지법, 면접법, 참여관찰법, 문헌연구법, 실험 등 여러 가지가 있다. 연구자는 다양한 방법 중에서 조사하려는 내용의 성격에 가장 잘 맞는 방법을 한 가지 혹은 몇 가지 선택할 수 있다. 여기서는 가장 널리 사용되는 질문지법에 대해 간략히 소개하겠다.

질문지법이란 조사하고자 하는 내용에 관한 설문지를 작성해 이를 조사대상자에게 보내어 기입하게 하는 것으로, 가장 흔히 쓰이는 조사 방법(research method)이다. 신문이나 잡지 등에서 볼 수 있는 '자동차 선호도 조사'나 '국민 의식조사', 또는 TV 오락 프로그램에서 볼 수 있는 '가장 ○○할 것 같은 연예인은 누구인가?' 등의 앙케트 조사가 이에 해당한다. 신세대의 자기 주장에 관한 조사를 하고자 한다면 자기 주장에 관해 조작적으로 정의된 질문들을 모아 질문지를 만들어 신세대로 규정된 사람들로부터 응답을 받아내면 된다.

제 2 절 사회학이란 무엇인가?

우선 '사회적(social)'이라는 말과 '사회학적(sociological)'이라는 개념을 구별할 필요가 있다. 1952년 미 상원법사위원회에서 이민법을 심의하면서 한 위원이 "인구의 사회학적 및 문화적 균형을 유지하기 위해 할당제를 도입해야 한다"고 말했는데 여기서 사회학적이라는 말은 사회 제반 현상에 대한 이론적 연구를 의미하므로 사회 제반 현상 바로 그 자체를 의미하는 사회적이라는 말로 대치함이 마땅하다(이홍탁, 1990),

사회학(sociology)의 정의[1)]는 수없이 내려져 있다. 여기서는 가정 중, 주관주의적 가정에 입각한 정의와 객관주의적 가정에 입각한 정의 두 가지만을 소개한다.

1 첫 번째 사회학 정의

사회학은 인간의 사회적 관계(social relations)에 대한 과학적 연구다.

사회적 관계란 사회적 행동(social action)의 집합이며, 사회적 행동이란 행동 주체가 주관적 의미를 가지고 행한 타인과의 연관성을 갖는 행동을 의미한다. 사회적 관계는 타인과의 연관성을 갖는다는 점에서 개인적 행동(individual action)과는 구별되는 개념이다. 사회적 행동이 성립되려면 세 가지 요건이 필요하다. 첫째로 행동 주체의 주관적 의미가 존재해야 하며, 둘째로 객체가 인간이어야 하고, 셋째로 주체와 객체 간에 상호작용이 있어야 한다. 이 세 가지 성립 요건이 충족되어야 사회적 행동이 되는 것이다.

1) Sociology is a word which is used in many different senses. In the sense adopted here, it means the science whose object is to interprete the meaning of social action and thereby give a causal explanation of the way is which the action proceeds and the effects it produces(Harmon & Meyer, 1986).

사회적 행동에는 경제적 행동, 정치적 행동, 조직적 행동(organizationalaction) 등 많은 행동이 있을 수 있으며, 조직학에서는 이 중 조직적 행동을 연구한다.

2 두 번째 사회학 정의

사회학은 인간이 만든 사회제도(social institution)에 관한 과학적 연구다.

사회학이 어떻게 조직의 문제를 다뤄 왔는지, 그 첫머리부터 시작해 보자. 사회학에서는 처음부터 조직을 다룬 것이 아니라, 먼저 집단을 포착했다. 사회 현상에는 미시적인 개인의 사회적인 행위를 기본적으로 한 패턴에서 사회 전체라는 거시적인 현상에 이르기까지 다양한 레벨의 패턴이 이어진다. 그 미시적인 것과 거시적인 것의 중간에는 집단 현상이 있다.

따라서 '집단'이란 말은, 그 중에서 인간의 행동을 논의하거나, 혹은 거꾸로 사회 전체를 기술하는 데 사용되어 왔다. 집단은 사회에서 상당히 전략적인 위치를 차지한다. 그러나 집단이라고 해도 천차만별이기 때문에 좀 더 깊은 내용으로 들어가 논의하는 편이 좋을 것이다.

3 사회학이란 무엇인가?

21세기 초반부의 우리는 미래에 대한 심각한 우려로 가득 차 있으면서도 동시에 특별한 기대 또한 가지게 되는 세계에 살고 있다. 이 세계는 급격한 변동으로 골이 깊은 갈등과 긴장과 사회적 분할로 점철되어 있으며, 현대의 기술 발달로 인한 자연 환경의 파괴가 자행되고 있는 세계다. 그러나 이전 세기에는 상상조차 할 수 없을 정도로 우리는 우리의 운명을 통제하고 더 좋은 삶을 만들 수 있을 것이라는 가능성 또한 갖고 있다.

이러한 세계는 전에는 상상할 수 없던 것들이다. 이와 같은 세계는 어떻게 해서 생겨나게 되었는가? 왜 우리들 삶의 조건이 우리 선조들의 삶의 조건과 왜 이토록 달라지게 되었는가? 미래의 변동은 어떤 방향으로 일어날 것인가? 이러한 질문들은 현대의 지적 문화에서 근본적인 역할을 수행하는 사회학의 대표적인 관심사라고 할 수 있다.

사회학은 크게 인간의 사회적 삶, 집단과 사회에 대한 연구라고 정의한다.

1) 사회학의 범위: 첫 번째 예

왜 사람들은 사랑에 빠지고 결혼을 하는가? 언뜻 보기에 그 대답은 자명하다. 사랑은 두 사람이 서로에 대해 느끼는 육체적이고 감정적인 애착을 말한다. 오늘날 우리들 가운데 많은 사람이 사랑은 '영원한 것'이라는 생각에 대해 회의적이지만, '사랑에 빠진다는 것' 자체는 보편적인 인간의 기질이나 감정으로 인한 것이라고 생각하는 경향이 있다. 서로 사랑하는 두 사람이 가정을 꾸리고, 그들의 관계에서 개인적이고 성적인 만족을 얻으려고 하는 것은 전적으로 당연한 일인 것처럼 보인다. 하지만 그렇게도 자명한 것처럼 보이는 이 생각은 사실상 그렇게 자명한 것이 아니다. 사랑에 빠진다는 것은 대개의 사람들이 모두 겪는 경험이라고는 할 수 없으며, 또한 결혼과 그렇게 밀접히 관련된 것도 아니다. 서구 사회에서 로맨틱한 사랑이라는 관념은 얼마 전까지만 해도 그리 널리 퍼져 있지 않았으며, 대부분의 다른 문화권에서는 한 번도 존재한 적이 없다. 사랑, 결혼 그리고 성(性)이라는 세 가지가 밀접히 관련되기 시작한 것은 근대 세계에 들어선 이후의 일인 것이다. 중세 유럽사가인 보스웰(John Boswell)은 낭만적 사랑에 대한 현대적인 생각이 얼마나 특이한 것인가를 언급했다. 중세 유럽에서 사랑을 위한 결혼은 전혀 없었다. 실제로 "감정을 가지고 부인을 사랑하는 것은 간통"이라는 중세의 말이 있었다. 중세로부터 몇 세기 동안 사람들은 주로 가족의 신분이나 재산을 유지하거나, 또는 농토를 경작할 아이들을 낳으려는 목적 때문에 결혼을 했다. 물론 일단 결혼하고나면 서로 사랑하게 될 수도 있었지만, 그것은 사랑부터 하고 결혼하는 것이 아니라, 결혼하고 나서 사랑하게 되는 경우인 것이다.

오늘날 낭만적 사랑에 대한 우리의 태도는 거의 완전히 반대다. 보스웰은 아주 정확하게 낭만적 사랑에 집착하는 현대 산업문화에 대해서 말하고 있다.

사랑의 바다에 빠져 있는 사람들은 그것을 당연히 여긴다. 남자의 목적이 여자를 사랑하고 여자의 목적이 남자를 사랑하는 것이라는, 서구에서는 전혀 쟁점이 되지 않는 이러한 내용에 부합하는 전근대적인 문화 혹은 오늘날 비산업화 문화는 거의 없다. 거의 모든 시대와 장소에서 대부분의 인간은 사랑을 아주 하찮은 인간의 가치로 여겨 왔다.

그렇다면 로맨틱한 사랑도, 또는 그러한 사랑과 결혼 결합도 인간 삶의 '주어진' 측면으로는 생각될 수 없으며, 단지 더 넓은 사회적 영향력에 의해 모양지어지는 것이다. 이러한 영향력이야말로 사회학자들의 연구 영역이며, 그들은 심지어 순전히 개인적 경험인 것처럼 보이는 것 속에서도 그러한 영향력을 찾아낸다. 우리들 대부분은 우리 자신의 삶의 익숙한 측면의 견지에서 세상을 본다. 사회학은 왜 우리가 이러저러한 방식으로 행위하는가에 대한 넓은 관점이 필요하다는 것을 보여 준다.

2) 사회학적 지향의 개발

사회학적으로 생각하는 방식, 즉 폭넓은 견해를 배운다는 것은 바로 상상력을 개발한다는 것을 뜻한다. 사회학을 배운다는 것이 단지 지식을 습득하는 과정을 의미하는 것이 되어서는 안 되며 사회학자들은 개인적인 상황을 벗어나 자유로울 수 있고, 또한 더 넓은 맥락에서 사물을 바라볼 수 있는 사람이어야 한다. 사회학 연구는 미국의 사회학자인 밀스(C. Wright Mills)가 "사회학적 상상력"이라고 부른 유명한 구절에 의존한다(Mills, 1970).

사회학적 상상력은 우리의 일상생활의 타성(오래되어 굳어진 좋지 않은 버릇, 또는 오랫동안 변화나 새로움을 꾀하지 않아 나태하게 굳어진 습성)에서 우리를 멀리 떨어뜨려 새롭게 바라볼 것을 요구하는 힘이다. 여기서 우리는 한 잔의 커피를 마시는 단순한 행위를 생각해 보자. 사회학적 시각에서는 이처럼 단조로운 행위에 대해 우리가 무엇을 발견할 수 있을 것인가? 생각보다 많은 것을 찾아낼 수 있다.

먼저 우리는 커피가 피로 회복제가 아니라는 점을 지적할 수 있다. 커피는 하루하루의 사회생활의 일부로서 상징적 가치를 지니고 있다. 커피를 마시는 행위와 결부된 의례가 커피 마시는 그 자체보다 더 중요한 경우가 많다. 즉 사회적 의례의 기초로서 커피로 설명할 수 있으며 마시는 행위보다 만남과 대화에 관심을 가진다. 실제로 모든 사회에서 마시는 것과 먹는 것은 사회적 상호작용과 의례로서 풍성한 사회학적 연구거리를 제공한다.

둘째, 커피는 뇌를 자극시키는 효과를 지닌 카페인을 포함하고 있는 마약이다. 커피를 마시고 야근을 하면 훨씬 몸도 마음도 편한 것 같고 부담되지 않는다고 생각한다. 커피 중독자들은 서구 사회에서 약물 사용자로 인식되지 않는다. 그러나 마리화나나 코카인 사용은 용인하면서 커피나 알코올은 금기시하는 사회도 있다. 이렇게 여러 의견 중에서도 사회학자들은 커피가 과연 마약인지, 아닌지? 이에 대한 차이에 관심을 가진다.

셋째로, 커피를 마시는 사람들은 세계로 뻗쳐 있는 복잡한 사회적이고 경제적인 복잡한 관계 틀 속에 연루되어 있다. 세계의 국제교역에서도 기름 다음으로 가치 있는 상품으로 설명되고 있다. 이렇게 주로 가난한 나라에서 생산되는 커피는 수송과 분배에 대해 커피를 마시는 사람과 수천 마일 떨어져 있는 사람들 사이에 지속적인 거래를 필요로 한다. 왜냐하면 우리 생활의 많은 부분이 세계적 규모의 사회적 영향력과 커뮤니케이션에 영향을 받기 때문이다.

마지막으로, 커피를 한 모금씩 마시는 행위는 과거의 사회적·경제적 발전을 전제로 한다. 지금 차, 바나나, 감자와 백설탕과 같이 서구 식사 항목에서 익숙해진 품목과 함께 커피는 19세기 말부터 널리 소비되기 시작했다. 비록 커피를 마시는 것이 중동에서 시작되었지만, 커피의 대량 소비는 약 한 세기 반 전에 서구 식민지 확장기부터 시작되었다. 실제로 서구에서 마시는 모든 커피는 유럽인들의 식민 지배를 받았던 남아메리카와 아프리카 지역에서 생산된다.

3) 사회학 공부하기

우리는 사회학적 상상력을 통해 단지 개인들과 관련된 것처럼 보이는 많은 사건이 더 큰 문제를 반영한다는 것을 알 수 있다. 예를 들어, 밀스가 개인적 문제라고 부른 이혼은 그것을 겪는 사람들에게는 아주 어려운 과정일 수 있다. 그러나 밀스는 이혼은 오늘날 영국과 같은 사회에서는 공식적인 문제라고 지적한다. 영국에서는 모든 결혼의 1/3이 10년 안에 파경에 이르고 있다. 또 다른 예로, 실업은 일자리에서 쫓겨나 새로운 일자리를 구하지 못한 사람들에게는 개인적인 비극일 수 있다. 그러나 한 사회에서 수백만의 사람이 일자리를 잃어버렸을 때 실업은 개인적인 문제가 아니라 거대한 사회적 추세를 보여 주는 공적인 문제다.

이러한 견해를 당신의 생활에 적용하려고 노력해 보라. 단지 문제가 되는 사건만을 생각할 필요는 없다. 예를 들어, 왜 이 책의 페이지를 펴고 있는지, 왜 사회학을 공부하려 했는지를 생각해 보라. 당신은 학점을 채우기 위해 사회학 과목을 택하고 있는 학생일 수도 있다. 혹은 당신은 사회학 주제에 관해 더 많은 것을 알기 위해 적극적일 수도 있다. 당신은 알지 못하지만 당신의 동기가 무엇이든 간에 사회학을 공부하고 있는 다른 사람들과 많은 공통점을 지니고 있고, 당신의 개인적인 결정은 사회 속에서 당신의 위치를 반영하고 있다.

다음과 같은 특징이 당신에게 해당되는가? 당신은 젊은가? 백인인가? 전문직 혹은 화이트칼라의 가정 배경을 가지고 있는가? 당신의 소득을 높이기 위해 파트타임으로 일을 했거나 하고자 하는가? 교육을 마쳤을 때 좋은 일자리를 얻고자 하는가? 공부는 열심히 하지 않는가? 사회학이 무엇인지 잘 모르지만, 사회학이 사람들이 집단으로 행동하는 것과 관련이 있다고 생각하는가? 이러한 질문에 4명 중 1명이 모든 질문에 그렇다고 대답할 것이다. 대학의 학생들은 전체 인구와 같이 달리 더 특권적인 가족 배경을 지니는 경향이 있다. 그리고 그들의 태도는 친구나 친지들이 가지고 있는 태도를 항상 반영한다. 우리의 사회적 출신 배경과 우리가 적당하다고 여기는 결정들과 대단히 밀접하게 연관되어 있다.

그러나 한 개 이상의 질문에 그렇지 않다고 대답했다고 가정해 보라. 당신은 소수 인종 출신이거나 빈곤한 집단 출신일 것이다. 당신은 중년이거나 그보다 늙었을 수도 있다. 그러나 어느 쪽이든 동일하게 다음과 같은 결론을 내릴 수 있다. 당신은 현재의 당신이 되기까지 투쟁을 해야만 했을 것이다. 당신은 대학에 가려 한다고 말했을 때, 친구나 다른 사람들로부터 나오는 적대적인 반발을 극복해야 했을 것이다.

우리는 모두 우리가 처해 있는 사회적 배경에 따라 영향을 받지만, 어느 누구의 행동도 사회적 배경에 의해 결정되지는 않는다. 우리는 자신만의 개성을 소유하고 창조한다. 사회가 우리를 만드는 것과 우리가 스스로를 만드는 것과의 연계를 탐구하는 것이 사회학의 일이다. 우리의 행위는 우리를 둘러싼 사회를 구조화시키고 동시에 사회에 의해 구조화된다.

사회구조의 개념은 사회학에서 중요한 개념이다. 사회구조는 우리 삶의 사회적 배경이 사건이나 행위들의 무작위적인 나열로 구성되어 있지 않다. 그것은 특이한 방식으로 구조화 혹은 유형화된다. 그것은 우리가 행동하는 방식에서 우리가 다른 사람들과 맺는 관계 속에서 우리의 행동이 규칙화된다는 것을 의미한다. 그러나 사회구조는 인간의 행위와 독립적으로 존재하는 건물과 같은 물리적인 구조는 아니다. 사회구조는 당신과 나와 같은 인간들로 이뤄진 구성물에 의해 매순간 재구조화된다.

4) 의도한 결과와 의도하지 않은 결과

사회생활의 지속적인 구성과 재구성은 사람들이 그들의 행동에 부여하는 의미에 바탕을 둔다. 그러나 우리의 행위는 우리가 원했던 것과는 다른 결과를 낳을 수도 있다. 사회학자들은 행동의 의도된 목적과 의도하지 않는 결과를 구분한다. 예를 들어, 아이들이 사회적으로 받아들여지는 행동양식을 따르도록 부모가 원할 수 있다. 그러한 목적을 이루기 위해 부모가 엄격하고 권위주의적인 방식으로 행동할 수 있다. 그러나 권위주의의 의도하지 않는 결과는 아이들이 반항을 하도록 하고 정통적인 행동 기준을 어기도록 몰아내는 것이다.

때로 특정한 목적으로 취해진 행동이 그러한 목적을 달성하는 것을 방해되는 결과를 가져온다. 몇 년 전 빈민 지역에서 낡은 건물의 소유주로 하여금 최저 기준 이상으로 낡은 건물을 개조하도록 강제하는 법률이 뉴욕 시에서 도입되었다. 입법 의도는 빈민 지역에 거주하는 사람들이 사용할 수 있는 주택의 수준을 향상시키는 것이었다. 그 결과, 낡은 건물의 소유주들이 건물을 포기하거나 다른 용도로 돌려서 오히려 전보다 만족할 만한 주택이 크게 부족하게 되었다.

우리 생활 속에서 우리가 하는 것과 우리의 행동이 다른 사람에게 영향을 미치는 방식은 의도한 결과와 의도하지 않은 결과의 혼합이라는 관점에서 이해될 수 있다. 결과로 나타나는 사회적 재생산과 사회적 변형 사이의 균형을 연구하는 것이 사회학의 과제다. 사회적 재생산이란 어떻게 사회가 시간적으로 유지되는가를 지칭하는 것이며, 사회적 변형은 사회가 겪는 변화를 지칭한다. 사회적 재생산은 사람들이 하루하루 그리고 매년 하는 것에서 그리고 사회적 실천 속에서 연속성이 있기 때문이다. 변화는 부분적으로 사람들이 변화를 시도하기 때문이며, 부분적으로 아무도 예측하지 않았거나 의도하지 않은 결과 때문이다.

4 세계화

1) 정의

기든스(Anthony Giddens)는 세계화(globalization)를 세계사회(world society)의 상호의존성이 증대하는 현상과 국가 간 경계를 허무는 사회적·정치적·경제적 연결망이 각국에 살고 있는 사람들의 운명을 결정짓는 현상이라고 설명한다. 즉, 세계화를 우리 삶에서 시간과 공간의 재조정 혹은 재질서화로 이해하고 있다. 따라서 세계화란 지리직, 정치적, 문화적으로 구분되어 있는 세계에서 그러한 구분이 갖는 의미나 중요성이 점차 사라지고 세계가 하나의 생활공간이자 공동운명체로 바뀌어 가고 있는 현상이라고 할 수 있다. 그리고 경제적 관점, 즉 기업 경영의 입장에서 국제화와 세계화를 구분해 설명한다.

2) 세계화의 동력

세계화의 동력은 정보화, 자본주의화, 인류공동체로 설명할 수 있다. 즉, 정보화는 정보통신 기술의 발전과 확산 및 인터넷의 월드와이드웹(World Wide Web: WWW)으로 대변할 수 있다. 그리고 자본주의화는 자본주의적 삶의 방식이 지구적 보편화 현상으로 설명할 수 있고, 인류공동체화는 개인의 일상적 삶과 실천이 지구 전체와 모종의 관계를 가진다는 점을 인식하기 시작하면서 환경과 인권, 삶의 질에 대한 인식 증대가 이를 반증한다고 볼 수 있다.

세계화에 대한 긍정적 측면으로 다양한 문화 접촉, 우리보다 더 나은 이념이나 생활양식 학습, 고품질 저가격의 상품 획득, 자유민주주의 이념의 확산 등을 들 수 있다.

3) 경제의 세계화

세계화는 현실적으로 경제적 측면에서 가장 두드러지게 나타나고 있으며, 종래와는 전혀 다른 자본주의 모습을 보여 준다. 이러한 현상은 자본의 세계화, 생산의 세계화, 금융의 세계화라는 표현이 이를 잘 나타낸다. 자본의 세계화는 국민국가가 아닌 자본 그 자체를 기본 단위로 하는 세계경제의 창출로서, 글로벌 경제가 교역의 국제화뿐만 아니라 금융자본 및 생산자본의 지리적 이동과 해외 직접 투자가 중심이 되는 금융과 생산의 세계화에 의해 가속화되고 있다.

그리고 생산의 세계화는 초국적 기업, 해외 직접 투자로 상품과 용역의 생산, 유통, 판매를 세계적 수준에서 조직하고, 이를 위한 자본, 기술, 경영 및 정보를 전 세계적으로 이동하고 있다는 것을 의미한다.

금융의 세계화는 "돈이 흐르는 길에는 이제 국경도 시간도 존재하지 않는다"는 표현이 이를 잘 표현하고 있다.

세계 3위 노리는 현대·기아차(車) 미국 공장 일대를 가다

한국인 전담 직원 두는 등 주(州)정부의 전폭적 지원, 부품업체들 대거 몰려와 작년 매출 20조 원에 육박. "기아차 보내줘 감사합니다" 시내 곳곳에 간판 세우기도 지난 12일 오후 1시, 미국 조지아 주 애틀랜타 공항에서 85번 고속도로(I-85)를 타고 40분쯤을 달렸다. 중소업체지만 국내 자동차업계에서는 제법 알려진 회사 이름 하나가 눈앞에 다가왔다. 조지아 기아차공장에 도어프레임(자동차 문틀)을 납품하는 '동원'이었다. 10분쯤 더 달렸다. 세종·한일이화·세원정공 등 한국 부품업체가 줄줄이 나타났다. 다시 20분쯤 더 가니 85번 고속도로 6번 출구에 'KIA Boulevard(기아 거리)' 표지판이 서 있었다.

고속도로 바로 옆 대형 물탱크 위에는 빨간색 'KIA' 마크가 우리를 반기고 있다. 인구 3,000여 명의 웨스트포인트 시(市)에 둥지를 튼 기아차 공장을 알리는 인사 표시였다. 기아차 공장을 지나쳐 계속 고속도로를 달리니 만도·한화·한라공조 등 한국 자동차 부품업체가 연이어 나타났다.

이처럼 애틀랜타 공항에서 앨라배마 주 몽고메리 시까지 85번 고속도로 240㎞ 선상에 현대·기아 1차 협력업체 29개, 2차 협력업체 12개가 줄 서 있다. 3차 협력업체까지 합치면 한국 기업이 100여 개(교민 운영 기업 포함)에 달했다. 주민들은 85번 고속도로 이 구간을 '현대·기아차 벨트웨이(Hyundai-Kia Beltway)'라 부른다.

◆ 미국에서 가장 낙후된 곳에 한국 기업 몰려

현대차와 기아차가 미국에서 가장 낙후된 지역으로 꼽히는 앨라배마와 조지아 주 남부에 자리를 잡은 것은 주(州)정부의 전폭적인 지원이 큰 역할을 했다. 조지아 주는 기아차에 202억 원을 들여 연수원을 지어줬다. 또 5,000억 원을 들여 기찻길 인입선(引入線)을 따로 깔고 도로도 확장해 줬다. 조지아 주정부 산하 직업교육 기관인 '퀵스타트' 스티브 대니얼(Daniel) 이사는 "조지아 주정부는 기아차의 성공을 위해서라면 뭐든지 지원할 것"이라고 말했다.

현대·기아 벨트웨이 진출 업체 현황 단위: 개, 명, 원 자료: 각 업체

	현대공장	기아공장	1차 협력	2차 협력	계
업체	1	1	29	12	43
고용	3500	3000	1만5000여	1200여	1만8200여
2010 매출	5조9400억	3조6000억	5조3550억	2268억	15조1218억

앨라배마 주 몽고메리 시청은 현대차 직원을 위한 전담 부서를 두고 있다. 주한미군 출신의 퇴역 육군 중령(여)을 영입, 현대차 직원 자녀의 학교 입학부터 주재원 가족 돌보기 등 온갖 지원을 아끼지 않는다.

◆ 한국 기업의 경제 효과만 20조 원… "생큐, 현대·기아차!"

한국 기업이 앨라배마와 조지아에 끼친 경제적 영향은 막대하다. 현대·기아차와 1~2차 협력업체의 지난해 매출액은 15조 1218억 원. 3차 협력업체까지 합하면 20조 원에 육박한다. 2001년부터 현대차 공장 유치를 위해 뛰었던 몽고메리 시 엘렌 맥네어(Ellen McNair) 상공회의소 부회장은 "2007년 조사 결과 현대차 공장 덕분에 8,900여 명 간접 고용 효과가 나타났고, 14억 달러 상당의 경제 효과가 있었으며,

지금은 이보다 훨씬 많을 것"이라고 밝혔다.

이러다 보니 현대·기아차에 대한 주민들 지지는 절대적이다. 몽고메리 시장, 상공회의소 회장, 시의회 의장 등 몽고메리 유력 인사들은 모두 현대차를 타고 다닌다. 조지아 웨스트포인트 시에 사는 애니 데이비드 슨(65) 씨는 집 안마당에 "예수님, 기아를 우리 마을에 보내 주셔서 감사합니다"라는 팻말을 세워두고 있었고, '로저스 바비큐' 식당을 운영하는 데비 윌리엄스 씨는 식당 앞에 "행복한 날들이 계속될 것입니다. 기아차 고맙습니다"라는 대형 간판을 내걸고 있었다.

앨라배마 현대차 공장 로버트 번스(Robert Burns) 부장은 "현대 유니폼을 입고 쇼핑몰에 가면 사람들이 다가와 '추가 채용 계획이 없냐'고 묻곤 한다"면서 "현대차는 이곳에서 최고의 직장"이라고 말했다.

5 문화와 사회

1) 문화의 개념 및 속성

사회과학에서 지칭하는 문화(culture)는 좀 더 넓은 의미로 사용되는 개념이다. 즉 문화란 한 사회의 성원들이 후천적인 학습을 통해 공통적으로 가지게 되는 행동양식과 사고방식의 종합체로서 인간의 모든 생활양식을 의미한다. 따라서 어떠한 인간 사회에서도 그 나름대로의 문화가 존재하며, 사람들은 문화를 향유하면서 삶을 영위해 가고 있는 것이다.

2) 문화에 대한 다양한 정의들

(1) 지식, 신념, 예술, 도덕, 법, 관습, 그리고 사회구성원으로서 인간에 의해 습득된 능력 및 습관(E. Tylor)

(2) 특정 사회의 성원들이 공유하고 전승하는 지식, 태도 및 습관적 행위 유형의 총합(Linton)

(3) 역사적으로 창출된 모든 명시적, 묵시적, 합리적, 비합리적 생활구도(design for living)로서 주어진 모든 시점에서 인간 행위에 대한 잠재적 지침(Kluckhohn & Kelly)

(4) 한 집단을 다른 집단으로부터 구분할 수 있는 (즉 개개 집단을 특징지을 수 있는) 집단의 구조 및 기능의 양식(Ackof & Emery)

(5) 인간과 동물 사이의 본질적인 차이를 나타내기 위해 인류학자가 고안해낸 개념(祖文江)

(6) 환경 중에서 인간에 의해 만들어진 부분(Herskovits)

(7) 학습되고 전승되는 반작용(motor reactions), 습성, 기법, 관념, 가치의 총합, 그리고 그것들에 의해 유발되는 행위(Kroeber)

참고로 해리스(Marvin Harris)가 분류한 문화의 세 차원을 살펴보면 다음과 같다.

- superstructure: 미술, 음악, 춤, 문학, 광고, 의식, 스포츠, 과학
- structure: 가정 경제 – 가정 내에서 이뤄지는 기본적 생산 및 재생산 교환, 소비조직으로서 가족구조, 가내 분업, 가내 사회화, 연령과 성역할, 가정
  정치 경제 – 밴드, 부락, 부족, 국가, 정치조직, 파벌, 클럽, 회사, 분업,

신분

- infrastructure: 생산 - 생존 기술, 기술-환경 관계, 생태계, 작업양식 재생산 - 인구, 짝짓기 양식, 번식, 출생, 사망, 영아의 영양, 인구 형태의 의학적 통제, 피임, 임신 중절, 영아 살해

3) 문화의 속성

(1) 공유성(sharing)

문화란 한 사회의 구성원들에게 공통적인 경향으로 나타나는 행동 및 사고방식으로, 그 사회의 구성원들은 언어, 예술, 식생활 등 여러 면에서 문화적 특성을 공유하고 있다.

(2) 학습성(learning)

문화는 사람이 만든 것이며 성장 과정에서 상호작용을 통해 학습되는 것이다. 이러한 문화의 학습 수단으로는 가정 교육이나 또래집단과의 놀이 등과 같은 비공식적 수단과, 학교 교육이나 직업훈련 등과 같은 공식적 수단이 있다.

(3) 축적성(accumulating)

한 인간에게 학습된 문화는 그 세대에서만 그치는 것이 아니라 다음 세대로 전승되고 축적된다. 인간에게는 언어와 문자의 사용 능력이 있기 때문에 경험과 지식을 다음 세대로 전승함으로써 문화의 축적이 가능하다.

(4) 전체성(systematic)

문화는 그 내용이 각각 별개로 떨어져 있는 것이 아니라 모두가 유기적인 연관을 맺으면서 체계적인 하나의 전체를 이루고 있다. 다른 영역의 문화와 아무런 관계없이 독자적으로 고유하게 존재하는 문화는 하나도 없다.

(5) 변동성(changing)

문화가 세대에서 세대로 이어지는 사이 사람들은 과거의 것을 받아들일 뿐 아니라 거기에다 새롭고 창의적인 변용을 가미하게 된다. 따라서 문화적 특성들은 어느 정도의 규칙성이 있으나, 고정 불변의 것이 아니라 시간

이 지나면서 점차 변해 가는 것이다.

4) 문화의 또 다른 속성

문화의 가장 중요한 가치와 규범, 상징과 언어에 대해 알아보기로 하자.

(1) 가치(value)

사회 성원들은 무엇이 바람직하고, 삶의 목표로서 무엇을 추구할 것인가에 대해 어느 정도 공통된 관념을 가지고 살아간다. 그리고 각각의 개인이 하는 생각이나 행동은 그들의 가치에 의해 영향을 받는다. 가치란 보통 사람들이 가지고 있는 옳고 그름에 대한 평가 기준이나 신념, 그리고 행동을 지배하는 중요한 감정의 체계를 말한다.

(2) 규범(norm)

사회 속에서 살아가는 인간은 가치에 입각해 주어진 상황에서 옳고 그른 것의 행위 규칙을 만들고 그것을 체계화시켰다. 이런 행위 규칙을 통틀어 규범이라고 부른다. 규범이란 다시 말하면 이상적인 행동에 대해 사회 성원들에 의해 공유되고 있는 기대다.

(3) 상징과 언어(symbol and language)

상징이란 어떤 물체나 행동에 대해 특별한 의미를 부여하는 것이다. 인간은 상징을 통해 간접적으로 지식을 정확히 전달할 수 있을 뿐 아니라 사회 성원들이 공유하는 정보나 느낌을 나타내고 집단의 결속을 다지기 때문에 문화의 연구에서 상징의 분석은 매우 중요하다.

언어는 집단의 산물이며 표준화된 의미를 가진 발음 형식으로서 사회적으로 구조화된 체계다. 언어가 갖는 가장 큰 의미는 인간 지식의 축적을 가능하게 해 주었다는 것으로, 만약 언어가 없었다면 인간의 가치와 규범은 묘사될 수 없으며, 과학이나 종교와 같은 사회의 구성 요소뿐만 아니라 나아가 사회라는 조직 자체가 생겨나지 못했을 것이다.

다시 정리해 보면, 상징이란 언어적 혹은 비언어적, 문서화된 혹은 비문서화된 표현된 생각이다.

5) 사회생물학

사회생물학(sociobiology)이라는 개념은 윌슨(Edward Wilson)의 저술에서 유래한다(Wilson, 1975~1978). 사회생물학은 인간을 포함해 모든 사회적 동물의 행위에 생물학 원리를 적용하는 것이다. 인간의 사회생활에서 많은 측면은 대부분 유전적으로 틀지어져 있다. 그러나 유전적 속성이 복합적인 인간 행위를 통제한다는 증거는 거의 발견되지 않았다. 따라서 인간의 사회생활에 관한 사회생물학자들의 생각은 기껏해야 사변적일 뿐이다. 물론 우리의 행위는 유전적으로 영향을 받지만 유전적 속성은 아마도 우리 행위의 잠재력과 한계를 조건지을 뿐, 우리가 하고자 하는 바의 구체적인 내용을 조건짓지는 않는다.

6) 본능과 생물학적 욕구

많은 생물학자와 사회학자들은 인간이 어떤 본능도 가지고 있지 않다는 데에 동의한다. 이러한 말은 사회생물학의 기본적인 가설과 반대되지만 또한 대부분의 사람이 믿는 것과도 반대가 된다. 우리가 '본능적이라고' 생각하는 것이 없는 것인가? 만약 누가 주먹으로 친다면, 우리는 본능적으로 눈을 감거나 혹은 피하지 않는가? 실제로 이것은 본능이라는 말이 정확하게 설명되는 예는 아니다. 생물학이나 사회학에서 이해되는 것처럼, 본능은 유전적으로 제어된 결정이라기보다는 환경에 의해 결정된 복합적인 행동양식이라고 말한다.

종교적인 신비주의자들은 대단히 오랜 기간 동안 단식할 수 있다. 또한 이들은 성인 생활 전체나 혹은 일부를 독신으로 지낼 수 있다.

다른 동물과 달리 인간은 등산이나 다른 위험한 시도를 하면서 목숨을 걸거나 때로 자신의 한계를 뛰어넘는 행위를 하는 경우도 있다.

7) 문화적 다양성

인간 문화의 다양성은 쉽게 관찰된다. 가치와 행위 규범은 문화에 따라 상이하며 흔히 서구인들이 당연하게 생각하는 것과는 대조적인 양상을 보일 수도 있다. 예를 들어 서구에서는 굴을 먹지만 개고기를 먹지는 않는다. 유대인은 돼지고기를 먹지 않지만, 인도인은 돼지고기를 먹고 쇠고기를 기피한다. 이러한 상이한 행위들은 사회를 구분짓는 문화의 상이성을 단편적으로 보여 주는 예다.

8) 문화적 정체성과 인종주의

모든 문화는 고유의 행위 유형을 가지고 있다. 흔히 이것은 다른 문화적 배경에서는 낯설게 보인다. 나시르마(Nacirema)를 예로 들어 보자(Miner, 1956). 마이너는 나시르마족의 정교하면서도 매우 이국적인 육체 의례(body ritual)에 초점을 맞췄는데, 그의 논의는 자세히 인용할 만하다. 모든 개체의 밑바탕에 흐르는 기본적인 신념에 따르면 육체는 추하며 노쇠 영락한다. 신체에 갇혀 있는 인간의 유일한 희망은 의례의 강력한 효험을 통해 노쇠 영락을 막는 것뿐이며 집집마다 이를 위해 하나 이상의 사당을 가지고 있다. 사당의 가운데에는 상자가 놓여 있고 상자 속에는 다양한 덕과 마력이 담겨져 있다. 이것은 여러 전문가에 의해 마련되는데, 가장 유력한 전문가는 의술인이다. 의술인은 조력의 대가로 물질적 대가를 받는다. 의술인은 고객에게 실제로 처방을 제공하는 것은 아니고 적합한 성분이 무엇인지를 고대의 비밀 언어로써 나타내며 표기의 의미는 단지 의술인과 약재 재배자에 의해서만 이해될 수 있다.

관습과 신념은 이를 구성하고 있는 좀 더 큰 문화와 분리해 이해될 수 없으며 또한 문화는 그 자체의 의미와 가치로서 연구되어야 하고, 이는 사회학의 전제 조건이다. 사회학자들은 가능한 한 자신의 문화를 기준으로 타문화를 판단하는 민족중심주의(ethnocent.ism)를 피하고자 노력한다. 인간 문화는 다양하기 때문에 한 문화 출신 사람이 다른 문화 출신 사람의 행위와 관념에 공감하기는 어렵게 마련이다.

6 사회화

사회화(socializatio)란 무력한 유아가 점차 자기 인식적이고 지식적으로 성장해 나가는, 자신이 태어난 문화의 방식들에 숙달된 사람으로 되어가는 과정이다.

사회화는 상이한 세대들을 서로 연결시킨다. 어린이의 탄생은 그를 양육할 책임을 지고 있는 다른 사람들의 삶을 바꾸며, 따라서 이들은 그들 자신이 새로운 학습 경험을 겪게 된다. 나이가 많은 사람은 물론 그들이 조부모가 되었을 때에도 여전히 부모이며, 따라서 상이한 세대들을 서로 연결시키는 다른 일련의 관계로 나아가게 된다. 비록 문화적 학습 과정은 유아기와 초기 어린 시절에 훨씬 더 강렬하지만 학습과 적응은 평생의 여정을 통해 계속되는 것이다.

이처럼 사람이 '사람답게' 되어가는 과정, 즉 사람이 사회적 상호작용을 통해 사고, 감정 및 행동의 방식을 학습해 가는 과정을 사회화라고 한다. 사회화는 우리가 출생 후 자신이 속한 사회의 문화를 내면화함으로써 인성을 발전시키는 끊임없는 연속 과정이다.

7 대중문화

1) 1964년 〈동백아가씨〉: 남존여비의 사회상

유행가 가사에는 당시의 시대상이 반영되어 있다.
이미자 씨의 <동백아가씨>는 이렇게 가사 첫머리를 시작한다.

헤일 수 없이 수많은 밤을
내 가슴 도려내는 아픔에 겨워

얼마나 울었던가 동백아가씨
그리움에 지쳐서 울다 지쳐서
꽃잎은 빨갛게 멍이 들었소

동백꽃 잎에 새겨진 사연
말 못할 그 사연을 가슴에 안고
오늘도 기다리는 동백아가씨
가신 님은 그 언제 그 어느 날에
외로운 동백꽃 찾아오려나

어려웠던 시절, 아픔의 수많은 밤을 기다림으로 지샜던 민중의 한이 표출되었다고 하여, 군사정부는 왜색이 짙다는 이유로 금지곡으로 만들었다. 이 중 문제가 되었던 부분은 "그리움에 지쳐서 울다 지쳐서 꽃잎은 빨갛게 멍이 들었소"라고 한다.

2) 1975년 〈영자의 전성시대〉 근대화로 찌든 여성상

등장인물이 때밀이, 창녀 등으로 사회의 밑바닥 인생을 그렸지만 나름대로 밝고 희망적인 모습과 한 여자에 대한 진실하고 변함없는 사랑을 그린 영화다. 철공소 공원인 창수(송재호 분)는 군 제대 후 가정부에서 창녀로 전락한 영자(염복순 분)와 재회, 헌신적인 사랑을 나눈다. 재벌 2세에게 순결을 잃고, 사고로 불구가 된 영자의 자포자기 생활이 그로 인해 의욕적으로 바뀌어 간다. 그러던 중 창수는 영자를 괴롭히던 건달 태식을 구타한 죄로 교도소에 수감된다. 출소 후 그와의 새로운 생활을 꿈꾸며 돈을 모으던 영자는 악질 포주의 농간에 말려들어 좌절에 빠진다. 창수가 교도소를 나오던 날, 돌발적인 화재로 불길에 쌓인 길수의 집에서 영자는 중

화상을 입고 숨을 거두고 만다. 그로부터 며칠 후 창수는 자신이 만들어 주었던 영자의 의수를 끌어안고 영자의 고향을 찾아간다.

3) 1977년 영화 〈겨울여자〉: 여성의 프리섹스 성 모럴과 남녀평등사회

자신의 사랑을 원하는 남자가 상처를 입고, 자살을 하면서 충격과 죄책감을 가지게 된 여인의 사랑과 삶을 그린 멜로 드라마 영화다.

대학에 입학한 이화(장미희 분)는 자신에게 연애편지를 보내던 요섭(신광일 분)을 만나게 된다. 요섭은 상류층 집안의 아들이지만, 이화에게는 자신의 신분을 숨긴 채 호감을 표시한다. 어느 날, 이화와 요섭은 함께 요섭의 별장으로 여행을 가고, 요섭은 이화에게 자신의 사랑을 표현한다. 그러나 요섭의 애정행위를 강하게 뿌리치고 이화는 별장을 빠져나온다. 충격과 상처를 받은 요섭은 자살하고, 이화는 자신 때문에 삶을 버린 요섭 때문에 큰 죄책감에 시달린다. 그리고 급기야 이제는 자신을 원하는 모든 남자에게 자신의 몸을 주겠다는 극단적인 결심을 한다.

시간이 지나, 평범한 대학생 생활을 하던 이화는 교내 학보 기자인 석기(김추련 분)를 만나 연애를 시작한다. 그러나 석기는 군대에 가서 뜻밖의 교통사고로 역시 죽음을 맞는다. 석기와의 연애에서 진정한 사랑을 깨달았던 이화는 실의에 빠진 채 하루하루를 보내고, 그러던 중 우연히 고등학교 은사였던 허민(신성일 분)을 만나게 된다. 그 역시 이혼으로 실의에 빠진 삶을 보내고 있었고, 이화는 동병상련을 느끼며 그를 도와 주기 위해 노력한다. 그가 다시 부인과 재결합하도록 힘쓰며, 그녀는 자신의 사랑과 도움이 필요한 곳에서 일하는 것이 자신의 큰 보람임을 깨닫는다. 그래서 그녀는 정신지체아 학교의 선생님이 되어 진정한 사랑을 실천하며 살아간다.

조해일의 신문 연재소설을 원작으로 한 <겨울 여자>는 당시 여성의 성 도덕성에 대한 논란을 일으키며, 관객 58만 명이라는 신기록을 세운다. <성춘향>으로 데뷔한 장미희를 일약 스타덤에 올린 영화로도 유명하다.

제14회 백상예술대상에서 신성일이 영화 부문 남자 최우수연기상을, 김호선이 영화감독상을 받았다(출처: 겨울여자 [Winter Woman] | 네이버 백과사전).

4) 2008년 〈아내가 결혼했다〉: 일처이부제

귀여운 외모와 넘치는 애교, 헌 책을 사랑하는 지적인 면모와 남자 못지않은 축구에 대한 지식과 열정을 가지고 있는 인아(손예진 분). 말까지 척척 잘 통하는 그녀를 만날수록 덕훈(김주혁 분)은 보통 여자와 다른 그녀의 특별한 매력에 점점 빠져든다. 그러나 평생 그녀만을 사랑하고픈 덕훈과는 달리, 덕훈을 사랑하지만 그'만'을 사랑하는 것은 아니며, 사랑하는 사람'들'과 사랑하며 살고 싶다는 너무나 자유로운 그녀. "하지만 지금 중요한 건 그녀가 나를 사랑한다는 것! 나를 사랑하는 한 그녀는 내꺼라는 것!"

그녀의 휴대폰이 꺼져 있던 어느 날, 불안함에 폭발하여 따져 묻는 덕훈에게 인아는 다른 남자와 잤다는 충격적인 고백을 한다. 홧김에 이별을 선언하지만, 잊으려 해도 잊을 수 없고, 커져만 가는 그녀에 대한 마음에 괴로운 덕훈. 오랜 고민 끝에 내린 결론. 평생 한 사람만 사랑할 자신이 없다는 그녀를 독점할 수 있는 유일한 방법은 결혼뿐이다. "너의 자유로운 연애를 종식시키기 위해, 너를 연애의 무덤 '결혼'으로 데려가리라!"

결국 그녀의 자유로운 연애를 받아들이는 조건으로 결혼에 성공하는 덕훈. 매일 밤 축구를 관람하며 즐기는 섹스와 완벽한 요리 솜씨는 덕훈을 최고로 행복하게 만든다. 하지만 또 한번의 충격 고백. 사랑하는 남자가 생겼다는 인아는 그놈과도 결혼을 하겠다는 상상도 못할 제안을 한다. 과연 그놈을 무찌를 것인가? 그녀를 포기할 것인가? 아니면, 그녀의 반만이라도 가질 것인가?

8 가족, 결혼과 개인 생활

1) 이혼과 별거

(1) 이혼의 증가

1960년과 1970년 사이에 영국의 이혼율은 매년 9퍼센트씩 증가했고, 1972년 말에는 두 배가 되었다. 1972년에는 또다시 이혼율이 두 배가 되었는데, 이혼율의 이러한 증가는 1969년 통과된 '이혼개혁법' 개정안의 결과로서 장기간에 '억지' 결혼생활을 해 온 많은 부부가 이혼에 쉽게 도달한 결과라고 볼 수 있다.

1980년에 들어와 이혼율은 어느 정도 안정되었으나, 과거 그 어느 때보다도 높은 이혼율을 나타내고 있다(Clark & Haldane, 1990).

오늘날의 결혼은 과거에 그러했던 것보다 경제적 호구책으로서 삶의 필요 조건이 점차 아니게 되었다. 일반적으로 부유한 환경은 과거에 그러했던 적보다 결혼에서 만족을 못할 경우 거처를 쉽사리 분리하거나 다른 곳에 거주할 수 있음을 뜻한다. 현재 이혼에 따라다니는 낙인이 거의 없다는 사실이 어느 정도는 이러한 추세의 결과이며, 또 이러한 추세에 타성을 부여하기도 하는 것이다. 이보다 더 중요한 요인은 결혼의 평가 기준을 개인적 만족도 여부에 따라 내리려는 풍조가 만연하다는 점이다. 이혼은 할 만한 가치가 있는 것으로 만들어 가려는 의도가 고조된 것으로 볼 수 있다. 하지만 어떻게 의도를 한다 하더라도 이혼은 부부 중심으로 보면 부부 두 사람의 관계를 해소하는 것이지만, 이혼으로 인한 문제는 부부와 그들의 자녀에게 매우 부정적인 영향을 미치는 가족 문제임에 틀림없다.

핵가족·전자가족=사람을 원자(原子)로 보면 가족은 원자가 뭉친 분자(分子)로 볼 수 있다. 핵가족(nuclear family)이란 개념은 여기서 나왔다. 원자들의 집합인 분자가 최소 단위(核)로 쪼개진다고 해서 핵가족이라고 부른 것이다. 핵가족의 기본 구성은 부부와 미혼 자녀였다. 현대 가족의 전형으로 불리던 이 핵가족까지 분화되면서 1~2인의 '전자(electron)가족'이 최근 늘고 있다.

(2) **이혼 경력**

높은 이혼율로 인한 손실과 이러한 결별로 얻게 되는 사회적인 이득 간의 손익 계산을 따져보기는 엄청나게 어려운 일이다. 좀 더 관대한 태도란 부부가 사회적 비판을 받지 않고 의미 없는 관계를 끝장낼 수 있음을 의미한다. 그 반면에 결혼의 해체는 거의 언제나 정서적인 긴장을 가져오며, 사건의 당사자 한쪽 또는 양쪽 모두에게 재정적인 어려움을 불러일으킬 수 있다.

(3) **결별**

번(Diane Vaughan)은 별거 또는 이혼 과정에 있는 사람들 간의 관계를 분석했다(Vaughan, 1986). 함께 살아가는 관계에서 떨어져 살게 되기까지의 변이 과정을 살피기 위해 최근에 별거에 들어갔거나 이혼한 중류 계급 출신의 사람들 103명을 중심으로 일련의 면접을 실시했다.

커플 관계의 해체 경우에는 물리적인 이별이 있기 전에 사회적 결별(social seperation)이 있게 되는데, 이는 적어도 한쪽 배우자가 없는 상황에서 새로운 친구를 사귀거나, 삶의 새로운 목표를 설정하는 등 새로운 삶의 유형을 발전시킨다는 사실을 발견했다.

(4) **별거**

내 스스로 살아갈 수 있을 것인가? 친구와 부모들은 어떠한 반응을 보일 것인가? 아이들은 고통을 받을까? 내가 재정적인 능력이 있을까? 이러저러한 문제점들에 대해 생각을 하면서, 어떤 경우의 사람들은 현재의 관계가 진전될 수 있도록 또 한 번의 노력을 결심한다. 별거라는 결론을 내린 사람들에게는 이러한 토론과 질문들이 지금 내린 결정이 옳은 것이라는 자신감과 더불어, 관계의 해체가 덜 위협적인 것으로 받아들여질 수 있다. 대개의 개시자들은 상대방과의 관계보다는 자신의 발전에 대한 책임이 우선한다고 확신하게 된다.

(5) 이혼과 자녀

부모의 이혼이 자녀에게 끼치는 영향은 그 한도를 짐작하기가 어렵다. 연구에 의하면, 자녀들은 부모의 별거 이후에 정서적 불안을 크게 느끼며 고통을 받는 것으로 나타났다. 월러슈타인(Judith Wallerstein)과 켈리(Joan Kelly)는 캘리포니아 주 마린(Marin) 카운티에 거주하는 사람들 가운데 최근에 이혼한 60쌍의 부부들의 자녀들을 연구했다(Wallerstein & Kelly, 1980).

연구자들은 법정에서 이혼할 당시와 그 이후 1년 반이 경과되었을 때, 그리고 그 이후 5년이 지났을 때에 이혼한 부부의 자녀들을 접촉했다. 연구자들에 의하면, 관련된 131명의 자녀 모두가 부모의 이혼 당시에 정서적 불안 상태를 심하게 경험했다. 취학 전 연령의 아동은 부모의 별거를 자신의 탓으로 돌리면서 혼란과 두려움에 싸여 있었고, 이보다 나이가 든 자녀들은 이들 부모의 이혼에 대한 사유를 좀 더 잘 이해했으나, 때로는 자신의 장래에 끼칠 영향에 대해 깊이 걱정했으며 강한 적개심을 종종 표출하기도 했다. 그러나 5년이 지날 무렵에는 아동의 3분의 2가 가정생활과 집 바깥의 생활을 적어도 이성적으로 해결해 나가고 있음을 발견했다. 나머지 3분의 1은 우울증이나 외로움에 영향을 받아 자신의 삶에 아주 불만족한 상태에 머물고 있었으며, 심지어 어떤 경우는 함께 살고 있는 부모가 재혼한 경우에조차도 우울증과 외로움을 겪고 있었다.

(6) 편친 가구

편친(偏親) 가구는 이제 일상적인 사회 현상이 되었다. 그러한 가구의 절대 다수는 여성들이 가구주인데, 이혼 후에 자녀의 양육권은 일상적으로 부인이 갖기 때문이다(편친 가구는 소수의 비율을 차지한다는 상황에서 해당 인물은 거의 대다수가 여성인데 이들은 재혼을 하지 않는다). 오늘날 100만을 쉽게 넘는 편친 가구가 영국에 존재하며, 그 수치는 증가일로에 있다. 이러한 가구는 미성년 자녀를 가진 전체 가구 다섯 가운데 하나 꼴로 일반화되어 있다(<표 1-1> 참조).

평균적으로 이들이 현대 사회에서 가장 빈곤한 집을 이루고 있다. 일단

〈표 1-1〉 영국 편친 가구 비율의 증가
(1971년부터 1987년까지는 별도로 3년 단위 이동 평균)

구분 \ 연도	1971	1976	1981	1986	1991~1992	1996~1997	1998~1999
한모							
미혼	1	2	2	3	6	7	9
사별	2	2	2	1	1	1	1
이혼	2	3	4	6	6	6	8
별거	2	2	2	3	4	5	5
전체 한모	7	9	11	13	18	20	22
한부	1	2	2	1	1	2	2
기혼/동거 커플	92	89	87	86	81	79	75
미성년 자녀를 둔 전체 가족	100	100	100	100	100	100	100

결혼을 했든지 혹은 안 했든지 간에 이들 다수의 편친은 경제적으로 자리 잡지 못했을 뿐만 아니라 사회적으로 여전히 비난의 대상이 되고 있다. 그러나 이전의 좀 더 비판적인 용어들, 이를테면 '유기된 아내', '아비 없는 가족', '결손 가정' 등은 사라져 가는 듯하다.

(7) 의붓가족

의붓가족(stepfamily)이란 적어도 성인 한쪽이 의붓부모의 역할을 하는 가족으로 규정될 수 있으며 재구성가족이라고도 한다. 이혼, 사별, 결혼한 경험이 없는 편부모가족이 서로 결합해 이룬 가족으로 결혼생활과 생활방식에 적용할 수 있는 충분한 시간이 주어지지 않기 때문에 많은 스트레스가 발생한다.

이러한 정의에 의해 의붓가족의 수는 공식 통계치에 나타난 것보다 훨씬 많아지는데, 이러한 통계치는 의붓자식이 살고 있는 가족만을 지시하기 때문이다. 재혼한 성인의 많은 수가 같은 주거지에서 지속적으로 살고 있지는 않지만, 정기적으로 방문하는 자녀들의 의붓부모가 된다.

하나의 부가적 측면은 입양의 관행이다. 입양이란 혈육에 기반하지 않은 부모－자식 관계에서 결여되고 있는 유전적 연관성을 어느 정도 보완하기 위한 방법으로서 자녀에 대해 양자 결연을 공식적으로 공언해 채택하는 방법이다. 입양을 선택한 부모는 자기 자녀에 대한 법률적인 권리와 의무를 갖는다. 다른 의붓부모들은 이러한 것이 결여되는데, 대개의 경우 의붓자녀와의 관계는 그 결혼생활이 지속되는 기간에 한정해 유효하다. 대개의 국가가 채택한 법률에 의하면, 의붓가족 내의 생부모가 사망하거나 의붓부모가 이혼하는 경우, 의붓부모는 그 자녀에 대한 법적 보호권을 갖지 않는다. 아동이 의붓부모와 몇 년간 같이 살아왔다고 하더라도 육친이 사망할 경우 생존해 있는 나머지 육친이 보호권을 가지기를 원한다면 의붓부모는 법률상 자녀 청구권을 대개 갖지 못한다.

① 가족 구성 경로 다양화

미국의 족보(family tree)가 복잡해지고 있다. 입양・혼외출산・재혼 외에도 대리모・정자 기증・동성결혼에 이르기까지 가족을 구성・재구성하는 경로가 다양해졌기 때문이다. 지난 6년간 미국 인구 통계에서 비혼(非婚・사실혼 포함) 가정이 결혼 가정을 앞섰으며, 많은 동성(同性) 부부가 대리모・정자 기증・입양을 통해 아이를 갖고 있다고 『뉴욕타임스(NYT)』가 4일 보도했다. 미국 내 최대 정자은행인 캘리포니아 정자은행(California Cryobank)은 2009년 고객 중 레즈비언 비율이 3분의 1이었으며, 이는 10년 전(7%)보다 5배가량 늘어난 수치라고 밝혔다.

자식을 가질 수 없었던 애시모어(리・로라) 부부의 사연은 복잡해진 가족 관계를 보여 주는 또 다른 예다. 로라(38)의 친언니 제니퍼 윌리엄스(40)는 동생 부부의 마음을 헤아려 대리모 역할을 하기로 자청했고 정자를 기증받아 딸 맬로리를 낳았다. 애시모어 부부는 이 여아를 입양했다.

가족 간 관계와 호칭은 그후 더 복잡해졌다. 제니퍼는 맬로리(4)에게 모친이면서 이모다. 동성애자인 제니퍼는 정자를 기증받아 낳은 아들 제이미슨(6)이 있는데, 제이미슨과 맬로리는 이부(異父)남매이자 사촌남매다.

② 숲 속에 얽힌 수풀 같은 가족 관계

혈족·혼인만이 가족 구성 인자였던 시대는 갔다. 현대인의 가족 관계 모양새는 『뉴욕타임스』 묘사처럼 '숲 속에 얽혀 있는 수풀'이 됐다. 가족을 구성하는 요소는 유전적(genetic)·감정적(emotional) 측면을 두루 고려해야 하고, 특히 '사망과 유산' 문제에 부딪혔을 때는 의학적·법률적 의미를 감안해 가족을 정의해야 한다고 『뉴욕타임스』가 전했다.

미국 내 몇몇 학교는 전통적으로 해왔던 가족 관계 관련 수업을 건너뛰거나, 가족과 관련한 단어를 새로 익혀야 하는 외국어(프랑스어·스페인어) 수업에 슬쩍 떠넘기고 있다. 이제 출생 증명 서류에 출생 경위(자연 출생 또는 생명 기술을 이용한 출생 여부) 작성란이 생겼을 정도다. 자신이 정자 기증으로 태어났음을 알거나 정자 기증자가 누군지를 아는 아동들의 정체성 혼란 현상이 학교 현장에서 나타나고 있다고 『뉴욕타임스』는 전했다.

2) 가족의 어두운 면

가족 또는 인척 관계가 모든 이의 생존에 관련된 분야로 부각되기 때문에 가족의 생활은 정서적 경험의 전체를 사실상 망라하게 된다. 내외 간, 부모자식 간, 형제자매 간, 먼 친인척 간의 가족 관계는 따뜻하고 충만한 것이 될 수 있다. 그러나 동시에 이러한 관계는 사람들을 절망 속으로 빠뜨리는 가장 긴장된 상태로 몰고 가거나, 깊은 불안과 죄의식에 휩싸일 수 있는 가장 심대한 갈등의 소지를 제공할 수 있다.

(1) 성추행

아동에 대한 성추행은 널리 발생되고 있는 현상이며, 성추행의 많은 부분이 가족 관계에서 일어난다. 성추행은 법적으로 인정된 성인 연령 이하의 미성년(영국은 16세)을 대상으로 성행위를 하는 것으로 가장 쉽게 규정될 수 있다.

근친상간(incest)이란 밀접한 인척 간의 성적인 관계를 일컫는다. 모든 근친상간이 성추행적 행위는 아니다. 예를 들어, 형제 남매 간의 성교는 근친상간의 성격을 띠지만 성추행의 규정에는 해당되지 않는다. 성추행에서,

성인은 성욕의 만족을 위해 아동이나 미성년을 본질적으로 이용하고 있는데(Ennew, 1986). 그럼에도 불구하고 가장 흔한 형태의 근친상간은 성추행의 형태로 표출된다.

그러한 가정은 현실이 아니었다. 아동에 대한 성추행은 혼란스러울 만큼 흔하게 발생되고 있음이 입증되었다. 미성년에 대한 성추행은 하류 계층 가족에서 더 빈번하게 발견되고, 전 계층에 걸쳐 발생되고 있다.

그러면 이제 근친상간과 아동 성추행이 어찌하여 갑자기 공공의 관심사로 부각되었는가를 살펴보자.

해답의 일부는 그러한 행위에 대한 금기가 사회사업가 및 사회과학자들로 하여금 부모나 아동에게 이에 대해 상당히 조심스럽게 질문을 던지게 했다는 데에서 찾아볼 수 있다. 여권운동이 성적 희롱과 착취에 항의하는 좀 더 포괄적인 캠페인을 전개하는 하나의 운동전략으로서 아동 성추행을 지적했다. 이는 초기 대중의 관심을 끄는 데에 중요한 역할을 담당했다.

사회과학이 아동 성추행에 대해 의심이 가는 경우를 심층 조사하기 시작했을 때, 더 많은 사례가 발굴되었다. 아동 성추행의 경우 어느 정도가 근친상간에 의한 것인지에 대해 정확하게 알지 못하지만, 대개가 가족 상황에서 발생하는 듯하다.

근친상간 관계가 갖는 성격, 그리고 범해진 성행위의 특성상 그 양상은 상당히 다양하다. 근친상간의 사례의 70 내지 80퍼센트는 부녀 간 혹은 계부와 딸 사이에서 발생하는 것으로 대부분의 연구에서 지적된다. 그러나 숙(백)부 또는 외삼촌과 여자 조카, 남매 간, 부녀, 모자, 심지어 조부모와 손주 관계에서도 발생하고 있다.

근친상간적 접촉 가운데에는 일시적인 것도 있는데, 성인이 아동의 성기를 단지 주물러 보거나 아동이 어른의 생식기를 만지도록 강요당하는 것도 있다. 이런 경우의 성추행은 아주 집요하며 몇 년간에 걸쳐 지속되는 경우도 있다.

성추행의 대상이 된 아동은 보통 두 살의 나이에 불과했으나, 신생아와 성적 접촉을 한 사실도 여럿 보고되고 있다. 예를 들어, 어느 경우에는 어린아이가 펠라티오(구강 성교)를 하다가 질식해 사망하기도 했다(Goodwin, 1982),

여러 형태의 근친상간이 발생할 때에 완력이나 폭력적 위협이 가세된다.

아동 성추행이 그 피해자에게는 장기간에 결쳐 고통을 주고 있음을 지적한 문헌이 상당히 많이 나와 있다. 창녀 연구, 청소년 비행자, 사춘기 가출자 및 약물 사용자에 관한 연구서들은 아동 성추행을 당한 경우가 높은 수치를 점유하고 있는 것으로 지적한다. 물론 상관 관계가 바로 그 원인이 되고 있지는 않다.

왜 근친상간이, 그리고 좀 더 포괄적으로는 아동의 성적 학대가 발생하는가를 설명하기 위해 우리는 두 가지를 생각해 봐야 한다.

첫째, 성인들이 왜 아동을 상대로 하는 성행위에 매력을 갖게 되는가 하는 것이며, 둘째, 왜 가해자의 대부분이 남성인가 하는 것이다. 각 질문은 관련 행위의 성격이나 관련된 관계의 정립을 전제했을 때 복잡한 문제를 야기한다.

아동 학대를 연구하는 학자 가운데 한 명인 핀켈러(David Finkelhor)가 주장한 바대로, 그의 해석은 아동을 성적으로 학대하는 성향을 저하시키는데 도움을 줄 수 있는 사회심리적 함축의 몇 가지를 제공해 주고 있다.

첫째, 남성은 아동의 양육과 관련된 상호작용이나 남성 대 남성 간의 우정 관계와 같이 성관계를 동반하지 않는 인간 관계 속에서 애정과 의존심을 발휘할 수 있는 기회에서 얻는 것이 있을 것이다.

둘째, 이성 관계의 수립이 남성으로서의 적절성을 가늠하는 궁극적 자질로서 강조되지 않을 수 있다.

셋째, 남성은 동등성에 입각해 남녀 간의 성관계를 즐길 수 있음을 배울 수 있다. 여성과 어울릴 때 성숙됨과 자신감으로 인해 편안함을 지닐 수 있는 남성이 아동을 성적으로 학대하지 않을 가능성이 높다. 남성이 여성과의 관계를 변화시켜 감에 따라, 남성이 아동을 대하는 것에도 또한 변화가 오게 될 것이다(Finkelhor, 1984: 13).

(2) 가내 폭력

가족 내에서 발생하는 폭력 또한 근친상관과 마찬가지로 일차적으로 남성이 저지르는 영역이다.

우리는 가내 폭력을 가족 성원의 한 사람이 다른 성원을 향해 가하는 육체적 폭력으로 정의할 수 있다. 연구에 의하면 신체적 폭력의 일차적 표적은 여전히 아동으로서, 특히 6세 미만의 어린 아동임이 밝혀졌다. 그리고 남편이 부인에게 가하는 폭력은 두 번째로 흔한 유형이다. 그럼에도 불구하고 여성 또한 가족에게서 발생하는 육체적 폭력의 가해자이기도 한데, 그 대상은 어린 자녀 또는 남편인 것이다.

어떻게 보면 가정은 사실 현대 사회에서는 가장 위험스러운 장소인 것이다. 통계 수치와 관련해 보았을 때, 남녀를 불문하고 어느 연령층의 사람이라도 밤중의 길거리에서보다도 집안에서 신체적 공격을 당할 확률이 훨씬 높게 나타났다. 영국에서 발생된 살인 건수를 살펴보면 매 4건 가운데 1건 꼴로 가족원이 가족 내에서 가한 불상사인 것이다. 가정에서 배우자뿐 아니라 자녀에 대한 여성의 폭력 성향은 남성의 그것과 거의 동등한 것으로 종종 주장되고 있는 실정이다. 조사 연구 가운데는 남편이 아내에게 폭력을 사용하는 것만큼 아내 역시 남편을 구타하는 것을 지적하는 것도 있다 (Straus, Celles, & Steinmetz, 1980). 그러나 여성이 가하는 폭력은 남성의 그것에 비해 제한적이며 일회적인 것으로서, 신체장애를 지속적으로 불러일으킬 염려는 거의 없다.

영국의 아동 가운데 비록 경미하긴 하지만 부모 중 한 명으로부터 매를 맞거나 두들겨 맞지 않는 어린이는 거의 없다. 대개의 경우 그러한 행위는 타인으로부터 일반적으로 승인을 받고 있는 실정이며, 심지어 그것이 '폭력'으로 생각조차 되지 않는 것이다. 만약, 상점에서 낯선 사람이 한 어린이가 자신이 말한 것이나 행한 행동에 동의하지 않았기 때문에 어린이를 때렸다면, 그것은 또 다른 문제가 되는 것이다. 그럼에도 가해진 공격성에는 차이가 존재하지 않는다.

비록 구체적이지는 않지만, 배우자 간에 발생하는 폭력에 대한 사회적 승인이 역시 존재한다. 슈트라우스(Murry Straus)는 부모라는 사실은 '구타 자격증'의 획득을 의미하며 '결혼 증서는 구타 자격증'이라고 주장하기도 했다 (Soaw, 1978: 455).

이러한 형태의 가내 폭력에 대해 문화적으로 용인해 주는 성향은 오래전부터 전해 오는 민요 속에 표현되어 있다.

> 여자와 말 그리고 히코리 나무는
> 그대가 치면 칠수록 더 좋아지게 되는 법이지.

직장이나 기타의 공공장소에서 아무리 의견이 다르고 화나게 한다고 할지라도 그 누구도 타인을 구타할 수 없음은 일반적으로 받아들여지고 있는 규칙이다.

이러한 규칙이 가족 내에서는 적용되지 않는다. 여러 조사 연구에 의하면, 상당수의 부부가 상황에 따라서는 한쪽 배우자가 그 상대편을 구타하는 것을 합법적인 행위로 여긴다는 점을 밝히고 있다(Greenblat, 1983).

그러나 가내 폭력은 또한 폭력행위의 좀 더 포괄적인 유형을 반영한다. 아이와 아동을 신체적으로 폭행한 남편들의 다수가 다른 상황에서도 폭력을 행한 기록을 가지고 있다. 페이건(Jeffrey Fagan)과 그의 동료 연구자들이 수행한 연구(1983)에 의하면 전국에서 뽑은 구타당하는 아내의 표본 가운데 반수 이상의 남편이 배우자뿐 아니라 여타의 타인에게도 폭력을 행사했음을 보여 주었다. 이러한 남성의 80퍼센트 이상이 실제로는 가족적 상황이 아닌 상황에서 우발적인 폭력 행사로 인해 적어도 한 번은 체포된 경력이 있는 것으로 나타났다.

3) 대안적인 결혼과 가족

(1) 공동체

가족에 대한 비판은 오래전부터 있어 왔다. 19세기에 들어와서 여러 사상에 의해 가족생활은 좀 더 공동체적 형태의 삶으로 대체되어야 한다고 했다.

현대의 공동체 가족생활의 가장 중요한 사례는 이스라엘에 있는 키부츠 공동체(Kibbutzim)다. 키부츠란 가족적 지역 사회로서 자녀 양육을 공동으로 협업하는 개인들의 집합체다. 키부츠의 대다수는 원래 농업을 위한 협업 업체로 출발했으나, 오늘날에는 많은 수가 또한 산업 생산에 주력하는 쪽으로 바뀌었다. 각각의 키부츠는 하나의 구와 같은 방식으로 운영되는데, 자녀 양육은 일개 가족의 관건이라기보다 전 공동체가 책임져야 할 소관 사항으로 취급된다. 키부츠 가운데는, 어린이들이 주말에는 생부모와 함께 지내지만 일상적인 경우 부모와 함께 지내기보다는 특별히 마련된 어린이 집에 가게 하기도 한다.

(2) 동거

동거(cohabitation), 즉 결혼하지 않는 남녀 한 쌍이 성관계를 유지하면서 같이 사는 삶의 방식은 대개의 서구 사회에 점차 보편화되어 왔다.

아주 최근에 이르러 영국에서 동거생활은 일반적으로 다소는 명예롭지 못한 것으로 간주되었다. 그러나 1980년대를 통해 한 지붕 밑에서 기거를 같이하는 결혼하지 않은 남녀의 수가 거의 300퍼센트까지 증가했다. 동거생활은 대학이나 대학생 사이에 퍼져 나갔고 사실상 영국에서 일어나는 동거 실태를 다룬 연구 조사는 없다고 할 수 있으나, 미국에서의 현장 조사에 따르면 대학생 4명 가운데 1명꼴로 대학생활을 영위하는 기간 동안 성관계가 전제가 된 사람을 배우자로 하여 동거생활을 하고 있음을 지적하고 있었다.

오늘날 영국에서 동거생활은 대개의 경우 결혼 전 단계를 위한 실험적 성격이 강한 듯하다. 이미 성관계를 가진 남녀는 점차 함께 하는 시간이 많아지게 되고, 결국에는 한쪽 아니면 다른 쪽에서 각자의 집을 버리게 되는 것이다. 동거 관계에 있는 젊은이들은 거의 대부분이 언젠가 결혼하게 되지만, 반드시 현재 살고 있는 배우자일 필요는 없다고 생각한다.

젊은 여성의 대다수는 아직도 동거 관계의 진면모를 부모님에게 감추려고 노력하고 있다. 그러나 남자들의 경우는 이러한 현실에 신경을 덜 쓴다. 영국의 경우와는 대조적으로 유럽의 몇몇 사회, 특히 농촌 지역에서는 동거생활이 합법한 관행으로 오랫동안 인정되어 왔다(Boh et al., 1989). 유럽의 다른 국가에서처럼 스웨덴에 동거 관계에 있는 대다수의 남녀는 얼마간의 시간이 지나다가 자녀를 갖게 되면 결혼한다. 그러한 형태로서 동거 관계는 법적 지위가 부여되어 관계가 맺어지거나 할 경우, 관련 당사자가 재산 분할권 및 생활 보장을 위한 청구가 가능하기 때문이다.

(3) 동성애 부모 가족

동성연애를 하는 남성 또는 여성들 가운데 다수가 배우자로서 안정된 생활을 영위하며, 동성애 관계의 배우자 가운데 정식으로 '결혼'을 하기도 하는데, 이러한 예식이 법적으로 아무런 인정을 받지 못하기는 하지만 동성에 대한 이전의 보수적 견해가 관대해지게 된 것은 동성애 관계를 지속하는 어머니에게 자녀 양육권을 법원이 점차 인정하게 됨에 따라 이뤄졌다.

영국의 경우 자녀를 둔 동성애는 사실상 두 명의 여성이 구성하고 있는 데 반해서, 1960년대 후반부터 1980년대 초반에 이르는 기간에 걸쳐 미국의 몇 개 도시에 있는 사회복지 동성애 남자 부부에게 갈 곳 없는 동성애 십대 소년들의 자녀 양육권을 버렸다. 이러한 관행은 여론의 비난 때문에 중지되었다.

(4) 독신생활

현대 서구 사회에서 혼자 살아가는 사람의 수가 증가하는 데에는 몇 가지 요인이 혼합된 결과다. 오늘날 사람들은 예전보다 평균 6년 늦게 결혼한다. 또 하나는 이혼율의 증가다. 또 다른 요인은 전체 인구 구조에서 배우자가 사망한 나이든 연령층이다. 독신이라는 사실은 생애 주기의 각 시기별로는 다양한 것을 의미한다.

슈타인(Peter Stein)이 25세에서 45세의 연령층에 있는 사람들로서 생활을 하는 60명을 면접했다(Stein, 1980). 대다수가 독신생활에 대해 호의적 의식을 갖고 있었으며 이들은 독신생활이 성공을 위한 기회를 제공했다고 지적했는데, 전력투구해 일에 매진할 수 있고 성적 경험을 가질 수 있으면서 전반적으로 자유와 자율을 만끽할 수 있음을 인정했다. 반면에, 자기 연령대의 대다수가 결혼한 사회적 상황에서 독신생활의 어려움도 인정했는데, 소외감과 고독감에 시달리고 있었다. 전반적으로, 이들 모두는 독신생활을 조장하는 분위기보다는 결혼에 대한 압력을 더 많이 받는 것으로 나타났다.

(5) 재혼과 편부모

재혼은 여러 가지 상황이 포함되어 일어날 수 있다. 재혼한 어떤 부부는 20대 초반에 만났기에 어느 쪽도 이들의 새로운 관계에 자녀를 데리고 오지 않았다. 20대 후반, 30대 혹은 40대 초반에 재혼하는 사람들은 과거의 결혼 관계에서 출생한 1명 또는 그 이상의 자녀들을 새 배우자와 함께 살기 위해 데려올 수 있다.

늦은 연령에 재혼하는 사람들은 자신들이 사는 가정에 함께 거주하지 않는 성인 자녀를 둘 수 있다. 또한 새로 성립된 재혼 관계에서 자녀가 출생할 수 있다. 재혼하게 된 내외 가운데 어느 한쪽이 이전에는 독신자, 이혼 경력자, 홀아비나 미망인, 사별을 한 사람인 경우를 포함해 여덟 가지 경우의 조합이 가능하다. 그렇기 때문에 몇 가지 사항은 일반화할 수 있겠지만 재혼에 관한 결론을 내리는 데는 상당한 주의가 요망된다.

1900년대부터 시작해 이혼율의 상승과 더불어 재혼율 역시 상승하기 시작했고, 재혼율은 이혼 경력이 있는 사람의 비율이 증가함에 따라서 함께 증가했다. 1960년대에는 재혼율이 급상승했으며, 1970년대와 1980년대 초반부에 이르는 기간에 줄어들었다.

한국 사회, 핵가족에서 전자가족으로

통계청 '2010 센서스' 가구·주택 부문 발표

대표적 초고령 지역인 경북 의성군. 이곳엔 단둘이 사는 2인 가구가 1만 655가구로 가장 많다. 전체 가구 수(2만 4,212가구)의 절반에 가깝다(44%). 대부분이 자식을 다 키워 떠나보내고 노부부만 남은 '빈둥지 가구'다.

그런가 하면 자갈치시장과 국제시장으로 유명한 부산시 중구는 1인 가구가 가장 많다. 1인 가구가 8,502가구로 전체(2만 1,449가구)의 39.6%다. 1인 가구 넷 중 하나는 일자리를 찾아 몰려든 20~30대 젊은이다.

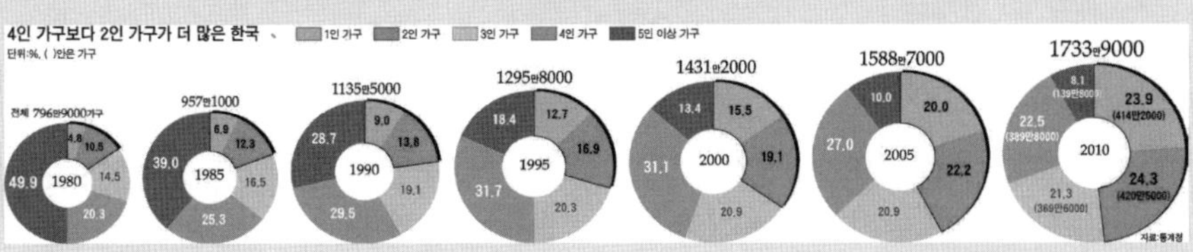

가구의 표준 사이즈가 바뀌고 있다. 부부만 사는 2인 가구, 혼자 사는 1인 가구가 대세로 부상했다. 한때 가구 대표 형태로 여겨지던 '부부에 자녀 둘' 구성의 4인 가구는 3위로 밀려났다. 불과 5년 만에 가구 형태가 급변한 것이다. 통계청은 7일 '2010 인구주택 총조사' 중 가구·주택 부문 전수조사 결과를 발표했다.

지난해 11월 현재 우리나라에는 2인 가구가 420만 5,000가구로 가장 많았다. 전체(1,733만 9,000가구)의 24.3%다. 둘째로 많은 가구 형태는 1인 가구였다. 414만 2,000가구(23.9%)다. 반면 그간 줄곧 1위였던 4인 가구는 389만 8,000가구(22.5%)에 그쳤다. 혼자 또는 단둘이 사는 집이 5년 새 급속히 늘었기 때문이다.

서울대 보건대학원 조영태 교수는 "4인 가족이 주였던 '핵(核)가족'이 더 분화돼 1, 2인 가구가 급증하고 있다"며 "핵 주위를 도는 전자(電子)의 이름을 따 '전자가족 시대'라 불러도 좋을 것"이라고 말했다.

2인 가구는 2005년(352만 1,000가구)보다 68만 4,000가구 늘었다. 주로 저출산과 고령화 때문이다. 자녀도 몇 명 안 되는 데다 이들이 커서 분가하면 노부부만 남는 '빈둥지 가구'가 빠르게 늘어난 게 큰 이유다. 지난해 60세 이상의 부부만 사는 가구는 모두 141만 425가구로 5년 전(113만 7,171가구)보다 24% 늘었다. 늦게 결혼하고 맞벌이로 아이를 낳지 않는 딩크족(DINK: Double Income No Kids) 30대 부부가 늘고 있는 것도 2인 가구 증가의 원인이다. 부부만 사는 30대 가구는 지난해 34만 7,217가구로 5년 전(31만 8,364가구)보다 9% 늘었다. 한국보건사회연구원 이삼식 저출산 고령사회연구실장은 "이외에도 이혼으로 인한 한부모 가족, 혈연 없는 노인들이 같이 사는 비혈연 가구도 빠르게 늘고 있다"며 "과거에는 '완성되지 않은 가족'처럼 여기던 1, 2인 가구가 이젠 주류가 됐다"고 설명했다.

1인 가구는 더 무섭게 늘고 있다. 고령화와 만혼(晩婚)이 주원인이다. 2005년 317만 1,000 가구에서 지난해 414만 2,000가구로 100만 가구 가까이 급증했다. 독거 노인과 혼자 사는 20~30대가 그만큼 늘어난 것이다.

이번 조사에선 아파트 거주지 수가 처음으로 단독주택 거주자 수를 넘어서기도 했다. 지난해 아파트 거주는 816만 9,000가구(47.1%)로 2005년(662만 9,000가구)보다 150만 가구 가까이 늘었다. 단독주택 거주 가구 수(686만 가구)를 크게 따돌렸다. 또 주택보급률이 처음으로 100%를 넘어선 것으로 조사됐다. 지난해 우리나라 주택 수는 1,467만 7,000호로 주택보급률이 101.9%를 기록했다. 2005년엔 98.3%였다.

◆ 핵가족·전자가족=사람을 원자(原子)로 보면 가족은 원자가 뭉친 분자(分子)로 볼 수 있다. 핵가족(nuclear family)이란 개념은 여기서 나왔다. 원자들의 집합인 분자가 최소 단위(핵)로 쪼개진다고 해서 핵가족이라고 부른 것이다. 핵가족의 기본 구성은 부부와 미혼 자녀였다. 현대 가족의 전형으로 불리던 이 핵가족까지 분화되면서 1~2인의 '전자(electron)가족'이 최근 늘고 있다.

[중앙일보] 입력 2011.07.08 00:10 / 수정 2011.07.08 01:38

통계 수치상으로 볼 때에 재혼은 초혼보다 성공률이 낮다.

재혼한 사람들의 이혼율이 초혼 때의 이혼율보다 높게 나타났다.

이혼 경력이 있는 사람들은 그렇지 않은 사람들보다 결혼에 대해 높은 기대치를 가질 수 있다. 그렇기 때문에 한 번만 결혼한 경우의 사람들보다 새 결혼을 좀 더 쉽게 해체할 수 있는 것이며 보통 성공한 재혼은 초혼보다 더 만족할 수 있다.

(6) 가족 가치에 대한 논쟁

개인적인 행복 추구 등 지난 수십 년 동안의 변화를 나열하면서 가족의 가치를 옹호하는 사람들은 '가족이 붕괴하고 있다'고 외치고 있다. 그들은 우리가 도덕적인 가족생활을 회복해야 하고 전통적인 가족을 다시 회복시켜야 한다고 말한다.

전통적인 가족은 우리가 요즘 발견한 복잡함보다 더 안정되고 질서가 있다. 그들은 비판적인 사람들이 "아니다, 가족이 붕괴하고 있다고 생각하지만, 사실은 다양화되고 있는 것이다. 우리는 모든 사람이 하나의 형태로 주조되어야 한다고 가정하는 것보다 가족 유형과 성생활의 다양성을 적극적으로 장려해야 한다"고 응답한다.

어느 쪽이 옳은가? 아마도 우리는 양측의 입장에 모두 비판적이어야 한다.

전통적인 가족으로의 복귀는 불가능하다. 전통적인 가족은 앞에서도 설명한 것처럼 존재하지 않았을 뿐만 아니라 오늘날 가족의 모형이 되기에는 과거 가족의 형태는 너무 억압적인 요소들이 많았기 때문이다. 많은 여성은 자신들이 힘겹게 탈피하고자 한 가정 상황으로 되돌아가지 않을 것이다.

좋건 나쁘건 성적 파트너와의 결혼이 과거와 같을 수는 없다. 감정적 의사소통, 즉 관계의 적극적인 창조와 유지가 개인과 가족생활에서 중심이 되었다. 이러한 일들을 이야기하면서 우리는 기로에 서 있다고 어렵지 않게 말할 수 있다.

미래에는 결혼 혹은 배우자 관계가 더 약화될 것인가?

폭력으로 상처받은 감정적·성적 전망에 적응해 살 수 있을 것인가?

그러나 결론으로서 결혼과 가족에 대한 사회학적 분석은 과거를 보아서는 우리의 문제를 해결할 수 없다는 것을 강하게 제시하고 있다. 우리는 우리의 생활에서 값지게 평가하는 개인적인 자유와 다른 사람과의 안정적이고 지속적인 관계를 형성해야 하는 필요성과 조화시켜야 한다.

제 3 절 사회학이론의 변천

인간은 항상 그 자신의 행동의 원천에 대해 호기심을 가져왔으나, 수천 년 동안 우리 자신을 이해하려는 우리의 시도는 종교적 용어로 표현되어 대대로 전승되어 온 사고방식에 의존했다. 인간 행동과 인간 사회에 대한 체계적 연구는 비교적 최근의 발전인데, 그 출발점은 18세기 후반이다. 새로운 접근의 배경은 산업화와 도시성과 관련한 광범위한 변동이었다. 전통적 생활방식의 파괴는 사회 세계 및 자연 세계에 대한 하나의 새로운 이해를 발전시키려는 시도를 촉진시켰다.

조직사회학의 여러 관점을 알아보기 전에 사회학에 지대한 공헌을 한 초기의 이론가들을 소개한다.

1 콩트

인간 사회도 자연계를 연구하는 것과 똑같은 과학적 방법에 의해 연구되어야 한다고 콩트(Auguste Comte)는 생각했다. 인간 사회가 우주의 다른 영역보다 훨씬 복잡한 모습을 띠고 있기는 하지만, 기본 법칙에 따라 움직인다는 점에서는 마찬가지라고 그는 생각했던 것이다. 따라서 그는 사회를 생물유기체에 비유, 사회유기체설을 주장했다.

사회학의 아버지로 불리는 콩트는 그의 스승인 생시몽(Claude Henri Saint-Simon)의 사회 변동 3단계설을 그대로 답습해 사회 변동은 인간의 인지발달 단계와 병행해 발전한다고 보았다. 콩트는 그의 중심 개념인 '인류의 진화 법칙' 또는 '3단계 법칙'을 제시했다(이홍탁, 1990).

인류의 정신적 진화는 개인의 정신 발달과 병행해 왔다. 우리 모두가 어렸을 때는 열렬한 신자였다가 청년기에는 비판적 형이상학자가 되고 어른이 되어서는 자연철학자가 되는 경향이 있는 것처럼, 인류도 성장해 오면서 세 가지 주요 단계를 지나왔다는 것이다.

우리의 모든 주요 개념, 곧 모든 분야의 지식들은 세 가지 상이한 이론적 조건–신학적 또는 공상적, 형이상학적 또는 추상적, 과학적 또는 실증적–을 단계적으로 거쳐 왔다.

"신학적 단계는 사제와 군인에 의해 지배되었다. 형이상학적 단계–대체로 중세나 르네상스기에 대응하는 단계–에서는 성직자와 법률가들이 판을 쳤다. 지금 막 시작된 실증적 단계는 산업경영자들과 과학자의 도덕적 가르침에 의해 지배될 것이다. 마찬가지로 첫째 단계에서는 가족이 전형적인 사회 단위였고, 둘째 단계에서는 국가가 사회적으로 중요하게 부각되었다. 셋째 단계에서는 전인류가 실질적인 단위가 될 것이다"는 것이다(미래연구, 1994).

〈표 1-2〉 콩트의 사회변동 3단계설

인지 단계	문명
신학적	군사 시기
형이상학적 사회과학	사법 시기
과학적, 실증적 자연과학	산업 시대

2 스펜서

스펜서(Herbert Spencer)는 콩트의 사회유기체설을 더욱 발전시킨 사람이다. 다윈(Charles Darwin)의 약육강식 원리에 입각한 적자생존 원칙(survival of the fittest)을 사회학에 적용시킨 사회적 다위니즘(social Darwinism)을 주장한 스펜서는 다음과 같이 말했다.

인간 사회의 진화라는 것은 다른 여러 가지 진화 현상과 전혀 다른 것이 아니다. 그것은 보편적으로 적용할 수 있는 자연 법칙의 한 사례일 뿐이다.

여기서 그는 '진화(進化)'라는 개념에 대해 "상대적으로 불확정적이고 응집성이 없는 동질성의 상태로부터 상대적으로 확정적이며 응집적인 이질성의 상태로의 변동"이라고 설명한다. 그리고 이것은 몇몇 부분에 특수한 현상이 아니라 모든 것에 적용되는 대단히 보편적인 과정이라고 그는 말한다.

스펜서에게는 궁극적으로 우주의 모든 측면이 그것이 유기적인 것이든 아니면 비유기적인 것이든, 사회적인 것이든 비사회적인 것이든 상관 없이 모두 명백히 진화의 법칙에 종속되는 것이었다. 쉽게 말해 그는 생물학적 유추의 방법을 사회과학, 즉 사회의 여러 부분을 파악하는 일에 적용하려 했다고 말할 수 있다.

"사회는 일반적으로 단순사회로부터 복잡사회와 이중복합사회, 삼중복합사회의 구조로 필연적인 단계를 거치며 진화하는 것이다." 복합성의 증대에 의한 사회의 이러한 분류에 첨가해, 스펜서는 사회의 형태를 분류하기 위한 또 하나의 기준을 제의했다. 그것은 '군사형 사회'와 '산업형 사회'라는 것인데, 이 구분의 초점은 사회 내에서 내적 규제의 형태에 집중되었다.

스펜서의 가르침, 특히 적자생존에 대한 그의 학설은 이 밖에도 다른 정당화 기능을 수행했다. "지금까지 어떻게 해서든 살아남은 사람은 그렇지 못한 사람보다 더욱 적합하고 우월한 존재다"라는 이 학설은 이 시대의 탐욕적 개인주의를 정당화시켜 주었고, 프로테스탄트 윤리가 교육받은 대중들의 마음 속에 호소력을 상실해 버렸던 이 시대에 성공을 향한 정력적 추구를 합리화시켜 주었던 것이다. 스펜서주의는 결과적으로 벤담주의보다 훨씬 더 탐욕적 개인주의의 정당화에 봉사했던 것 같다(미래연구, 1994).

3 마르크스

마르크스(Karl Marx)는 사회적 다위니즘에 입각한 적자생존 등과 같은 자연 법칙에 대한 사회 진화를 비판하면서 사회구성원의 사회적 위치, 다시 말해 계급은 그 구성원이 생산 수단을 소유하느냐의 여부에 달려 있다고 보아 자연 법칙이 아닌 인위적인 법칙, 즉 프롤레타리아 혁명(Proletariat revolution)에 의한 사회 진화의 불가피성을 주장하여 생산양식에 따른 다단계 진화 모형을 제시했다.

원시공산주의 → 전제주의 → 봉건주의 → 자본주의 → 공산주의

구체적으로 그가 어떠한 삶을 살았고, 또한 어떠한 주장을 외쳤는지 정확하게 아는 사람은 놀랍게도 매우 적은 듯하다. 왜 그럴까? 그것은 '반공이데올로기'와 관련된 정치적인 이유일 수도 있고 또는 지독한 학문적 폐쇄성 때문일 수도 있다.

자연과의 투쟁 속에서 그리고 연합된 노동을 통해 생계를 꾸려 나가기 위해 인간은 특수한 생산양식에 부합하는 특수한 형태의 사회조직을 만들어낸다. 이러한 모든 형태의 사회조직은 최초의 원시 공산주의 단계에 나타났던 형태를 제외하고는 모두 사회적 불평등으로 특징지어진다. 원래 이리 엉키고 저리 엉켜 있던 집단으로부터 사회라는 것이 출현하면서 분업은 단층 현상을 가져왔고, 생산 수단의 차등적 소유와 차등적 권력에 의해 구별되는 여러 계급의 인간이 나타났다. 상대적인 희소성을 지배하는 상황 속에서는 어떤 형태의 경제적 잉여가 축적되었든지 간에 그것들은 모두 생산 수단을 독점함으로써 지배력을 획득한 사람들에게로 귀속된다. 그러나 이러한 지배력이 불변의 상태로 계속되는 것은 아니다. 이것이 "지금까지 존재했던 모든 사회의 역사가 계급 투쟁의 역사"인 이유다(미래연구, 1994).

자유인과 노예, 귀족과 평민, 영주와 농노, 길드 마스터(guild master)와 저니맨(journeyman), 착취자와 비착취자 간의 대립은 역사의 시초부터 계속되어 왔다. 마르크스는 최초 원시 공산주의 단계 이후의 인류 역사에 네 가지 중요한 생산양식이 계속적으로 나타난 것으로 보고 있다. 그것은 아시아적 생산양식, 고대적 생산양식, 봉건적 생산양식, 그리고 현대 부르주아 생산양식이다. 이것들의 각각은 그 이전 질서 내에서 발전된 대립과 모순을 통해 변증법적으로 나타났다.

각 특수한 생산양식에 대응하는 계급 대립은 구질서의 체계 내에서는 그들의 이익을 전혀 주장할 수 없는 계급들을 출현시킨다. 동시에 생산력의 증대는 그 이전의 생산 관계에 의해 강요된 한계점에 도달하게 된다. 이러한 현상이 나타나게 되면, 새로운 생산 원칙을 내세우는 새로운 계급이 낡은 질서를 붕괴시키고 그 구질서의 체계 내에서 발전되어 온 새로운 생산력이 더 나은 발전을 위한 물질적 조건을 만들어내게 되는 것이다. 그러나 부르주아 생산 관계는 적대적인 사회적 생산 과정의 최후 형태다. 그들이 장차 승리할 프롤레타리아에 의해 타도될 때, 인류 사회의 이전까지의 역사는 그 종말을 고하게 되고 그때까지의 인류의 발전을 지배해 오던 변증법적 원칙은 그 작동을 멈추며, 인간사에서 '조화'가 사회적 갈등을 대신하게 된다. 그러나 이러한 변증법적 진화모형의 가장 큰 맹점은 공산주의가 마지막 단계라는 점이다.

'유토피아'라는 말은 그리스어의 'ou(not)'와 'topos(place)'가 합해진 것으로 '아무 데도 없다'라는 뜻이라고 한다. 다시 말해, 유토피아라는 것은 이 세상 어느 곳에도 존재하지 않는 이상적인 상태를 가리키는 말이다. 그러나 마르크스가 바라보았던 우리의 미래사회는 엄연히 유토피아의 한 종류인 것만은 확실할 것이다. 그 타당성은 물론 검토되어야 하겠지만 말이다. 무엇보다도 그의 불멸의 업적은 모든 인간이 그동안 상상으로만 꾸며 왔던 유토피아를 철저한 과학적 입장 속에서 증명하고 제시하려 했다는 것이다. 자본주의 사회는 과연 마르크스의 예견대로 프롤레타리아 혁명에 의해 언젠가는 사라질 것인가, 아니면 앞으로도 계속 인간이 택할 수 있는 차선의 사회구조로서 우리와 함께하게 될 것인가, 오늘날, 이 혼돈과 변화의 소용돌이 속에서 많은 이의 주장대로 그의 역사관과 혁명이론은 진정 역사의 뒤편으로 완전히 묻혀 가고 있는 것일까 …… (미래연구, 1994),

마르크스는 관료의 임명을 기준으로 하여 관료제 유형을 후견인 관료제(guardian bureaucracy), 카스트 관료제(caste bureaucracy), 정실임용 관료제(patronage bureaucracy), 자격임용 관료제(merit bureaucracy)로 분류했다(이창원, 1993). 마르크스는 이러한 네 가지의 관료제 유형을 다음과 같이 제시했다.

첫 번째 유형인 후견인 관료제에서는 이념적으로 인정을 받고 그러한 관료제의 충실한 도구인 후견인 또는 사복화(私僕化)된 사람들을 관료로 임명한다. 여기에 속하는 예로는 고대 중국의 관료제를 들 수 있다.

두 번째 유형인 카스트 관료제는 통제 위치에 있는 사람들의 계급적 연결 관계에 따라 임명되는 것으로, 이 유형에 속하는 대표적인 예로는 비스마르크 시대의 독일 공무원제도를 들 수 있다.

세 번째 유형인 정실임용 관료제는 정치적 기준을 토대로 임명하는 것을 말하며, 임명은 정치적 충성도에 따른 보상의 하나로 간주된다. 관직을 전리품으로 인식했던 엽관제도(spoils system)가 이러한 정실임용관료제 유형에 포함되는 대표적인 예다. 이러한 엽관주의는 정권이 교체될 때마다 대량적인 인력 교체 현상이 일어나 관료들의 행정 경험이 축적될 수 없어서 결국 행정의 계속성도 손상을 입게 되었고, 또한 행정 경험이 별로 없는 무능한 사람들이 행정부의 요직을 많이 차지하게 되어 업무의 능률이 저하될 수밖에 없었다(오석홍, 1989: 24).

네 번째 유형인 자격임용 관료제는 조직에서 미리 정해 놓은 자격 기준을 토대로 관료를 임명하는 것을 말하는데, 대표적인 것이 바로 미국의 공무원 임용제도다. 엽관주의 하에서는 대부분의 경우 정권의 이익에 관련된 사람들만이 관료가 될 수 있었던 것에 비해 실적주의를 기념으로 하는 자격임용 관료제는 모든 국민에게 공직 취임의 기회를 균등하게 보장하고 임용은 실적 기준에 따라 공정한 공개 경쟁의 과정을 거쳐 실시한다(오석홍, 1989: 25).

마르크스의 조직유형론은 조직의 유형을 주로 공직의 임용 기준을 토대로 분석한 것으로, 각 조직 유형마다 역사적인 예를 제시함으로써 각 조직 유형을 문화 및 사회적으로 해석하고자 했다.

4 베버

베버(Max Weber)는 국수주의자이면서 또 한편으로는 개인적 자유를 위한 투쟁으로 인생을 점철한 인물이다. 그는 국민주의나 인종주의를 지배계급의 정치 체제의 연약한 구성원을 억압하기 위한 이념으로 특징지으면서 관료제의 개인적 자유에 대한 속박을 증오했다. 그의 이러한 이원론적이고도 모순적인 견해는 모친과 부친의 영향에서 비롯되어 베버의 잠재의식 속에서도 결코 사라지지 않은 듯하다. 그의 초기의 정치적인 입장은 부친의 영향을 받아 국수주의적 진보주의 경향을 보였으나 나중에는 좀 더 진보적인 사회적 진보주의로 발전된다. 비록 그는 사회적 다위니즘(social Darwinism)에 입각한 국익이 최고의 가치라는 제국주의적 사고방식에 동조했으나 또한 개인의 자유에도 강한 확신을 갖고 있었다. 그는 민주주의를 본질적으로 가치 있는 사상 체계로 보지는 않았으나 민주주의가 효과적으로 정치지도자를 선택할 수 있다는 실용주의적 관점에서 가치 있는 것으로 파악했다. 권력 유지의 수단으로서 관료제는 일단 확립된 후에는 그 객관적 필수불가피성(objective indispensability) 때문에, 또한 전문관료들을 부패한 정치가 좀 더 쉽게 추방시킬 수 없다는 사실 때문에 관료제를 제거하기가 어려우며, 때문에 민주주의가 관료제를 견제해야 한다고 보았다(Gerth & Mills, 1946).

베버는 자연과학이나 사회과학이나 그 인지하려는 대상은 동일하다고 보는 실증주의의 주장이나, 이와는 반대로 인간 행위가 자연계를 지배하는 어떤 규칙성에 따르는 것이 아니기 때문에 '문화'나 '정신'의 영역, 즉 역사의 영역에서는 정당한 일반화가 불가능하다고 주상했넌 독일 역사주의자의 견해를 모두 거부했다.

역사주의자들에 반대해 베버는 과학의 방법은 그 대상이 사물이든 인간이든 언제나 '추상'과 '일반화'로 이뤄진다고 주장했다. 또 실증주의자들에 대해 그는, 인간은 사물과는 달리 외적 표상(表象), 즉 행동으로만 이해되는 것이 아니라 그 밑에 깔려 있는 '동기(動機)'에 의해서도 이해될 수 있다고 주장했다. 그리고 이 두 방법에 모두 반대해 베버는 탐구자의 '가치 연관적 문제 선택'과 '가치 중립적 사회 탐구 방법'을 강조했다.

그는 특정 사회구성원이 사회적 행위를 하는 근거로 네 가지 사회적 행동의 지향성을 들었다. ① 인습, 관습 등의 전통적 지향성, ② 희로애락애오욕 등의 감정적 지향성, ③ 수단 합리적 지향성, ③ 가치 합리적 지향성 등이다. 이 네 가지 지향성으로부터 세 가지 지배, 권한 유형이 도출된다.

베버는 권한(authority)의 형태에 따라 조직을 크게 전통적 권한 형태(traditional authority), 합리적·법적 권한 형태(rational-legal authority), 카리스마적 권한 형태(charismatic authority)로 분류했다.

전통적 권한이란 전통적인 것을 신성한 것으로 인식하고 전통이 규정하는 범위 안에서 지배자는 권한을 행사하며 피지배자는 이러한 권한에 복종하는 관계를 가지는 권한을 말한다. 이러한 권한에 포함되는 대표적인 예로는 장로제, 전제적 가부장제, 봉건제에서 장로의 권한, 부권, 영주의 권한 등을 들 수 있다. 이러한 전통적 권한 유형을 행사하는 조직에서는 특수주의적이고 산만한 조직구조를 가지고 있다. 왜냐하면 조직의 구성이 주로 지배자의 가신, 총신 및 친척 등으로 이뤄지기 때문이다.

합리적·법적 권한이란 조직의 규범적 규칙이 합리적·법적으로 제정되어 이와같이 제정된 규칙에 복종하는 것이 정당한 것으로 간주되는 권한을 말한다. 즉, 합법성에 근거한 신념을 가지고 규칙의 제정이나 실행이 모두 합리적·법적으로 이뤄져야 하며 복종은 어느 개인에 대한 것이 아니라 누구에게 얼마만큼 복종해야 하는가를 규정해 놓은 규칙에 의해서만 정당화될 수 있다는 것이다. 이러한 권한 유형에 해당되는 대표적인 예로는 합리적인 관료제(rational bureaucracy)가 있으며 좀 더 보편주의적인 조직구조를 가지고 있다.

카리스마적 권한은 지배자에 대한 개인적인 헌신과 충성을 바탕으로 한 것으로서 카리스마를 가진 지배자와 헌신적인 복종자 사이에 아주 개인적이고 밀접한 관계가 존재하는 권한을 말한다. 이러한 권한의 유형에 포함되는 예로는 고대의 신권정치나 히틀러(Adolf Hitler), 무솔리니(Benito Mussolini) 등의 예를 들 수 있다.

이와 같은 조직유형론을 통해 베버는 합리적·법적 권한을 기초로 한 합리적인 관료제를 조직의 구조로 규정할 경우 가장 효율적이고 합리적인 조직을 이룰 수 있다고 주장했다. 물론, 그의 이러한 주장은 많은 학자의 비판을 받게 된다.

관료제는 합리적 원칙에 따라 조직된다. 관료들은 하나의 위계질서 속에

서열화되며, 그들의 행동은 비인격적인 규칙에 의해 특징지어진다. 현직자는 권한의 범위와 의무의 영역이 엄격히 배분되어 있다. 관료의 임명은 귀속적인 기준보다는 전문화된 자질에 따라 행해진다. 많은 사람의 행위에 대한 이같은 관료제적 조정은 현대의 조직 형태를 구성하는 주된 구조적 특징이다. 이렇게 조직화된 기구를 통해서만 현대 국가나 현대 경제의 대규모 계획이 가능할 수 있다는 것이다. 그리고 이것을 통해서만 국가의 지도자를 봉건 시대에만 해도 여러 곳에 흩어져 있던 정치 권력의 여러 자원들을 활용하고 집중시킬 수 있다는 것이다. 물론 이것은 현개 이전 시대에는 묵혀 두고 있었던 경제적 자원을 활용할 수 있게 되는 조건도 된다.

베버에 의하면, 관료조직은 현대 정치, 현대 경제, 현대 기술을 형성시킨 기본적인 수단이다. 기계 생산이 수공업보다 나은 것과 마찬가지로 관료제적 조직 유형은 어느 다른 경영 형태보다 기술적으로 우위를 점한다.

오늘날 이미 그 실현을 향해 다가가고 있는 관료제화와 합리화가 완벽하게 이뤄졌을 경우 그것이 가져올 결과를 상상해 보라. 지금도 벌써 모든 경제기업들은 현대적 노선을 따르고 어느 곳에서나 합리적 계산이 나타나고 있다. 이것에 의해, 각 개개 노동자들의 업무량이 수학적으로 측정되고, 모든 사람은 기계의 한 조그만 부품으로 전락된다. 오늘날 우리가 어떤 진화를 겪어 가고 있음은 분명한데 이 방향은 그것이 다른 기반, 즉 기술적으로 더 완벽하고 더 합리화되고 따라서 훨씬 더 기계화된 기반 위에 기초하고 있다는 점을 제외하고는 모든 면에서 고대이집트 왕국을 닮아가고 있는 것이다. 미첼스(Robert Michels)가 지적한 대로 과두제의 철칙(iron law of oligarchy)이 현실로 나타나는 것이다. 미래의 세계는 에덴동산이기보다는 '철의 감옥(iron cage)'이 될 가능성이 훨씬 많다고 그는 생각했던 것이다.

5 파슨스

'네 가지 기능의 패러다임'이라고 불리는 파슨스(Talcott Parsons)의 새로운 이론적 틀은 행위의 체계가 존재하려면 기본적으로 네 가지 기능적

〈표 1-2〉 AGIL 기능에 따른 파슨스 조직 유형

사회적 기능	조직 유형	예
적응 A	경제적 생산조직	사기업
목표 달성 G	정치적 조직	행정부
종합 I	통합 기능 조직	정당
체제 유지 L	체제 유지 조직	교육기관

요구 사항을 만족시켜야 한다는 전제 위에 세워졌다. 바꿔 말해서, 사회 체계가 유지되고 안정될 수 있는 조건을 AGIL이라는 네 가지 기능이라고 본 것이다. 이것은 매우 대담한 이론적 시도였다.

그 첫째는 체계와 외부 환경과의 관계를 돕고 유지하는 적응(adaptation)의 기능적 조건으로, 이는 사회 체계의 목적 달성에 필요한 자원의 공급과 환경의 이용을 포함하고, 둘째는 체계의 목적을 달성하기 위해 자원을 동원하고 처리하는 목적 달성(goal-attainment)의 기능적 조건이다. 셋째는 체계 안에 있는 부분들이 협조할 수 있게 통제하고 심각한 혼란을 막는 결속 유지의 통합(integration) 기능이다. 그리고 넷째는 사회 체계 속에서 행위자가 필요로 하는 동기를 제공해 주는 기능으로서 행동과 그 체계의 상징적 문화적 가치와 연결시키는 잠재성(latency)의 기능적 조건이다.

구조기능주의의 대표적인 학자 중 한 사람인 파슨스는 조직이 추구하는 사회적 기능에 의해 조직을 네 가지로 구분한다.

파슨스 스스로 말했던 대로 이와 같은 이론적 틀 속에는 많은 허점이 있지만, 네 가지 기본적인 기능이 계속 그의 모든 이론적 연구에서 '일차적인 준거점'이 되어 왔다.

제 4 절 사회학 양대 패러다임

1 이론적 접근

사회학의 기원은 주로 유럽에 있었지만, 20세기에 학문으로서 전 세계적으로 확립되었고, 몇 가지 중요한 발전은 미국에서 이뤄졌다. 시카고대학교에서 철학을 강의했던 미드(George Herbert Mead, 1863－1931)는 사회학 이론의 발전에 중요한 영향을 끼쳤다. 미드는 인간 사회생활에서의 언어 중 심성과 상징 중심성을 전반적으로 강조한다.

이후에 그가 발전시킨 관점은 상징적 상호작용론(symbolic interactionism)으로 불리게 되었다. 미드는 전체 사회보다는 소규모의 사회 과정 연구에 더 많은 관심을 가졌다.

파슨스(Talcott Parsons, 1902－1979)는 전후 시기에 가장 탁월한 미국의 사회학 이론가였다. 그는 이론뿐만 아니라 사회학의 많은 경험적 분야에 관해 저술한 다작가였다. 그는 가족, 관료제, 직업에 대한 연구와 정치에 대한 연구에 공헌했다. 파슨스는 원래 뒤르켐(Émile Durkheim)과 콩트가 선구를 이뤘던 이론적 접근, 즉 기능주의(funtionalism) 발전의 주요 공헌자 가운데 한 사람이다.

기능주의적 관점에 따르면, 모든 주어진 사회를 연구할 때, 우리는 어떻게 사회의 다양한 '부분들' 혹은 제도들이 오랫동안 그 사회의 연속성을 부여하도록 결합하는가를 보아야 한다.

앞서 지적한 바와 같이, 기능주의를 사회학에 대한 전반적 견해와 밀접한 관계가 있는 것으로 본 콩트가 기능주의의 선구를 이뤘다. 또한 뒤르켐은 기능적 분석을 사회학적 이론화 및 연구라는 과업을 형성하는 핵심 부분으로 간주했다. 그러나 근대적 모습의 기능주의의 발전은 인류학자들의 저작에서 강한 영향을 받았다. 20세기 초반까지 인류학은 식민지의 행정가, 성직자, 여행자에 의해 작성된 보고서와 서류에 주로 토대를 두고 있었다. 그러므로 19세기의 인류학은 다소 사변적이고 부적합하게 기록되었다.

저자들은 전 세계에 걸쳐서 사례를 모으고, 그 사례들이 정말로 믿을 만한가? 내지는 그 사례들이 나온 특수한 문화적 맥락에 대해 고민하지 않고서 책을 저술했다. 예컨대, 종교는 아주 다양한 문화들로부터 끌어낸 수많은 신념과 실천의 사례들을 비교함으로써 분석되곤 했다.

근대 인류학은 여러 연구자가 이러한 접근에 불만을 가지게 되었던 시기로부터 유래했고, 세계 각지의 서로 다른 문화 속에서 오랜 기간에 걸쳐 현지 조사를 실시했다.

1) 머턴의 기능주의적 견해

기능주의적 분석이 사회학적 이론과 연구의 발전에 핵심을 제공한다고 본 파슨스와 머턴(Robert K. Merton)의 저작들을 통해, 기능주의는 사회학 내로 되돌아왔다. 모든 세대의 미국 사회학자들이 저작의 초점을 설정하는 데 도움이 되었을 뿐 아니라, 기타 분야에서도 폭넓게 사용되고 있을 정도로 머턴의 기능주의적 견해는 특히 영향력을 행사해 왔다.

머턴은 명시적 기능(manifest functions)과 잠재적 기능(latent fuctions)을 구분한다. 명시적 기능은 구체적 형태의 사회활동에 참여하고 있는 사람들에게 알려져 있으며, 그들에 의해 의도된 기능이다. 잠재적 기능은 참여자들이 알지 못하는 활동의 결과다.

이러한 구분을 보여 주기 위해, 머턴은 뉴 멕시코의 호피 인디언(Hopi Indians)이 행하는 기우제 춤(rain dance)을 그 예로 들고 있다. 호피 인디언은 그 의례가 곡식에 필요한 비를 내리게 할 것이라고 믿는다(명시적 기능). 이는 왜 그들이 기우제 춤을 조직하며 거기에 참여하는가에 대한 이유다. 그러나 머턴은 뒤르켐의 종교이론을 원용해서, 기우제 춤이 또한 그 사회의 응집력을 증대시키는 효과를 갖는다(잠재적 기능)고 주장한다.

머턴에 따르면, 사회학적 설명의 한 가지 주요 부분은 사회활동과 사회제도의 잠재적 기능을 밝혀내는 것으로 구성된다.

머턴은 기능과 역기능을 구분한다. 그는, 인류학자들이 연구하는 소규모 문화들은 사회학의 주요 관심인 대규모의 산업사회보다 더욱 많이 통합되고 연대성이 큰 경향이 있다고 지적한다. 래드클리프 브라운과 말리노프스키는 그들이 연구했던 문화들이 안정적이고 통합되어 있었으므로, 그 기능을 확인하는 작업에 깊이 천착할 수 있었다.

그러나 근대 세계를 연구할 때, 우리는 분해의 경향을 알아야 한다. '역기능'은 변동을 발생시키는 경향이 있는 사회활동의 여러 측면을 지칭한다. 왜냐하면 이는 사회의 응집력을 위협하기 때문이다.

사회적 행동의 역기능적 측면들을 찾아보는 것은 사물의 기존 질서에 도전하는 사회생활의 여러 특징에 초점을 맞추는 것을 의미한다.

예로, 종교가 사회적 응집력에 기여한다는 점에서 종교는 항상 기능적이라고 생각하는 것은 잘못된 것이다. 두 집단이 서로 다른 종교를 지지한다고 할 때, 혹은 같은 종교의 다른 파를 지지하는 경우, 그 결과는 광범한 사회적 붕괴를 초래하는 주요한 사회 갈등이 될 수 있다. 유럽사에서 프로테스탄트와 가톨릭의 투쟁처럼, 종교 공동체들 사이에서 전쟁이 종종 일어나곤 했다.

2) 최근의 발전들

오랫동안 기능주의적 사고는, 특히 미국의 사회학에서 지도적인 이론적 전통이었다고 할 수 있다. 기능주의적 사고는 여전히 그에 대한 분명한 옹호자들을 갖고 있음에도 불구하고, 최근 들어 그 한계가 명백해짐에 따라 명성이 약해지기 시작했다(Alexander, 1985).

머턴의 경우는 그렇지 않지만, 많은 기능주의 사상가(예: 파슨스)는 분화와 갈등을 생산하는 여러 요인을 무시하고, 사회적 응집력으로 이끄는 여러 요인만을 강조한다. 더욱이 기능주의적 분석이 사회에 그 사회가 갖고 있지 않은 자질들을 부여하고 있다는 많은 비판을 받아 왔다. '필요'와 '목적'과 같은 개념은 단지 인간 개인에게 적용될 때에만 이해될 수 있음에도 불구하고, 기능주의자들은 마치 사회가 '필요'와 '목적'을 갖고 있는 것처럼 주장한다. 예컨대, 호피 인디언의 기우제 춤에 대한 머턴의 분석을 보면, 우리는 그 의례가 호피 인디언의 문화를 통합시키는 데 도움을 준다는 점을 보여 준다면 우리가 왜 기우제 춤이 '실제로' 존재하는가를 설명했다는 식으로 머턴은 글을 쓴다. 만약 어떻게든지 호피 인디언 사회가 통합에 '필요한' 여러 방식으로 그 구성원이 행위하도록 추진시킨다고 우리가 상정하지 않는다면, 머턴의 서술과 같지 않을 것이다. 사회는 의지력이나 목적을 부여받지 못하기 때문에, 이것은 그 사례가 될 수 없다. 단지 인간 개인들만이 이러한 의지력이나 목적을 가지고 있는 것이다.

3) 구조주의

구조주의는 그 발전의 추진력이 언어학에 있음에도 기능주의처럼 뒤르켐의 저술에서 영향을 받았다. 스위스 언어학자 소쉬르(Ferdinand de Saussure, 1857－1913)의 작은 구조주의적 사고에서 가장 중요한 초기의 원천이었다.

소쉬르는 단지 언어에 대해 저술했음에도 그가 발전시킨 견해는 그 후에 인문학뿐만 아니라 사회과학의 여러 학문 속에 합류되었다.

소쉬르의 저작 이전의 언어 연구는 단어들이 사용되는 방식의 미묘한 변화를 추적하는 것과 주로 관련되어 있었다. 소쉬르에 따르면, 이러한 절차는 언어의 중심적 특질을 생략하고 있다. 우리가 사람들이 말을 할 때 사용하는 단어들을 단지 보기만 한다면, 우리는 언어의 기본적 특징, 즉 구조를 결코 확인할 수 없을 것이다(Saussure, 1974).

언어는 단어의 배후에 존재하면서도, 단어 속에서 지칭되지 않는 문법과 의미의 규칙들로서 구성된다. 간단한 보기로, 영어에서 우리가 과거의 사건을 지칭하는 기호를 원할 때, 대개 동사의 뒤에 '-ed'를 부가한다. 이것은 영어를 사용하는 모든 화자가 알고 있는 한 가지 문법적 규칙이다. 또한 우리는 이 문법적 규칙을 우리가 말하는 것을 구성하기 위해 사용한다.

소쉬르에 따르면, 언어의 구조를 분석하는 것은 우리말의 저변에 존재하는 규칙들을 찾는 것을 의미한다. 이러한 규칙들의 대부분은 단지 암묵적으로만 우리에게 알려져 있다. 사실상 언어학의 과제는, 우리가 실제로 언어를 사용할 수 있는 수준에서 암묵적으로 '알고 있는' 것을 밝혀내는 것이다.

(1) 언어와 의미

소쉬르는 단어의 의미란 그 단어가 말하는 대상이 아니라 언어의 구조에서 유래된다고 주장한다. 우리는, '나무'라는 단어의 의미로 잎으로 덮인 대상이라고 생각할 수 있다.

그러나 소쉬르에 따르면 그렇지 않다.

언어에는 '그리고' '그러나' 혹은 '그럼에도 불구하고' 등과 같이 어떤 대상을 지칭하지 않는 수많은 단어가 존재한다는 사실로써, 소쉬르의 주장을 이해할 수 있다.

더욱이, 실제로는 전혀 존재하지 않는 '유니콘'과 같은 신화적 대상을 지칭하는 완전히 의미 있는 단어들이 존재한다. 만약 한 단어의 의미가 그 단어가 지칭하는 대상으로부터 유래하지 않는다면, 그 의미는 어디에서 오는 것일까? 의미란 언어의 규칙들이 인식하는 관련 개념들 간의 차이들에 의해 만들어진다는 것이 소쉬르의 답이다.

'나무'라는 단어의 의미는 우리가 '나무'를 '덤불', '관목', '숲' 및 유사한-그러나 변개의-의미를 가진 수많은 단어와 구별한다는 사실에서 유래한다.

의미는, 우리가 그 의미를 통해 지칭하는 외부 세계의 대상에 의해 만들어지는 것이 아니라, 언어 안에서 내적으로 만들어진다.

(2) 구조주의와 기호학

이러한 분석을 위해, 소쉬르는 의미를 만들 수 있는 것은 소리(말하기)뿐만 아니라 종이에 표시한(쓰기) 것이기도 하다는 중요한 관찰을 덧붙인다. 우리가 체계적으로 구별할 수 있는 대상들은 의미를 만드는 것으로 사용될 수 있다. 신호등으로 예를 들어 보면, 우리는 녹색과 붉은색 사이의 대조를 '진행'과 '멈춤'을 의미하는 것으로 사용한다. 의미를 만들어내는 것은 실제 색깔 자체가 아니라, 그 차이라는 점을 주목해야 한다. 만약 우리가 녹색을 '멈춤'을 의미하는 것으로 붉은색을 '진행을 의미하는 것으로 사용하더라도, 우리가 그 차이를 인식하는 데 일관성이 있다면 문제가 되지 않을 것이다. 소쉬르는 비언어적 의미에 대한 연구를 기호학, 즉 seminology'라고 지칭하기도 했으나, 오늘날에는 'semantics'란 용어가 더 많이 쓰인다.

특히 미국의 경우, 구조주의적 접근은 사회학보다는 인류학에서 더 광범위하게 사용되어 왔다. 구조주의라는 용어를 대중화시킨 레비스트로스를 본떠서, 구조주의적 분석이 친족, 신화, 종교 및 기타 분야에 대한 연구에서 사용되었다. 하지만 많은 사회학 이론가들도 구조주의에서 유래한 관념에 의해 영향을 받았다. 일반적으로 구조주의적 개념들은 매체(신문·잡지·텔레비전), 이데올로기 및 문화에 대한 연구에 적용되어 왔다.

구조주의 사상은 사회학에서 일반적인 이론적 틀로서는 한계가 있다는 약점이 있다. 구조주의는 언어 연구에서 발생했고, 인간 행동의 특정 측면을 분석하는 데 다른 이론들보다 한층 더 적합하다는 것으로 판명되었다. 구조주의는 의사소통과 문화를 탐색하는 데는 유용하지만, 경제활동·정치활동과 같은 실제적인 관심사에는 비교적 소홀하게 적용된다.

4) 마르크스주의

기능주의와 구조주의 및 상징적 상호작용론이 사회학에서 중요한 유일한 이론적 전통은 아니며, 또한 이 세 가지는 이론적 접근들을 분류할 수 있는 유일한 방법도 아니다.

이러한 분류에 두 다리를 걸치고 있는, 하나의 영향력 있는 유형의 접근이 마르크스주의(Marxism)다. 마르크스주의자들은 그들의 견해를 어떤 방식으로든 마르크스의 저술들로 모두 거슬러 올라가지만, 마르크스의 주요 생각에 대한 여러 가지 해석이 가능하고, 따라서 상이한 이론적 입장을 취하는 마르크스주의 사상을 가진 오늘날의 여러 학파가 존재한다.

대체로 마르크스주의는 앞서 설명한 세 가지 이론적 전통 사이의 경계선에 상응하는 선을 따라서 나뉠 수 있다. 많은 마르크스주의자들은 역사적 유물론에 암묵적으로 혹은 노골적으로 기능주의적 접근을 채택했다. 그들의 마르크스주의에 대한 견해는, 프랑스의 저술가 알튀세르(Louis Althusser, 1918－1990)와 같은 관점을 발전시킨 가장 유명한 필자 및 구조주의에 영향을 받은 마르크스주의자들의 견해와 다르다.

대부분의 마르크스주의 저술가들은 마르크스주의를 사회학적 분석과 정치적 개혁이라는 한 '꾸러미'의 부분으로 본다. 마르크스주의는 급진적인 정치 변동 계획을 낳을 것으로 예견된다. 더욱이 마르크스주의자들은 많은 비마르크스주의 사회학자들 특히 기능주의에 영향을 받은 대부분의 경우에 비해 계급 분화, 갈등, 권력, 이데올로기를 강조한다.

마르크스주의를 사회학 내의 한 가지 접근 유형으로 보기보다는 사회학과 나란히 존재하는 일단의 저술로 보는 것이 좋다. 마르크스주의와 사회학은 중복되며, 종종 상대방으로부터 영향을 받기도 한다. 비마르크스주의 사회학과 마르크스주의는 상호 영향과 대립 관계로 항상 존재해 왔다.

2 구조기능주의

사회학의 양대 패러다임은 구조기능주의와 갈등주의 이론이다. 먼저 구조기능주의 이론가로는 콩트, 스펜서, 뒤르켐, 파슨스 등을 들 수 있는데, 이들의 공통된 주장은 다음과 같이 요약된다.

① 사회는 상호 연관된 부분의 체제로서 전체적으로 파악되어야 하며,
② 체제 내적인 안정화 장치를 통한 안정과 타성이 지배적인 경향이다.
③ 비록 갈등이 존재하기는 하나 안정화 장치를 통해 궁극적으로는 해소되거나 제도화된다.
④ 가치에 대한 합의가 사회 통합의 기본적인 전제 조건이다.
⑤ 변화는 외부 환경으로부터 점진적으로 발생된다.

구조기능주의는 흔히 체제이론과 동일시되는데, 체제의 속성으로는 다음을 들 수 있다.

① 환류작용: 표준이나 규범으로부터의 이탈을 바로잡으려는 작용
② 역전환 불가능성(entropy): 우주의 물질과 에너지는 창조되거나 파괴될 수 없고, 그 형태는 변하나 본질은 불변이라는 에너지 보존법칙(열역학 제1법칙) 및 에너지의 전환이 일방적이다. 즉 사용 가능성에서 사용 불가능성으로, 질서에서 무질서로, 성장에서 소멸로의 일방적 형태 전환만이 가능하다는 엔트로피 법칙에서 더 이상 유용하게

전환될 수 없는 에너지량 단위(열역학 제2법칙). 그러나 체제이론에서는 항상성을 유지하기 위한 환류작용이 가능하므로 부정적 엔트로피(negative entropy=negentropy)라는 개념을 도입하고 있다.

③ 항상성(homeostasis): 내부 안정장치(자동온도 조절기)에 의한 환경으로부터의 개별성 유지 능력

④ 필요적 다양성(requisite variety) '체제가 당면한 복잡한 환경만큼 체제 내부 구조도 다양해야 한다는 원리

⑤ 등종국성(equifinality): 최종 상태에 도달하는 데 여러 방법이 가능하다는 원리

⑥ 체제 진화(system evolution): 더 복잡한 분화와 통합의 지향, 환경에 대처하는 능력 등이다.

3 갈등이론

갈등주의이론을 주장한 학자로는 다렌도르프(Ralf Dahrendrf, 1929－) 마르크스(Karl Marx) 등이 있는데, 이들의 주장은 다음과 같이 요약된다.

① 구조기능주의에서 주장하는 것처럼 사회는 잘 짜여진 안정된 체계가 아니다.

② 본질적으로 불안정한 것이므로 변화가 상존한다.

③ 변화는 체제 내부에 상존하며, 따라서 가치에 대한 갈등이나 모순이 사회 변화의 중요한 전제 조건이 된다.

마르크스의 갈등이론이 생산 수단의 소유 관계에 의한 가진 자와 못 가진 자 간의 이원론적 계층이론(dual class theory)이라면, 다렌도르프의 갈등이론은 여러 이익집단 간의 다원론적 권위이론(pluralistic authority theory)이다.

기능주의적 패러다임은 사회가 규제되고 질서 있는 체제로 구체적인 실체를 갖는 것으로 가정하며, 사회에 대한 연구는 관찰자적 입장, 즉 객관주의자적 입장에서 연구되어야 한다고 본다. 갈등주의 패러다임은 사회가 실

체론적으로 실존하는 구조라고 본다는 점에서는 기능주의 패러다임과 일치하지만, 이러한 사회구조가 지배, 착취의 수단으로 이용될 잠재성에 관심을 갖는다.

정보사회에서 정보기술의 발전은 화이트칼라의 프롤레타리아화, 소위 토플러(Alvin Toffler)가 말하는 지식노동자(cognitariat)화를 초래할 데이비스(Kingsley Davis)와 무어(Wilbert Moore)의 주장은 다음과 같다.

① 사회체제 내에서 특정 지위는 다른 지위보다 기능면에서 더 중요하다.
② 더 중요한 기능을 수행하는 지위로 사회적 상승을 하기 위해서는 기회비용(노력, 시간)이 발생하며, 이를 보상해 주기 위해 인센티브(incentive)를 제공해야 한다.
③ 보상에서의 차등은 제도적 불평등, 즉 계층을 형성한다
④ 그러므로 계층 간의 불평등은 불가피하다(불평등불가피론).

이에 반해 터민(Tumin)은 불평등불가피론은 이데올로기(허위의식)에 불과하다고 비판한다. 그리고 ① 지위를 기능적 중요도에 따라 위계적으로 파악하는 것은 위험한 발상이며, ② ①을 인정한다 해도, 과연 현실적으로 능력있는 사람이 중요한 위치로 올라가는가에 대해서는 회의적일 수밖에 없고, ③ 개인적인 자질이 뛰어나다거나 노력을 한다고 해도 생계가 어려울 정도로 가난하면 대학에 진학하기 힘들다는 것 등을 예로 들고 있다.

마르크스는 사회학에 계급이라는 아주 중요한 개념을 도입하고 사회적 불평등이 어디서 비롯되었는지 설명했다. 그는 어떤 사람들이 가난한 것은 그들이 부도덕하기 때문이고 따라서 그들이 가난한 것은 당연하다고 말한 게 아니라, 경제적 자원과 부(富)의 통제가 계급구조를 결정한다고 주장했다. 태어나면서부터 속하게 되는 이 계급구조에서 여러분이 놓인 위치가 앞으로 여러분이 갖게 될 건강과 부, 교육, 직업을 결정한다는 것이다. 이는 수많은 질문을 낳는다.

두 명의 단짝 사회학자 데이비스와 무어(Davis & Moore, 1945)는 지금까지의 모든 사회에서 계층화가 존재했다고 주장하며, 따라서 사회가 제대로 돌아가기 위해서는 계층화가 반드시 필요하다는 느긋한 결론을 내렸다. 즉 그것은 가장 훌륭한 사람이 가장 높은 자리에 앉을 수 있게 해 주는 아

주 편리한 기능이라는 것이다. 분명히 이것은 과장된 주장이다. 상류 계급과 엘리트집단에 속한 사람들은 어김없이 다른 사람들에게는 거부되는 교육과 일자리에 접근할 수 있는 기회를 얻는다.

4 상징적 상호작용론

기능주의와 구조주의 같은 이론적 접근들에 비해, 상징적 상호작용론은 좀 더 활동적이고 창조적인 개인들에게 더욱 큰 비중을 둔다. 미드(George H. Mead)의 시대 이래, 상징적 상호작용론은 다른 필자들에 의해 크게 발전되어 왔으며, 미국에서는 기능주의적 관점과 경쟁이 되어 왔다. 구조주의의 경우와 마찬가지로 상징적 상호작용론도 언어에 대한 관심으로부터 태동했지만, 미드는 이를 다른 방향으로 발전시킨다.

미드는 우리가 자아를 의식하는 존재, 즉 우리 자신의 개성을 아는 존재가 될 수 있도록 만드는 것은 의식이라고 주장하고, 또한 이 견해의 핵심은 상징이라고 한다.

상징이란 특별한 것을 나타내는 어떤 것이다. 소쉬르(Ferdinand de Saussure)에 나무를 예로 들어 설명했다. '나무'라는 단어는 우리가 나타내는 대상, 즉 나무에 대한 하나의 상징이다.

상징적 상호작용론자들은 실제로 인간 개인들 간의 모든 상호작용은 상징들의 교환을 수반한다고 추론한다. 우리가 다른 사람들과 상호작용할 때, 우리는 어떤 행동 유형이 그 맥락에 적절할까, 다른 사람들이 의도하는 것을 어떻게 해석할까에 대한 '실마리'를 항상 찾는다. 상징적 상호작용론은 개인들 간의 상호작용의 세부 묘사와, 그리고 어떻게 그러한 세부 묘사가 타인들이 말하고 행동하는 것을 이해하는 데 사용되는지에 우리의 주의를 돌린다. 일상생활의 여러 가지 맥락에서 면접적 상호작용에 주로 초점을 두는 상징적 상호작용론으로부터 사회학자들은 영향을 받았다.

5 이론적 딜레마들

우리는 네 가지 이론적 접근들의 상대적 가치를 어떻게 평가해야 하는가?

각각에 대한 옹호자들이 있음에도 불구하고 그것들이 서로 보완적이라는 점이 명백히 존재한다. 기능주의와 마르크스주의의 견해는 사회집단 혹은 사회의 대규모의 속성에 집중한다. 그것들은 주로 '커다란 문제들' '어떻게 여러 사회가 결합하는가?' 혹은 '사회 변동을 낳는 주요 조건들은 무엇인가?'와 같은 것과 관련되어 있다. 대조적으로 상징적 상호작용은 사회생활의 면접적 맥락에 더욱 집중한다. 구조주의는 사회활동의 문화적 특질에 초점을 맞춘다는 점에서 기타의 접근과 구별된다.

그러므로 어느 정도까지는 구체적 사회문제를 토의하는 데 모든 이론을 선택적으로 끌어들일 수 있다. 그러나 어떤 점에서 이론들은 분명히 상충된다. 몇 가지 기본적인 이론적 딜레마가 존재한다. 이러한 견해의 충돌은 우리의 관심을 끌고 있으며, 또한 우리가 인간 활동과 사회제도를 어떻게 해석해야 하는가를 다루는 일반적인 문제들과 관련된다. 우리는 여기서 네 가지의 딜레마를 토의할 것이다.

첫 번째의 딜레마는 인간 행위 및 사회구조와 관련된다. 그 딜레마는 다음의 문제다. 우리는 어느 정도까지 우리 자신들의 생활 조건을 실질적으로 통제하는 창조적인 행위자들인가? 그렇지 않으면, 우리가 행하는 것의 대부분은 우리의 통제 외부에 있는 일반적 사회적 힘들의 결과인가? 이 쟁점은 사회학자들을 항상 분리해 왔고, 계속적으로 분리할 것이다. 상징적 상호작용론은 인간 행동의 활동적이고 창조적인 요인을 강조한다. 나머지 세 개의 접근은 우리의 행위에 끼치는 사회적 영향력의 구속적 속성을 강조한다.

두 번째의 이론적 딜레마는 사회 내의 합의 및 갈등과 관련된다. 사회학의 몇몇 관점—기능주의와 연계되는 많은 관점—을 포함해 온 인간 사회의 고유한 질서와 조화를 강조한다. 이러한 견해를 취하는 사람들, 예컨대 파슨스(Talcott Parsons)는 연속성과 합의를 그것들이 시간의 흐름에 따라 변화할지라도 사회의 가장 명백한 특징들로 간주한다. 다른 한편으로, 다른 사회학자들, 특히 마르크스(Karl Marx)나 베버(Max Weber)로부터 강하게 영향을 받은 사람들은 사회 갈등의 편재성을 강조한다(Collins, 1974).

그들은 사회가 분화, 긴장, 투쟁 때문에 괴로움을 당하는 것으로 본다. 그들에게 사람들이 대부분의 시간을 서로 평화롭게 살려는 경향이 있다는 주장은 환상이다. 그들은 몇 가지 점에서 적극적 갈등으로 발발할 수 있는 깊은 이해 관계의 분화가 존재한다고 말한다.

세 번째 근본적인 딜레마는 정통 사회학의 전통에서는 거의 모습을 드러내지 않지만, 더 이상 무시될 수 없는 네 번째의 기초 이론의 문제가 존재한다. 이것은 사회학적 분석 내에서 우리가 성에 대한 만족스러운 이해를 어떻게 구체화시킬 것인가의 문제다. 과거 사회학이론의 발전에서의 모든 주요 인물은 남성이었고, 그들의 저술에서 그들은 인간이 양성으로 나뉘어 있다는 사실에 사실상 전혀 관심을 기울이지 않았다. 그들의 저작 속에서 인간 개인들은 마치 '중성'인 것처럼 나타난다. 즉, 인간들은 분화된 여성과 남성이라기보다는 추상적인 '행위자'인 것이다. 성에 대한 쟁점들을 사회학 내의 비교적 확립된 이론적 사고 형태들과 관련지었던 것이 거의 없으므로, 아마 이 딜레마가 현재 해결하기에 네 가지 가운데 가장 민감하고 어려운 문제일 것이다.

네 번째 딜레마는 전체로서 인간 행동의 일반적 특징이나 사회의 일반적 특징과 관련된 것이 아니라, 근대 사회 발전의 특징과 관련된다. 그것은 근대 사회의 기원과 본질에 끼치는 결정적인 영향들과 관련이 있으며, 비(非)마르크스주의 접근과 마르크스주의 접근 사이의 차이에서 파생된다.

이 딜레마는 다음의 쟁점에 중심을 둔다. 근대 세계는 마르크스가 가려내었던 경제적 요인들, 특히 자본주의 경제 기업의 기제에 의해 어느 정도나 만들어졌는가? 그렇지 않으면, 다른 영향력들(예컨대 사회적·정치적·문화적 요인)이 근대 시기에 사회 발전을 어느 정도나 만들어냈는가?

우리는 이들 딜레마 각각을 차례대로 살펴볼 것이다.

1) 딜레마 I: 구조와 행위

뒤르켐(Émile Durkheim)이 추구했고, 그 이후 수많은 사회학적 저술가가 추구했던 한 가지 주요 주제는, 우리를 구성원으로 하는 사회가 우리의 행위에 대해 사회적 강제를 발휘한다는 점이다. 뒤르켐은 사회가 개인에 비해 우월하다고 주장했다. 사회는 개인들의 행위의 총합 이상이다. 따라서 우리가 사회구조를 분석할 때, 우리는 물질적 환경 속의 구조들과 비교할 수 있는 '확고함' 혹은 '견고함'을 가지고 있는 특징들을 연구하고 있는 것이다. 여러 개의 문이 있는 방 안에 서 있는 한 사람에 대해 생각해 보라. 그 방의 구조는 그 사람의 활동 가능한 영역을 제한한다. 뒤르켐에 따르면, 사회구조는 우리가 개인으로서 활동할 수 있는 한계를 설정함으로써, 똑같은 방식으로 우리의 활동을 강제한다. 사회구조는 방에서의 벽처럼 우리에게 '외재적'이다.

뒤르켐이 표현하고 있는 유형의 견해가 많은 지지자를 갖고 있음에도 불구하고, 이 견해는 또한 비판을 받아 왔다. 비판자들은 다음과 같이 질문한다.

사회가 많은 개인의 행위의 합성물이 아니라고 한다면, 무엇이 '사회'인가? 우리가 한 집단을 연구하는 경우, 우리는 하나의 집합적 전체를 보지 못하고, 단지 여러 방식으로 상호작용하는 개인들만을 본다. '사회'는 단지 서로에 관해 규칙적 방식으로 행동하는 수많은 개인이다. 비판자들(상징적 상호작용론에 의해 영향받은 대부분의 사회학자를 포함한다)에 따르면, 인간으로서 우리는 우리가 무엇 때문에 실행하는가 하는 이유를 갖고 있으며, 문화적 의미가 스며든 하나의 사회 체계에 거주하고 있다. 그들에 따르면, 사회 현상은 정확하게 '사물'과 같은 것이 아니라 우리가 실행하는 것에 부여하는 상징적 의미에 달려 있다. 우리는 사회의 피조물들이 아니라 사회의 창조자들인 것이다.

2) 마르크스와 베버

(1) 마르크스주의의 관점

마르크스의 저술들은 사회학적 분석에 대한 하나의 강력한 도전이 되었다. 마르크스 시대로부터 현재까지 많은 사회학적 논쟁은 근대 사회의 발전에 대한 마르크스의 생각을 중심에 두었다. 앞서 언급했듯이, 마르크스는 근대 사회가 자본주의라고 본다. 근대 시기의 사회 변동 배후의 추동력은 부단한 경제적 변형을 향한 압력이다. 자본주의는 그에 선행했던 어떤 것보다 훨씬 역동적인 경제 체계다. 자본가들은 그들의 상품을 소비자들에게 팔기 위해, 또한 경쟁적 시장에서 생존하기 위해 서로 경쟁한다. 기업은 가능한 한 저렴하고 효율적으로 상품을 생산해야 한다. 이는 끊임없는 기술혁신으로 이어진다. 왜냐하면 특정한 생산 과정에서 사용하는 기술의 효과를 증대시키는 것은 기업들이 경쟁 기업에 대해 우위를 확보할 수 있는 한 가지 방식이기 때문이다.

또한 상품을 판매하고, 값싼 원료를 획득하고, 값싼 노동력을 이용하기 위한 새로운 시장을 찾으려는 강한 동기가 존재한다. 그러므로 마르크스에 따르면, 자본주의는 전 세계로 끊임없이 팽창하는 체계다. 이것이 마르크스가 서구 산업의 전 세계적인 확산을 설명하는 방식이다.

마르크스의 자본주의의 영향에 대한 해석은 많은 지지자를 창출했고, 그 후의 마르크스주의 저술가들은 마르크스 자신의 묘사를 상당히 세련되게 만들었다.

(2) 베버의 견해

마르크스에 대해 최초로 가장 예리한 비판을 가한 사람은 베버였다. 사실상 베버의 저술들은 '마르크스의 유령'-마르크스가 남긴 지적 유산-과의 평생에 걸친 투쟁에 몰두한 것으로서 묘사되어 왔다. 베버가 제출한 대안적 입장은 오늘날에도 중요하게 남아 있다. 베버에 따르면, 비경제적 요인들이 근대 사회 발전에 핵심적 역할을 담당했다. 베버의 유명하고 많이 토의되는 저작(프로테스탄트 윤리와 자본주의 정신)은, 종교적 가치들-특히 청교주의와 관련된 종교적 가치들-이 자본주의적 모습을 만들어 내는 데 근본적으로 중요했다고 논의한다. 자본주의는 마르크스가 상정하고 있는 것처럼 경제적 변동 그 자체로부터 나타난 것이 아니었다.

근대 사회의 본질 및 전 세계에 걸쳐서 서구의 생활양식이 확산된 이유에 대한 베버의 이해는 마르크스의 이해와는 본질적으로 대조된다.

〈표 1-3〉 마르크스와 베버의 관점 비교

대략적인 마르크스주의 생각	대략적인 베버주의 생각
1. 근대 발전의 주요 동력은 자본주의 경제 기제의 팽창이다. 2. 근대 사회는 계급 불평등으로 균열되어 있는데, 이는 근대 사회의 본질이다. 3. 남녀 간의 차별적 지위의 영향으로 권력의 분화가 생기듯이, 주요 권력 분화는 궁극적으로 경제적 불평등에서 유래한다. 4. 오늘날 우리가 알고 있는 근대 사회(자본주의 사회)는 하나의 이행 유형이다. 우리는 그 사회가 미래에 급진적으로 재조직될 것으로 기대할 수도 있다. 다른 한 유형으로서 사회주의가 결과적으로 자본주의를 대체할 것이다. 5. 전 세계에 걸친 서구의 영향력 확산은 주로 자본주의 기업의 팽창주의적 경향의 결과다.	1. 근대 발전의 주요 동력은 생산의 합리화다. 2. 근대 사회에서 계급은 서로 다른 사람들 사이의 불평등, 예컨대 남녀 사이의 불평등한 유형이다. 3. 경제 체계에서 권력은 다른 원천으로부터 분리될 수 있다. 예컨대, 남녀 불평등은 경제적인 용어로써 설명될 수 없다. 4. 합리화는 사회생활의 모든 영역에서, 먼 미래에서의 진보와 관련된다. 이는 왜 여러 사람이 소련은 '사회주의'이고, 서구 국가들과 밀접하게 닮았다는 것을 좋아하는가를 설명한다. 모든 근대 사회는 동일한 기본적인 사회·경제적 조직양식에 의존한다. 5. 서구의 전 세계적인 영향은 서구가 월등한 군사력과 더불어 산업자원을 지배하고 있다는 점에서 유래한다.

Chapter 02 조직사회학의 관점

조직은 상상하기 나름이다!
(Organization is imagination!)

우리가 하는 일은 모두 통제할 규칙을 만들어 놔야 한다.
BUREAU CRAT(관료)

나는 내 병사들을 기계적인 인간으로 바꿔 놓을 거야.
FREDERICK THE GREAT(프레드릭 대왕)

자동차 조립공장도 저렇게 움직이도록 해야지.
HENRY FORD(헨리 포드)

시간 측정, 시간 측정, …… 우리의 모든 일은 시간을 재야 해.
FREDERICK TAYLOR(프레드릭 테일러)

* 출처: Morgan(1993), *Imaginization: The Art of Creative Management*, SAGE.

현재 조직사회학이론은 행정학, 경영학, 사회학 및 심리학 등의 학제적 연구를 바탕으로 조직학이라는 하나의 학문으로 발전하고 있다. 행정학에서 취급하는 조직이론의 내용은 주로 조직심리학에 치중되어 있고, 제한적이나마 조직사회학적 이론이 수용되고 있으나 이제까지의 조직분석은 기능주의적 패러다임에 편중되어 있다. 이러한 편중성을 극복하기 위한 하나의 시도로 기능주의적 패러다임에 대한 대안적 패러다임을 비교, 분석하고자 한다.

기능주의적 관점에 입각한 전통적 조직이론은 과학적 관리, 관료제, 행정관리학파 등의 고전적 조직이론과 신고전적 조직론 및 구조적 상황이론까지 포괄하는 이론으로, 능률 지향적, 관리・통제 지향적 이론을 지칭한다. 갈등주의적 관점에 입각한 급진적 조직이론은 조직 내 계층 간의 헤게모니 쟁탈을 둘러싼 지배-착취 관계로 보며, 해석주의적 관점은 조직을 문화나 상징적 구조물로 본다. 보수적, 미시적, 그리고 몰역사적인 전통적 조직이론을 넘어서는 대안적 관점으로의 비판주의에 입각한 반조직이론은 사회체제 내의 제도적 불평등이나 노동통제 등과 같은 갈등, 모순 관계의 대안적 조직을 추구한다.

이 장의 의의는 다양한 관점의 비교, 분석을 통해 조직분석에 다양한 관점을 제시하는 데에 있다.

제 1 절 서언

전통적 조직이론은 과학적 관리, 관료제, 행정관리학파 등의 고전적 조직이론과 신고전적 조직론 및 구조적 상황이론까지 포괄하는 이론으로 능률 지향적이며 통제 지향적이다. 해석주의는 관료제적 조직구조가 조직 내의 권한 관계를 규정짓는 가능한 의사결정규칙 중의 하나에 불과하기 때문에 관료제에 대한 대안적 의사결정규칙으로서 투표(다수결 원칙), 계약, 협상, 합의 등을 선호하고, 비판주의는 관료제 자체에 대한 거부감을 표출한다기보다는 관료제적 지배 체제를 허용하게 하는 언어, 사상 및 사고 등의 역할에 주목한다. 보수적, 미시적, 그리고 몰역사적인 전통적 조직이론을 넘어서는 대안적 관점으로서 비판주의는 사회 체제 내의 제도적 불평등이나 노동통제 등과 같은 갈등, 모순 관계의 대안을 추구한다. 갈등주의는 사회가 실체론적으로 실존하는 구조라고 본다는 점에서는 기능주의 패러다임과 일치하나, 이러한 사회구조가 지배, 착취의 수단으로 이용될 잠재성에 관심을 갖는다는 점이 다르다.

사회관, 좀 더 구체적으로는 조직관의 다양성에도 불구하고 대부분의 조직이론이 자연과학적 방법론인 객관주의자적 가정에 입각한 기능주의적 이론이기 때문에 관리자의 기득권을 옹호 혹은 은폐하는 관리 이데올로기로 기능하는 경향이 농후하며, 조직이론이 관리 도구화하는 경향은 필연적 현상이다. 이러한 경향은 조직분석에서 해석적 및 비판적 이성을 둔화시킬 우려가 다분하다.

제 2 절 조직이론 관점의 다양성

사회학을 인식론적 관점에서 객관주의－주관주의 차원, 그리고 보수주의－진보주의 차원이라는 두 가지 차원에서 구분하면 기능주의, 갈등주의, 해석주의, 그리고 비판주의라는 네 가지 관점으로 분류될 수 있다. 이러한 사회학에 대한 다양한 관점은 조직분석에 그대로 원용될 수 있다(Burrell & Morgan, 1979).

이 네 가지 관점을 이해하려면 먼저 객관주의-주관주의 차원에 대한 이해가 필요하다. 사회과학에 대한 근본적인 가정을 실체론, 인식론, 인간 본성, 그리고 방법론이라는 네 가지 차원에서 주관주의자적 입장과 객관주의자적 입장으로 구분할 수 있다. 실체론이란 연구하고자 하는 사회 현상의 본질에 관한 문제로 명목주의와 사실주의로 대별할 수 있다.

명목주의는 문자 그대로 사물이나 현상의 실체란 단지 이름뿐으로 그 객관적 실체는 알 수 없다고 보는 반면, 사실주의는 사물이나 현상의 실체가 실재로 존재한다고 본다. 조직이론적 관점에서 보면 사실주의적 입장을 견지하는 조직이론가는 조직을 경험적 실체로서 존재하는 구조로 보나 명목주의적 입장에서 보면 조직은 인간 의식의 의도적 산물에 불과하다.

인식론이란 연구하고자 하는 사회 현상의 본질에 관한 지식을 어떻게 인식하느냐에 관한 문제로 실증주의와 반실증주의로 나눌 수 있다. 실증주의는 객관적인 관찰을 통해 인간 관계를 설명하고 예측하려는 입장임에 반해, 반실증주의는 관찰자의 객관적인 관찰을 거부하고 연구 대상인 참여자의 관점에서만 사회 현상에 대한 이해가 가능하다고 본다. 조직론적 관점에서 보면 해석 및 비판주의는 반실증주의적 입장을 보인다.

인간 본성이란 인간의 본질에 대한 신념으로 결정주의와 임의주의로 구분된다. 결정주의는 인간의 행위가 환경이나 유전적 인자 등에 의해 결정된다고 보나, 임의주의는 인간 의지의 적극성이나 자율성을 강조해 인간이 적극적으로 사회적 실체를 창조하려는 의도성을 강조한다. 조직론의 경우 행태주의는 다분히 결정론적인 경향이 농후하나, 하몬(Michael M. Harmon)의 행동이론 등은 의도성을 강조한다.

방법론이란 인식론의 논리적'인 연장으로 연구하려는 사회 현상의 본질에 대한 지식을 얻는 방법에 관한 문제로, 개별 사례적 방법과 일반 법칙적 방법으로 구분된다. 일반 법칙적 방법은 구체적인 사례로부터 일반 법칙이나 이론을 유도해내는 연역적 방법을 통한 자연과학적 접근 방법이나, 개별 사례적 방법은 행위 주체의 주관적 의도성의 특수성에 대한 딜타이(Wilhelm Dilthey)의 이른바 해석적 이해(verstehn: interpretative understanding)에 몰두한다.

대부분의 조직이론이 자연과학적 방법론인 객관주의자적 가정에 입각한 기능주의적 이론이기 때문에 관리자의 기득권을 옹호 혹은 은폐하는 관리 이데올로기로 기능하는 경향이 농후하며, 조직이론이 관리 도구화하는 경향은 필연적 현상이다. 이러한 경향은 조직분석에서 해석적 및 비판적 이성을 둔화시킬 우려가 다분하다. 이제까지의 조직분석은 기능주의적 패러다임에 편중되어 있다. 이러한 편중성을 극복하기 위한 하나의 시도로

〈표 2-1〉 사회과학의 본질에 더한 가정 분석틀

주관-객관 차원		
주관주의자 접근법	차원	객관주의자 접근법
명목주의	실체론	사실주의
반실증주의	인식론	실증주의
임의주의	인간 본성	결정주의
개별 사례적	방법론	일반법칙적

*출처: Burrell & Morgan(1979: 3).

기능주의적 패러다임에 대한 대안적 패러다임을 소개하고자 한다.

기능주의적 패러다임은 사회가 규제되고 질서 있는 체제로 구체적인 실체를 갖는 것으로 가정하며, 사회에 대한 연구는 관찰자적 입장, 즉 객관주의자적 입장에서 연구되어야 한다고 보나, 해석적 패러다임은 사회가 실제 존재하는 것이라기보다는 개인의 주관적 및 상호 주관적 경험의 산물이라고 가정하면서 객관성조차 주관성의 산물이기 때문에 사회는 행동의 참여자의 관점, 즉 주관주의자적 관점에서 연구되어야 한다고 본다. 기능주의 패러다임은 조직문제를 효과성의 문제로 파악하여 효과적인 체제의 균형상태를 달성하기 위한 조직의 통제구조에 관한 조직관리이론의 양산에 기여했다.

해석적 패러다임은 기주의적 패러다임의 질서적 사회관에 정면 도전해 사회는 지속적으로 구성되고, 재구성되고, 또한 변화하는 사회적으로 구성된 거미줄 같은 상징적 관계망이므로 조직 문제는 이러한 관계망의 상징적 의미를 이해하는 것이라고 본다. 해석적 패러다임에 의하면 구체적인 실체로서 조직은 존재하지 않으며 조직이란 인간의 의도성에서 도출된 사회적인 구성체로 끊임없이 구성되고, 재구성되고, 변화하는 과정적인 구성체이므로 고정적인 정의를 내릴 수 없으며, 정의조차 분석의 대상이 되어야지 당연시해서는 안 된다는 것이다.

비판적 패러다임도 사회가 어떻게 구성되고, 유지되고, 또한 변화되어 가는지에 대한 과정적 분석을 강조한다는 점에서(Berger & Luckman, 1967; Silverman, 1971) 해석적 패러다임과 유사하나, 이렇게 구성, 재구성 및 유

〈표 2-2〉 조직사회학 패러다임

비판주의 심리적 감옥 Hegel, Habermas Benson, Denhardt	갈등주의 지배, 착취 체제 Marx, Clegg Weber, Michels	객관주의
해석주의 문화, 언어 Husserl, Schutz Berger, Luckman Silverman, Harmon, Weick	기능주의 기계, 유기체 Spencer, Parsons 고전 및 신고전 조직론 구조적 상황론 등의 조직환경론	

*출처: Burrell & Morgan(1979)의 분류를 필자가 수정, 보완한 것임.

지되는 실체로서 사회 내에서 인간이 구속되고 속박되는 현상에 주목한다.

갈등주의 패러다임은 사회가 실체론적으로 실존하는 구조라고 본다는 점에서는 기능주의 패러다임과 일치하나, 이러한 사회구조가 지배, 착취의 수단으로 이용될 잠재성에 관심을 갖는다.

이러한 패러다임의 다양성은 정상과학의 위기를 초래할 수도 있으나, 위기는 문자 그대로 위험과 기회를 동시에 내포한 개념이므로, 조직분석에서 패러다임의 다양성을 기회로 인식한다면 새로운 통찰력을 얻을 수 있을 것이다(Morgan & Burrell, 1990).

제 3 절 각 관점의 비교, 분석

1 기능주의(機能主義)

기능주의적 관점에 입각한 고전적 조직이론 및 신고전적 조직이론의 근본 가정 중의 하나는 조직의 목적이 합리적인 방법에 의해 세부적인 과업으로 분할될 수 있고, 다시 조직의 총체적인 목표 달성을 위해 재통합될 수 있다고 보는 것이다. 이러한 개념의 발상은 전체가 원자로 분할될 수 있고, 또한 그 분할된 원자는 다시 전체로 재결합될 수 있다는 뉴턴(Isaac Newton)의 기계론적 패러다임(mechanistic paradigm)에 입각한 것이라 볼 수 있다. 이는 근대를 움직인 근본적인 사상 체계의 하나로서 사회 전반에 지대한 영향을 미쳤다.

조직론적 견지에서는 테일러(Frederick W. Taylor)나 베버(Max Weber)가 이러한 패러다임에 의거해 조직론을 전개했는 바, 특히 베버는 합리적·법적 조직이 점점 더 증가하는 것은 역사적 불가피성에 의한 것이라고 굳게 확신하면서 관료제의 장점으로 정확성, 비모호성, 안정성, 속도, 통일성 등을 지적했다(Gerth & Mills, 1946). 그러나 이러한 관료제의 장점에도 불구하고 소위 비적응성, 비인간화 경향, 목적과 수단의 전도 현상, 특히 권력 집중의 방편으로 이용될 소지가 있다는 점 등에서 비판받아 왔다(Perrow, 1986).

그러나 이러한 비판들 중 일부는 적절한 비판이라고 볼 수 없다. 관료제의 비적응성은 어떤 의미에서 보면 당연한 것이다. 왜냐하면 관료제는 안정된 환경이나 정형화된 직무를 처리하도록 설계된 조직이기 때문이다. 그러나 권력 집중의 수단으로 악용될 우려에 대한 비판은 벗어나기 어려울 것이다(Perrow, 1986). 고전적 조직론의 비인간화 경향에 대한 우려가 증대하자 인간에 역점을 둔 조직인도주의(organizational humanism)가 대두해 조직 내의 인간적인 요소들을 고양하려 했으나, 그 자체 목적이 되지 못하고 조직 목표를 달성하기 위한 인본주의적 수단(humanistic means)에 머물고 만다.

2 갈등주의(葛藤主義)

기능주의적 관점에서 보면 사회는 상호 연관된 부분의 체제로서 전체적으로 파악되어야 하며, 체제 내적인 안정화 장치를 통한 안정과 타성이 지배적인 경향이다. 비록 갈등이 존재하기는 하나 안정화 장치를 통해 궁극적으로는 해소되거나 제도화된다. 가치에 대한 합의가 사회 통합의 기본적인 전제 조건이다. 변화는 외부 환경으로부터 점진적으로 발생된다는 것이다.

그러나 갈등주의적 관점에서 보면 사회는 기능주의에서 주장하는 것처럼 잘 짜여진 안정된 체계가 아니라 본질적으로 불안정하므로 변화가 상존한다. 변화는 체제 내부에 상존하며 따라서 가치에 대한 갈등이나 모순이 사회 변화의 중요한 전제 조건이 된다. 갈등주의는 질서와 균형의 유지에 초점을 맞추는 기능주의의 한계인 사회의 급격한 변동 문제에 중점을 둔다.

마르크스(Karl Marx)에 의하면, 사회는 원시공산사회로부터 귀족과 노예 간의 고대노예사회, 영주와 농노 간의 중세봉건사회, 자본가와 노동자 간의 산업사회로 발전되어 왔는데, 물론 고대노예사회나 산업혁명의 초창기에서나 볼 수 있는 원시적인 착취 행태보다는 많이 진보했으나 이보다 고차원적인 착취 관계가 미묘한 양상으로 전개되고 있다고 본다(Morgan, 1986). 이에 대해 다렌도르프(Ralf Dahrendof)는 조직이란 권위의 배분에 의해 만들어진 것이며, 권위 배분의 차이로 인해 지배계급과 피지배계급 간에 권위라는 희소가치를 둘러싼 갈등이 계속되고, 이때 지배계급은 기득권을 유지하려는 보수적 입장을 견지하게 되고 소외감을 느끼는 피지배계급은 기존 체제의 변혁을 도모하는 진보적 경향을 보인다(남중헌, 1990)고 주장한다. 마르크스의 갈등이론은 생산 수단의 소유 관계에 의한 가진 자와 못 가진 자 간의 이원론적 계층이론(dual class theory)이고, 다렌도르프의 갈등이론은 여러 이익집단 간의 다원론적 권위이론(pluralistic authority theory)이라 할 수 있다.

자본주의 사회의 관료제조직에 관한 고전적 조직 원리의 부적절성, 그리고 그러한 원리의 엄격한 적용에서 야기되는 업무의 비인간화와 단편화에 의한 조직구성원의 직무 불만족이나 소외 등에 대해서는 이른바 '주류'의 조직이론이나 산업사회학(sociology of industry)에서 널리 연구되어 왔다. 그러나 자본주의 경제가 노동의 성격에 미친 영향을 갈등론적인 시각에서 설명한 이론은 흔치 않다. 미국의 마르크스주의 이론가인 브레이버만(Harry Braverman, 1920-1976)의 저서 『노동자 독점자본(*Labor and Monopoly*

Capital)』(1974)은 그와 같은 시각의 다소 색다른 접근 방법을 보여 준 대표적인 예라 할 수 있다(김완식, 1991).

베버는 관료제를 서구 역사의 발전 과정, 즉 합리화 과정 속에서 파악했으나 조직이론은 몰역사성을 보인다. 봉건주의 시대까지는 정교한 조직관리이론이 별로 필요치 않았다. 그 이유는 길드제도나 소규모 가내생산 양식을 채택하는 사회에서는 전통적 권력만으로도 충분했기 때문이다. 그러나 산업혁명 이후 철도·광산 등과 같은 대규모 생산 양식이 나타난 자본주의 시대에는 정교한 조직관리이론이 필요하게 된다.

대부분의 조직이론은 자본가나 경영자 등의 지배계급의 기득권을 옹호하는 지배 이데올로기로서 기능한다. 비록 강제해고금지법이나 실업수당 등의 각종 사회복지제도가 존재하기는 하나 이러한 법적·제도적 장치가 노동·자본 관계의 강제성을 근본적으로 제한하지는 못한다. 노동자는 살기 위해 생산 수단의 소유자에게 자신을 판매해야만 한다. 특히 과학적 관리법 등과 같은 정교한 조직이론의 발달은 숙련 노동자를 탈숙련화시켜 노동은 점차 격하된다. 이러한 현상은 비단 블루칼라 계층에만 적용되는 것이 아니라 화이트칼라 계층에도 적용된다.

3 해석주의(解析主義)

조직과 개인의 근본적인 이해 관계는 상호 궁극적으로 부합될 수 있으며, 양자간에 근본적으로 조정 불가능한 갈등은 존재하지 않는다고 가정하는 기능주의적 입장과는 달리 해석주의는 개인 및 조직의 이해 관계는 상호 근본적으로 긴장 관계에 있다고 본다. 그러한 긴장으로 인해 개인과 조직 간의 관계는 내재적으로 정치적 권력에 대한 고려를 포함한다. 조직이론의 중요한 의무는 신고전조직이론의 중요한 관심사인 개인과 조직을 어떻게 통합할 것이냐가 아니라 개인이 어떻게 조직을 초월할 것이냐 하는 문제다.

행위의 개념에 대해 실증주의에 의존하는 자연주의적 사회과학은 사회적 세계를 이해하기 위해서는 부적절하다. 조직이론의 중요한 문제는 관료제가 사회적 지배 과정을 강화하고 개인적 소외를 야기하는 방식을 이해하는 것이다. 그러한 이해의 근본적인 것은 사회구조와 언어 형태와의 관계다(최창현 역, 1992).

초월적 현상학의 창시자인 후설(Edmund Husserl)은 인간이 일상적으로 경험하는 생활세계(life world; Lebenswelt)에서 벗어날 수 없기 때문에 객관적으로 관찰될 수 있는 지식은 없으며, 따라서 사회과학의 중심은 객관주의적 자연과학적 태도를 탈피하고 인간의 주관적 이해를 강조해야 한다고 본다(Shen, 1992).

후설의 현상학을 발전시킨 슈츠(Alfred Schutz)는 딜타이의 해석적 이해(interpretive understanding; Verstehen) 개념을 사용해 자연주의적 사회과학이 사회적 세계의 외형을 단순히 주어진 것으로 받아들인다고 비판하면서 사회과학은 체계적으로 "어떻게 사회적 실체가 구성되고 유지되는지, 그리고 어떠한 방식으로 몰주관적(intersubjective)이며 혹은 상식적 사고를 하는 행위자가 자신의 행동과 타의 행동을 해석하는지"를 설명해야만 한다고 주장한다(최창현 역, 1992).

실버맨(David Silverman)이 말하는 '행동 준거틀(action frame of reference)'이라는 조직이론의 접근법은 직접적으로 베버, 슈츠, 그리고 버거(Peter L. Berger)와 러크만(Thomas Luckmann)의 사회학에 입각해 있으며 일곱 개의 기본 명제로 요약된다(<표 2-2> 참조).[1] 실버맨 명제를 분석해 보면 사실주의에 반대되는 그의 명목주의적 실체론이 명제 3에 명백히 나타나 있다. 여기서 그는 사회적 사실로 경험되는 제도가 실제 공유된 의미와 지향성의 상징적 인공물이라고 말한다. 실버맨의 실증주의에 대한 거부가 자연과학과 사회과학 간의 명백한 구분을 주장하는 명제 1과 실증주의적 설명의 결정주의를 거부하는 명제 7에 명백히 나타나 있다. 사회적 세계의 창조와 유지에 대한 인간의 적극적 참여를 강조하는 명제 3, 그리고

---

1) 실버맨(Silverman, 1971)의 '행동 준거틀(action frame of reference)'은 슈츠의 사회학을 조직이론 연구에 직접 적용한 것이다. 기능주의와 체제이론 등의 정설에 도전한 해석적 접근법의 기반을 형성한 아이디어를 제시하고 있다.

〈표 2-3〉 실버맨의 행동 준거틀

명제 1. 사회과학과 자연과학은 전적으로 다른 주제를 다룬다. 엄격성과 회의가 양 과학에 모두 적용되지만 각 관점이 동일하다고 기대해서는 안 된다.
명제 2. 사회학은 행위의 관찰보다는 행동외 이해에 관심을 갖는다. 행동은 사회적 실체를 규정하는 의미에서 비롯된다.
명제 3. 의미는 사회에 의해 인간에게 부여된다. 공유된 지향성이 제도화되고 다음 세대들에 의해 사회적 사실로써 경험된다.
명제 4. 사회가 인간을 규정하는 한편 인간은 사회를 규정한다. 특정 의미는 일상 행동에서의 지속적인 재확인에 의해서만 유지된다.
명제 5. 상호작용을 통해 인간은 사회적 의미를 수정하고 변경한다.
명제 6. 인간 행동에 대한 설명은 관련된 사람이 그들의 행동에 부여하는 의미를 고려하고 설명해야만 한다. 일상적 세계가 사회적으로 구성되고 실제적이고도 전형적인 것으로 인식되는 방식이 사회학적 분석의 중요한 관심이 된다.
명제 7. 행동은 외부의 재약적인 사회적 혹은 비사회적 힘에 의해 결정된다고 주장하는 실증주의적 설명은 수용될 수 없다.

*출처: Silverman(1971: 126-127).

명제 4에는 인간 본성에 대한 임의주의자적 개념에의 몰두가 엿보인다(최창현 역, 1992).

실버맨의 행동 준거틀은 체제이론과 구조기능주의적 이론과 뚜렷이 대비된다. 예컨대 행위자의 주관적 의미에 의한 조직행동의 설명은 주류 조직이론의 결정론적 경향에 대한 묵시적인 반박으로 간주될 수 있다.

4 비판주의(批判主義)

해석주의는 관료제적 조직구조란 조직 내의 권한 관계를 규정짓는 다섯 가지의 가능한 의사결정규칙 중의 하나에 불과하기 때문에 관료제에 대한 대안적 의사결정규칙으로서 투표(다수결 원칙), 계약, 협상, 합의 등을 선호하나(최창현 역, 1992), 비판주의는 관료제 자체에 대한 거부감을 표출한다기보다는 관료제적 지배 체제를 허용하게 하는 언어, 사상 및 사고 등의 역할에 주목한다.

<표 2-4>에 나타난 바와 같이 이성에 대한 화이트(Jay D. White)의 개념은 하버마스(Jürgen Habermas)가 사용하는 일반적인 의미를 기술한다. 그러나 하버마스에게 사회적 토론에 스며 있는 세 가지 명백하고도 때때로 모순적인 추론 양식(contradictory modes of reasoning), 즉 수단적 이성(instrumental reason), 실제적(practical) 혹은 해석적(interpretive) 이성, 그리고 비판적 이성(critical reason)이라는 이성 양식의 관점에서 이성은 사회과학에 중요하고도 문제 야기적인 이슈다.

하버마스는 사회에 대한 적절한 이론은 이 세 가지 추론 양식을 모두 포함해야 하며 그 상호연관성의 특질이 명백히 이해되어야만 한다고 주장한다. 게다가 세 가지 추론 양식 각각은 사회생활과 사회이론의 세 가지 근본적 측면과 중요한 관계를 갖는다, 우선 이는 각 추론 양식에 의해 봉사되는 인지적 이해 관계의 유형, 둘째, 각 추론 양식을 통해 이해할 수 있는 특수한 사회적 존재의 차원(dimension of social existence), 그리고 셋째, 각 양식이 흔히 연관되는 사회과학에 대한 접근법 등을 포함한다.

다음에 논의할 사항에 대한 지침으로서 <표 2-4>는 이러한 추론 양식의 여러 측면 간의 관계를 보여 준다.

〈표 2-4〉 이성과 인지적 이해, 사회적 존재 또 사회과학 간 관계

인지적 이해 관계 (이성의 형태)	사회적 존재의 차원	사회과학의 접근법
기술적 (수단적 이성)	직무 (생존을 위한 목적적-합리적 행동)	실증적·분석적 과학 (실증주의)
실질적 (해석적 이성)	상호작용 (공유된 의미와 합의적 규범에 입각한 의사소통)	역사적·해석학적 과학 (현상학, 해석이론)
해방적 (비판적 이론)	사회 권력 (권력 관계에 대한 비판적 통찰을 통한 해방)	비판 지향적 과학

*출처: White(1982: 63-106).

가장 영향력 있는 비판주의자 중의 하나인 하버마스는 의사소통이 어떻게 사회적 관계를 왜곡시키는가에 대한 비판적 연구를 통해 언어와 이성 간의 관계를 고찰하고 있다. 하버마스는 기술적(수단적) 이성의 유용성을 부인하지는 않지만 이러한 기술적 이성이 지배적인 이성의 양식으로 간주되는 실증주의적 경향에 비판적이며, 권력 관계에 대한 비판적 통찰을 통한 해방이라는 궁극적 목적을 달성하기 위해 비판적 이성과 지배보다는 변론의 힘만이 승리할 수 있는 논쟁 형태인 이상적 언어 능력(ideal speech) 상황을 강조한다. 자유스럽고 비제한적인 의사소통을 조장하는 관료제적 조직구조는 종종 이러한 이상적 언어 능력 상황을 방해한다. 하버마스의 의사소통능력이론(theory of communicative competemce)에 입각한 포레스터(Forrester, 1983)는 이상적 언어 능력에 필수적인 네 가지 타당성 요건을 제안하는데, 이는 조직 내 의사소통의 왜곡을 분석할 수 있는 분석틀로 이용될 수 있다. 네 가지 주장은 다음과 같다.

① 어떤 상태의 존재를 지칭하는 진리에 대한 주장(truth claim), 예컨대 시간, 타인의 행동, 타인의 존재 등

② 동일한 말이 다른 상황에서는 다른 것을 의미하기 때문에 상황에 적절한 정당성에 대한 주장(legitimacy claim)

③ 발화자(speaker)가 말하는 것이 진정이라고 의도하는 진지성에 대한 주장(sincerity claim)

④ 말한 것이 명백하고도 일관성 있는 의미를 가진다는 이해가능성 혹은 명확성에 대한 주장(comprehensibility or clarity claim)

이러한 네 가지 근거 중에 어떤 근거에 입각해 청취자가 청취한 것의 타당성을 의심할 경우 의사소통적 왜곡 현상이 발생한다. 청취자는 비강제적 합의가 가능하고 또한 당연한 것이라고 기대하기 때문에 이러한 왜곡 현상은 모욕으로서 경험된다. 인식의 하위 의식적 차원에서만 지각되는 의심은 오도되고, 기만되고, 조작되거나 혹은 강요된 감정을 갖게 한다. 이러한 감정은 특정 발화자의 개성(예컨대 목소리의 톤)의 결과일 수토 있고, 혹은 발화자와 청취자의 관계를 중재하는 공식적 역할로 체계적으로 구조화된 의사소통적 왜곡에서 비롯될 수도 있다.

이는 특히 제도적 역할이 권력의 비대칭성을 반영할 경우 그러하다. 따라서 종속적인 지위(고객이나 시민과 같은)에 있는 사람은 좀 더 권력 있는 (정부관리 같은) 사람들의 타당성에 대한 주장에 직면하여 무력감을 느낀다 (최창현 역, 1992). 이러한 타당성 요건을 검증할 수 있는 제도적 배려를 박탈당한 시민은 권력을 갖는 정부관료의 타당성에 대한 주장에 무력감을 느끼게 된다 (문태현, 1992).

하버마스는 이상적 담화(discourse) 상황을 유지하기 위한 네 가지 언어행위의 조건을 제시한다. 모든 참여자는 ① 담론에서의 의사소통적 언어행위(commicative speech act)의 동등한 기회가 보장되어야 하고, ② 논거제지, 반증, 보증 등의 사실 확인적 언어행위(constative speech act)의 동등한 기회를 가져야 하고, ③ 진실성과 성실성을 명확히 나타내기 위한 대변적 언어행위(representative speech act)의 동등한 기회, ④ 허용하고 금지하는 규제적 언어행위(regulative speechact)의 동등한 기회를 보장받아야 한다.

개인과 조직 간의 욕구가 양립 가능하다고 가정하는 인간관계이론과는 달리 권력을 의사소통분석의 중요한 주제로 간주한다는 점에서 주류 조직관리이론에 대한 대안은 제공된다. 관료제적 조직구조화는 엄격한 권한계층제로 인해 동등한 참여자 간의 기회가 보장되기 어렵고 시민 참여 자체가 제한되어 있다.

관료제적 구조에서 이상적 담화 상황을 확보하기 위해서는 참여자의 폭과 질이 동시에 고려되어야 하고, 참여자의 발언권이 균등하게 확보되는 분위기가 조성되어야 한다 (문태현, 1992),

벤슨(Benson, 1975)의 네 가지 원칙에 의한 변증법적 조직분석은 현 조직구조에 대한 대안적 구조의 구성을 제시하고 있다 (Albesson, 1985). 벤슨(Benson, 1977)의 주장에 의하면, 사회는 지속적으로 무엇인가가 되어가는 상태이며, 모건(Morgan, 1986)은 이를 흐름과 변형으로서의 조직(organization as flux and transformation)이라고 지칭한 바 있다. 변증법적인 관점은 근본적으로 과정적 관점에 관심을 가지며, 과정은 다음과 같은 네 가지 원칙에 의해 특징지어진다.

첫째, 조직의 사회적 구성 원칙은 구조의 결정 요인과 구조 간의 관계, 다시 말해 구조적 상황이론의 중요한 주제 중의 하나인 정적(靜的) 가설(static hypothesis)의 정립이 사회적 과정을 통해 그러한 관계가 생산되고 또한 재생산되는 사회적 과정에 대한 차후의 분석을 위한 시발점에 불과하다고 상정한다. 이러한 과정은 다양한 참여자의 이념, 이해 관계 및 권력에 의해 조정되며 권력이론, 혹은 소위 모건(Morgan, 1986)이 말하는 지배로서의 조직을 변증법적으로 통합하도록 한다. 애스틀리와 반 드 벤(Astley & Van de Ven, 1983)에 의하면, 구조적 형태(자연도태 관점 및 체제구조 관점)에 초점을 맞추는 조직이론이 정(正, thesis)이라면, 개인 행동(집단행동 관점 및 전략적 선택 관점)에 초점을 맞추는 조직이론은 반(反, antithesis)에 해당되며, 종국적으로는 변증법적 합(合, synthesis)을 초래한다는 것이다.

둘째, 사회적 구성은 좀 더 광범위한 사회적 맥락 속에서 발생하므로 변증법적 분석은 전체에 관심을 가지면서 부분 요소의 부분적 자율성을 강조하므로, 부분(미시)과 전체(거시) 간의 긴장 내지는 모순을 야기한다. 잠재적이고도 규제받지 않는 사회적 네트워크이며 권력의 원천인 조직의 하부구조는 공식적으로 인정된 조직 변형의 기반을 형성한다. 이것이 바로 전체성의 원칙(principle of totality)이다.

셋째, 대부분의 이론은 조직을 합리적이고 기능적인 것으로 간주하나, 조직의 현실은 모순투성이다. 사회적 구성 과정에서 만들어지는 사회적 질서는 생성되는 생성물과 이미 확립된 사회적 질서 간의 조화될 수 없는 양립불가능성을 내포한다. 사람들이 이러한 모순을 의식하게 되면, 조직 모순원칙에 의거해 기존 질서를 재구성하려 한다.

자이츠(Zeitz, 1980)와 유사하게 벤슨(Benson, 1977)도 구조기능주의에서의 합의와 마찬가지로 갈등을 체제 통합적인 동시에 체제 와해적인 것으로 본다. 변증법적 관점은 질서가 언제라도 변형될 수 있는 잠재력을 지닌 것으로 간주하며, 이는 네 번째 원칙인 조직 실제의 원칙(principle of organizational praxis)에 달려 있다. 이 원칙은 사회적 배열의 자유롭고도 건설적인 재구성을 의미한다. 이러한 변증법적 분석은 현존 질서를 고수하려는 이론 혹은 현존 질서의 테두리 안에서 수정하려는 이론에 대한 비판에 기여한다.

자이츠(Zeitz, 1980)도 변증법적 사고를 채택함으로써 조직 간 관계에 대한 새로운 방향이 제시될 수 있다고 본다.

애스틀리와 반 드 벤(Astley & Van de Ven, 1983)은 조직이론을 결정론적 혹은 임의론적 지향성, 그리고 거시적 혹은 미시적 분석 수준이라는 두 개의 상호 배타적인 차원에 의해 체제구조적 관점(system-structural view), 전략적 선택 관점(strategic choice view), 자연도태 관점(natural selection view), 집단적 행동 관점(collective action view) 등의 네 가지 관점으로 구분한다. 그들의 주장은 조직이론이 대립적인 특질을 지니고 있으므로 그러한 모순 및 갈등은 소위 벤슨(Benson, 1975)이 말하는 변증법적 분석을 통해서만 해소될 수 있다는 것이다.

흐레비니악과 조이스(Hrebiniak & Joyce, 1985)는 애스틀리와 반 드 벤(Astley & Van de Ven, 1983)의 임의론과 결정론이 단일연속선상의 극단이라기보다는 두 개의 독립적인 변수를 구성하는 것이므로 조직의 적응에 관한 대부분의 문헌이 자연도태이론과 전략적 선택이론에 초점을 맞춰 왔다는 점에서 이 두 가지 관점의 상호작용 내지는 중첩되는 연구가 필요하다고 주장한다. 레빈탈(Levinthal, 1991)도 적응관과 도태관이 애스틀리와 반 드 벤(Astley & Van de Ven, 1983)의 주장처럼 상호 보완적인 관점일 뿐만 아니라 근본적으로 상호 연관된 과정이라는 입장을 보인다.

변증법적 분석틀의 중요한 초점은 사회적 행동이 합리적 행동 관점처럼 적극적인 동시에 외부적으로 제한적인 관점처럼 소극적이며, 이러한 두 가지 경향이 조직행위자와 조직 외적 자원 간의 지속적인 상호작용 과정에서 여러 단계를 반영한다는 것이다.

문화혁명 기간 중 중국의 급진 조직이론적 관료제의 해체를 분석해 관료제는 불가피한 것이라 결론지은 센카(Shenkar, 1984)의 주장을 반박하는 클레그와 히긴스(Clegg & Higgins, 1987)는 관료 체제에 대한 급진 조직이론적 대안이 필요하다고 보았다.

제4절 결 어

관료제는 그 장점에도 불구하고 개인적 및 대인적 수준에서는 비인간화 경향, 조직적 수준에서는 이른바 비적응성, 목적과 수단의 전도 현상, 특히 정치적 측면에서는 권력 집중의 방편으로 이용될 소지가 있다는 점, 즉 정치적 수준에서는 관료제적 행정이 정치 권력과 제도적 권한의 소재지로서 민주정부를 대체했다고 비판받아 왔다(Perrow, 1986). 그러나 이러한 비판 중 일부는 적절한 비판이라고 볼 수 없다. 관료제의 비적응성은 어떤 의미에서 보면 당연한 것이다. 왜냐하면 관료제는 안정된 환경이나 정형화된 직무를 처리하도록 설계된 조직이기 때문이다. 그러나 권력 집중의 수단으로 악용될 우려에 대한 비판은 벗어나기 어려울 것이다(Perrow, 1986).

미국 행정학 문헌에서 해석이론과 비판이론의 종합이 가장 명백하게 나타난 곳은 바로 관료제에 대한 비판이론이다. 관료제에 대한 해석이론적 비판으로는 하몬과 실버맨의 비판을 들 수 있는데, 하몬은 계층제 개념에 내포된 가치 체계는 법률적·합리적 지배(legal-rational domination)가 주어진 것으로, 도전할 수 없는 것으로 간주되는 제도적 수단을 가능케 한다는 것이다. 분업, 직무의 전문화, 그리고 업무의 비인격화 등과 같은 관료제와 연관된 원리와 함께 계층제는 통제의 합리적이고도 능률적인 행사에 대한 고위관리자의 주장을 지지하는 기능을 하며, 그 결과 계층제적 구조에 내재된 권력 관계를 은폐할 뿐만 아니라 그러한 관계에서 도출되는 결과를 은폐하게 된다는 것이다.

실버맨은 기능주의이론이 기존 사회 질서 유지를 너무 강조한다고 비판하는데, 그 이유는 질서에 대한 지나친 강조는 변화 과정을 부정적인 시각으로 던져넣거나 혹은 변화가 비인간적 외부의 환경에 의해 결정된다고 간주하는 결과를 초래하기 때문이라는 것이다.

관료제에 대한 비판주의적 관점으로는 하버마스와 벤슨을 들 수 있다.

하버마스는 기술적(수단적) 이성의 유용성을 부인하지는 않지만 이러한 기술적 이성이 지배적인 이성의 양식으로 간주되는 실증주의적 경향에 비판적이며, 권력 관계에 대한 비판적 통찰을 통한 해방이라는 궁극적 목적을 달성하기 위해 비판적 이성과 지배보다는 변론의 힘만이 승리할 수 있는 논쟁 형태인 이상적 언어 능력(ideal speech) 상황을 강조한다. 자유스럽고 비제한적인 의사소통을 조장하는 관료제적 조직구조는 종종 이러한 이상적 언어 능력 상황을 방해한다. 개인과 조직 간의 욕구가 양립 가능하다고 가정하는 인간관계이론과는 달리 권력을 의사소통분석의 중요한 주제로 간주한다는 점에서 주류 조직관리이론에 대한 대안을 제공해 준다. 관료제적 조직구조화는 엄격한 권한계층제로 인해 동등한 참여자 간의 기회가 보장되기 어렵고 시민 참여 자체가 제한되어 있다는 것이다.

자이츠(Zeitz, 1980)와 유사하게 벤슨(Benson, 1975)의 주장은 구조기능주의에서의 합의와 마찬가지로 갈등은 체제 통합적인 동시에 체제 와해적인 것으로 본다. 대부분의 이론은 조직을 합리적이고 기능적인 것으로 간주하나, 조직의 현실은 모순투성이다. 사회적 구성 과정에서 만들어지는 사회적 질서는 새로운 생성물과 이미 확립된 사회적 질서 간의 조화될 수 없는 양립불 가능성을 내포한다. 사람들이 이러한 모순을 의식하게 되면, 조직 모순 원칙에 의거해 기존 질서를 재구성하려 한다는 것이다.

본질석으로 그러힌 비판은 관료제에 대한 합리화적 절대 명제가 공공조직에 의해 서비스를 받는 시민들뿐만 아니라 공공조직의 구성원들 간에 만연된 소외감을 야기한다고 주장한다. 따라서 관료제는 전통적으로 인지되어 온 정치와 공공 논쟁을 질식시켜 그 결과 관료제는 공공가치의 주요한 결정 요소가 된다. 그러한 비판을 위한 이론의 실질적인 가치는 관료제가 야기하는 소외나 다른 사회적 병리를 체계적으로 폭로하는 주요한 수단을 제공한다는 것이다.

Chapter 03

조직이란 무엇인가?

복잡한 조직의 기능

(A combined overlay: the functioning of the organization)

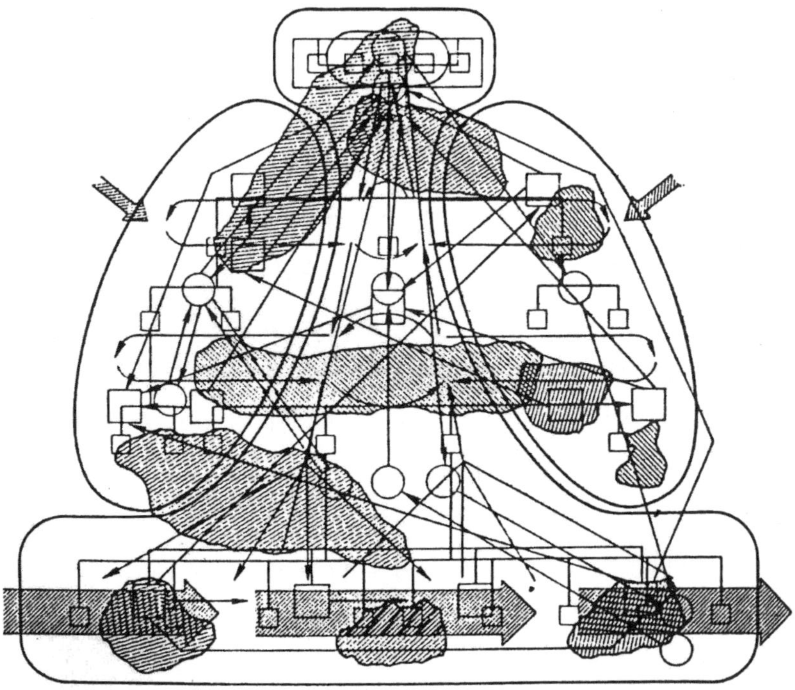

제 1 절 조직의 필요성

"인간을 위해 좋은 것은 현대 조직을 통해서만 달성될 수 있다."

조직은 현대 사회에서 중추적인 역할을 하며 사회적, 정치적, 경제적 그리고 많은 경우에 개인적 목적을 달성하기 위한 중요한 수단이다.

사부문의 조직은 우리에게 생활을 좀 더 향유할 수 있도록 다양한 소비재 및 서비스를 생산하고 처리하고 판매한다. 공공 부문에서 조직은 우리를 범죄, 안전하지 못한 소비제품 및 건강을 해치는 공기나 물 등으로부터 보호해 주며, 외부의 침략으로부터 국방을 담당해 주고, 도로와 공항을 건설하고 유지해 주며 우리의 자식들을 교육시켜 주고, 사회의 전반적인 삶의 질을 향상시켜 주는 등 다양한 서비스를 제공해 준다. 의미 있는 직무, 소득 보장, 성취, 인정감 및 성장 등과 같은 개인적 목표 또한 조직을 통해 달성된다.

그러나 현대 사회의 조직은 또한 어두운 측면을 지니고 있다. 왜냐하면 인간에게 나쁜 것은 대부분 현대 조직을 통해 만들어지기 때문이다. 불법적이고 위험한 마약, 도처에 만연된 인권 탄압, 그리고 유독성 화학쓰레기 등도 또한 조직적 산물이기 때문이나. 개인에게는 소속된 조직의 목적에 개개인 자신의 목적을 기꺼이 종속시키고 순응하고 복종해야만 하는 부담이 있다.

마르크스 시대로부터 현재에 이르기까지 많은 저술가가 현대 조직을 특징짓는 비인격화와 전문화가 노동자의 스트레스, 궁극적으로는 소외감이라는 엄청난 대가를 치르게 되었다고 주장해 왔다. 정치 체제의 경우 공공정책을 수행하기 위해 대규모의 관료제조직에 의존해야 할 필요성은 모든 수준의 정보의 대응성, 대표성 그리고 책임성에 대한 문제를 제기해 왔다. 정치가, 대중매체 그리고 이익집단은 종종 이러한 조직들이 공공 부문에서 낭비와 비능률의 중요한 원인이 되어 왔다고 주장한다.

현대 사회에 대한 조직의 총체적인 기여도를 어떻게 평가하든지 간에 조직에 대한 이해와 조직이 운영되는 방식에 대한 이해는 개인과 사회의 생존, 성공 그리고 행복을 결정하는 가장 중요한 요인 중의 하나일 것이다. 조직의 역할은 행정학과 공공정책에서 똑같이 중요하다. 행정이란 조직과 조직 내의 인간에 대한 관리를 주된 임무로 하며 거의 모든 공공정책이 조직에 의해 수행된다. 현대 행정학에서 점점 심화되는 재정적 자원의 희소성으로 인해 공공 서비스의 전달 체계의 질을 유지하고 향상시키기 위해 공공조직에 대한 이해와 공공조직의 개선이 필요하다 (Heffron, 1989).

제 2 절 사회구성망이론적 관점에서 본 조직 필요성

흔히 전체는 부분의 합보다 크다고 하는데 이는 부분이 상호 연관되어 구조, 즉 사회적 구성망을 형성하면 기능적으로 구조화되기 전보다 관계 수 및 관계도가 증가하기 때문이다. 이러한 설명은 구조기능주의와 유사하다.

조직구성원의 관계 수는 성원 수가 산술 급수로 늘어날 때 기하 급수적으로 증가한다.[1)]

---

1) 사회적 관계 수를 구하는 공식

대칭 관계인 구성망의 사회적 관계 수(Rs)는

$${}_nC_2 = n(n-1) \; / \; 2$$

비대칭 관계인 구성망의 사회적 관계 수(Ras)는

$${}_nC_1 = n(n-1)$$

구성망의 graph이론과 행렬(matrix) 표시

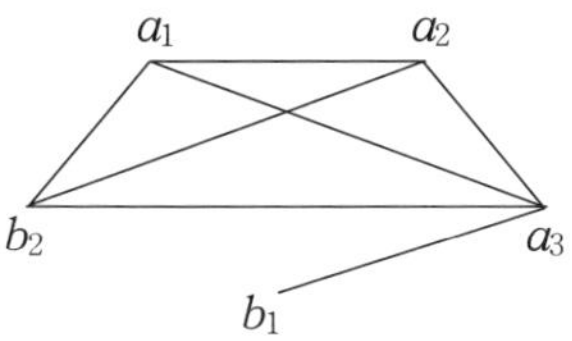

	a_1	a_2	a_3	b_1	b_2
a_1	0	1	1	0	1
a_2	1	0	1	0	1
a_3	1	1	0	1	1
b_1	0	0	1	0	0
b_2	1	1	1	0	0

$$r = nc_2 = \frac{n(n-1)}{2}$$

$n =$ 성원 수

$r =$ 성원 관계 수

그러나 이 r은 잠재적 관계 수 PR(no. of potential relationships)이지 현실적 관계 수 RR(no. of real relationships)는 아니다.

조직관리 여부에 따라 RR는 더욱 더 증대 가능하다.

$$RR = PR + alpha$$

조직의 공식적 구조만을 나타내 주는 조직도표는 조직 내부의 구성망을 제대로 반영해 주지 못하므로 복잡한 조직 실체의 일부인 껍데기만을 보여주고 있을 뿐이다. 조직의 구조와 구성망 간에는 뗄 수 없는 불가분의 관계가 있음에도 불구하고 이제까지의 조직연구는 주로 조직의 공식구조에 초점을 두고 있다.

고전적 조직이론인 행정관리학파의 조직관리 원칙을 보자. 부하 직원은 오직 한 명의 상사로부터 명령을 받아야 한다는 명령 단일의 원칙(unity of command principle)과 상의하달식 의사소통(top-down or downward communication)에 대한 강조는 조직구성망의 유형과 방향을 통제하기 위한 의도다. 바퀴형 의사소통망과 같이 집권화된 망이 능률 지향적 고전이론과 부합된다.

인간관계론에서 중시하기 시작한 비공식집단과 하의상달식 의사소통 등은 조직망 내의 비공식 연결이나 상호성에 주목하기 시작했음을 의미한다. 그러나 고전 및 신고전 이론가들은 조직을 구성망으로서 파악하지는 못했다.

행태론자인 사이먼(Herbert A. Simon)은 고전적 관리 원칙이 마치 격언

$Ras = {}_nC_1 = n(n-1) = 1$의 수 14개.

* Image Matrix1 $\begin{bmatrix} 1 & 1 \\ 1 & 0 \end{bmatrix}$ 1-blocks / 0-blocks

의사소통 구성망(communication network) 유형

▸ **족쇄형**

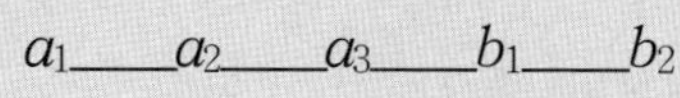

▸ **바퀴형**

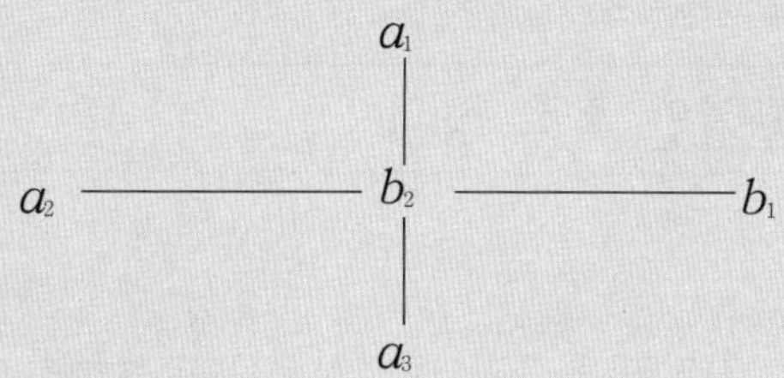

▸ **원형**

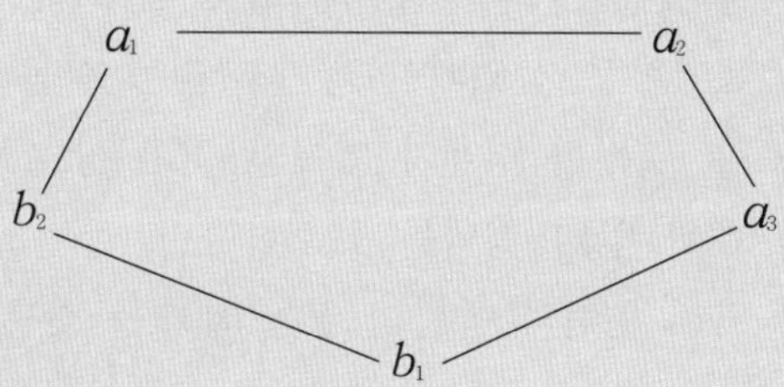

▸ **다통로형(All-Channel)**

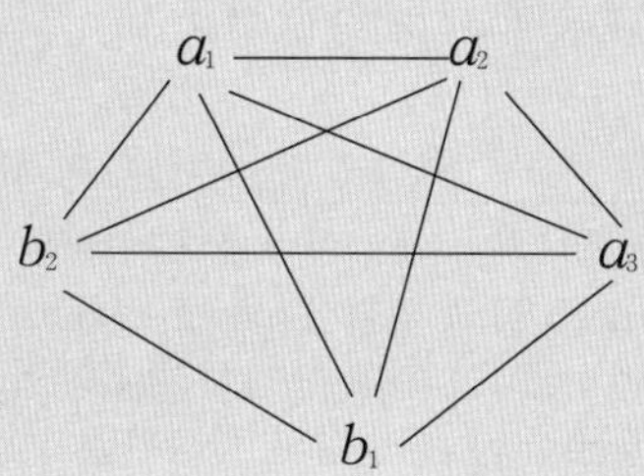

처럼 상호 모순된다는 점을 지적하면서, 처방적인 관리 원칙의 제시보다는 의사결정에 대한 기술적 분석에 초점을 두어야 한다고 주장한다. 예를 들면, 통솔 범위의 원칙은 수평적 관계의 복잡도를 감소시켜 주기는 하나, 수직적 권한계층제를 증가시켜 결국 더 큰 조정 문제를 야기한다는 것이다.

관료제를 예견한 베버는 "관료제는 개인적, 감정적, 비합리적 요소를 배제하고 비인간화될수록 더 완벽해진다"라고 주장했는데, 이는 구성망의 특질 중 관계의 강도를 제거함을 의미한다. 그러나 문화적 영향을 강조하는 학자들의 경우, 구성망의 밀도, 밀집도, 상호성(정계와 재계의 주고받기식 결탁, 즉 정경유착 관계), 그리고 강도(혈연, 지연, 학연 등의 개인적 유대 관계) 등의 특질이 중요시될 것이다.[2]

제 3 절 전통적인 조직 정의

조직은 "일정한 목표를 합리적으로 달성하기 위해 형성된 분업과 통합의 활동 체제를 갖춘 사회적 단위의 협동 체제"라고 정의된다. 조직의 개념적 특성은 목표지향성, 분업과 통합의 합리적 활동 체계, 사회적 단위, 구조와 과정을 포함, 일정한 경계가 있어 환경과 상호작용한다.

조직에 대한 앞의 정의를 유추한다면, 행정조직은 일정한 행정 목표를 달성하기 위해 분업과 통합의 활동 체계를 갖춘 사회적 단위로 정의할 수 있다.

행정조직의 범주에는 국가행정조직, 지방자치단체 및 공공단체의 행정조

---

2) 사회적 구성망(social network)이란 상호 연결된 행위자(개인, 집단, 조직 등)의 집합으로 다음과 같은 특성을 갖고 있다(Lincoln, 1982).

① 밀도(density): 실제적 관계와 잠재적 관계의 비(比)
② 연결도(connectivity): 구성망의 구성원들이 상호 연결된 정도
③ 군집도(clustering): 구성망의 연결은 동질적(구성원 간의 모든 노드(node)가 연결된 경우) 연결도와 군집적(일부 노드 간의 연결은 밀도가 높은 반면 다른 부분은 밀도가 낮은 경우) 연결도로 구분된다. 구성망에 군집도가 높은 경우 비공식집단이나 파당의 존재를 알 수 있으며, 이는 조직의 통합에 영향을 미친다.
④ 대칭도(symmetry): 대칭 관계는 친족(kinship) 관계를 의미하고, 비대칭 관계는 권력(power) 관계를 의미한다. 비대칭 관계는 대칭 관계보다 2배 복잡한 관계다.
⑤ 상호성(reciprocity) 사회적 교환이론적 관점에서 보면 모든 사회적 행동은 주고받기식(give-and-take), 즉 상호성을 지배적인 규범으로 간주하나, 권력 관계와 같은 비대칭 관계에서는 상호성이 보장되어 있는 것은 아니다.
⑥ 강도(strength): 관계가 어느 정도로 안정적이고, 지속적이고, 밀접한가를 나타내는 특질을 의미한다.

직, 정부투자기관, 국회, 법원, 선거관리위원회, 헌법재판소 등을 포괄한다(이종수 외, 1993).

여기에 언급된 내용을 통해 독자를 인도해 줄 선호된 조직 정의를 제공하는 것은 다양한 이론(일반적인 이론화를 포함해서)이 조직에 대한 우리의 이해에 가져다 줄 수 있는 다양성과 참신함을 유발하려는 목적에 방해가 될 수도 있다.

예컨대, 다음에 나오는 상자글에는 조직 문헌을 잘 대조해 주는 8개의 조직이론에 대한 정의가 실려 있다. 물론 이러한 조직 정의는 연관된 이론이나 조직 자체에 관해 흥미 있고 의미 있는 어떤 것을 나타내 주지는 못

'조직'에 대한 8가지 정의

베버(Max Weber) — 지도자의 명령에 복종하는 데 익숙해 있고 자신의 참여와 그 결과로 얻는 이익에 의해 지배를 지속하려는 개인적 이해 관계가 있거나, 그들 자신 간에 기능 행사를 분배한 일단의 사람들(이것이 조직의 의미다).

왈도(Dwight Waldo) — 조직은 행정 체제에서 권위적, 관습적, 개인적 상호 관계의 구조로 정의될 수 있다.

버나드(Chester Barnard) — 공식조직은 2인 이상의 의도적으로 조정된 활동이나 힘의 체제다.

셀즈닉(Philip Selznlck) — 공식조직이란 합리적 행동의 구조적 표현이다.

캐츠(Daniel Katz)와 칸(Robert L. Kahn) — 조직 이해를 위한 이론적인 모형을 산출로부터의 에너지 전환이 체제를 재활성화시키는 에너지적 투입, 산출체제모형이다. 사회조직은 에너지의 투입과 산출의 좀 더 큰 에너지적 투입으로의 전환으로 조직과 그 환경 간의 관계로 구성되어 있다는 점에서 개방 체제다. 조직을 포함한 모든 사회적 체제는 수많은 개인의 유형화된 활동으로 구성된다. 게다가 이런 유형화된 활동은 공통의 산출이나 결과와 관련하여 보완적이거나 상호의존적이다. 그것은 반복적이고 비교적 지속적이며 시간과 공간에 의해 제한을 받는다

실버맨(David Silverman) — 조직은 특별한 특징을 지닌 사회적 제도다. 조직은 시간적으로 확인 가능한 시점에서 의도적으로 창조된다. 조직의 창조자는 합법적인 상징으로서 중요한 목표를 제공한다. 합법적인 권한의 원천과 구성원 간의 관계는 비록 논의와 계획된 변화(조정하거나 통제하고자 하는 구성원에 의한)의 주제이지만 비교적 잘 규정되어 있다.

코헨(Michael Cohen), 마치(James March)와 올슨(Johan Olsen) — 조직은 문제나 이슈를 찾고자 하는 선택, 의사결정 상황을 찾고자 하는 감정, 해답을 줄지도 모르는 단서를 찾는 해결책, 그리고 일할거리를 찾는 의사결정자의 집합체다.

한다. 그럼에도 불구하고 이런 다양한 개념은 조직이 무엇이고 어떻게 생산적으로 여겨질 수 있는지에 대한 의견의 다양성을 제시해 준다. 각 정의는 특정 측면만을 강조한다. 따라서 캐츠(Daniel Katz)와 칸(Robert L. Kahn)은 유형이나 에너지의 흐름을 강조하는 반면 베버는 사회적 지배의 개념을 강조한다. 그러나 어떤 정의도 다른 정의의 타당성을 부정하지는 않는다. 즉, 이 8가지 정의를 상충적인 요소 없이 하나의 정의로 통합할 수 있다. 각 정의는 상호 부가적이다. 각각은 인간의 조직과 조직화에 관해 더 많은 것과 다른 것을 제시해 준다. 빙산의 일각처럼 모든 조직 정의는 그 표면 이면에 숨어 있는 것을 발견하는 단서를 감추고 있는 동시에 제시해 준다. 조직 개념 간의 단순한 차이는 조직을 좀 더 깊게 이해하고자 할 때 종종 심각한 의견의 불일치를 유발하기도 한다. 좀 더 자세히 조사해 보면 각 정의는 질서 있게 이해할 수 있는 명백하고도 일관성 있는 관점을 나타내 준다.

관점은 조직이론을 구별하는 아주 유용한 은유를 제공한다. 화가에게 '관점'은 관찰 대상 간의 크기, 거리 및 관계를 의미한다. 이와 유사하게 조직이론가에게 관점은 실제적이고도 지적인 중요성이 있는 조직화의 측면 간의 특수한 관계나 그 측면에 대한 강조를 제시해 준다. 이론적인 관점은 다양한 차원에서 서로 구분될 수 있는데, 이들 중 조직 문헌에는 특히 6개의 차원이 많이 나타난다.

① 이론이 지지하는 상이한 인식적 관심(cognitive interests) — 인식적 관심은 이론이 잠재적으로 봉사하는 실질적 목적을 의미한다. 예컨대, 이론은 이론가에 의해 중요하게 여겨지는 변수 간에 인과 관계를 표출함으로써 사회통제적 관심에 봉사한다. 또는 연관된 행위자들에 의해 이해되는 문제 상황을 해석하는 수단을 제공하며 혹은 규범적인 비판을 위한 추론적 근거를 제공한다.

② 지배적 은유(dominant metaphor) — 은유법은 사회적 세계에 대한 우리의 일상적인 이해뿐만 아니라 이론적 이해를 위해 필수불가결한 것이다. 이론적 관점에서의 차이는 다분히 지배적 은유에서의 차이로 축소될 수 있다. 은유법은 이론가에게 연구방법론이나 규범적 평가에 영향을 미치는 주제에 대한 전반적인 이미지를 제공해 준다.

③ 주요 분석 단위(primary unit of analysis) — 주요 분석 단위는 이론가에게 조사분석을 위한 출발점을 제시해 준다. 이는 무엇이 가장 실제적이며 연구 주제를 이해하는 데 가장 근본적인 것이냐에 대한 가정을 반영한다. 주요 단위는 관심을 집중하는 분석 수준뿐만 아니라, 동기나 목적(예컨대 통합된 전체로서 조직, 소집단, 개인)이라는 측면에서 서로 다르다.

④ 개인과 조직과의 관계(relation of the individual to the organization) — 이 차원과 관련된 이론적 입장의 차이는 인간 본성과 사회 질서의 특징에 대한 다양하고 독특한 가정을 나타낸다. 따라서 주어진 가정의 조합에 따라 조직이 근본적으로 지배의 도구인지 혹은 좋은 의미에서 협동적 활동 기구인지에 대한 이론가의 확신에 영향을 미친다. 조직 특성에 대한 이러한 확신은 조직 상황에서 인간적 충실화의 의미에 대한 믿음에 영향을 미친다.

⑤ 합리성의 의미(the meaning of rationality) — 많은 조직이론가는 합리적 행동을 수단적으로 정의한다. 즉, 주어진 목적을 달성하는 수단으로서 정의한다. 그러나 이러한 의미는 한편으로는 정확하고, 인간 행동의 규범적으로 바람직한 특징화로 반박된다. 조직이론을 위한 수단적 합리성의 연관성에 관한 문제는 사상이 행동에 선행하고 행동을 지시하는가, 혹은 그 반대로 행동(자의적이거나 혹은 무의식적인 힘에 의해 나타난다고 여겨지는)이 선행하고 사고를 만들어내는가 하는 문제로 귀결된다.

⑥ 이론적 관점에 내포된 주요 가치(primary values) — 어떤 이론적 관점과 연관된 주요 가치는 결코 자의적으로 또는 다른 이론의 고려 사항과 무관하게 선택되는 것은 아니다. 가치는 앞서 언급한 다섯 개 차원의 결과다. 이론가에게 가치는 인지적 관심, 지배적 은유, 주요 분석 단위, 개인과 조직 간의 관계 그리고 합리성의 의미에 대한 독특한 입장에 내재되어 있다.

각 차원은 이론적 관점이 특별한 문제를 보는 방법, 해결책을 제시해 주는 방법, 그리고 인간이 어떻게 시간의 흐름에 따라 집단적인 행동을 조직화하는가의 문제를 접근하는 방법에 대한 함축된 의미를 가진다. 조직이론에 대한 다양한 관점을 탐구함에 따라 각 관점의 독특한 특성이 그 차원을 통해 나타나기 때문에 이 차원을 유념할 필요가 있다. 이러한 차원들에 대해 묵시적으로 논의되겠지만, 그들 자체만으로는 조직이론을 행정학과 연관시킨 충분한 근거로 제공해 줄 수 없다. 따라서 공공조직과 사조직 간의 차이점을 검토할 필요성이 있다.

제 4 절 모든 조직은 동일한가?

조직은 국방부나 제너럴 모터스(General Motors)와 같은 대규모 조직뿐만 아니라 고용자가 네 명뿐인 식당이나 단지 공무원이 세 명뿐인 아이다호 주의 월리스(Wallace)경찰서처럼 소규모이면서 단순한 조직을 포함하는 포괄적인 용어다.

이러한 대칭적인 조직을 검토해 보면 공통적인 특징을 갖는데 즉, ① 특정 유형의 구조를 갖고, ② 활동의 조정을 통해, ③ 공통 목적이나 여러 가지 목적들을 달성하기 위해 협력하는 2인 이상의 사람으로 구성되어 있다는 점등이 그것이다.

스콧과 미첼(Scott & Mitchell, 1976)은 이러한 요소들을 조합해 다음과 같이 조직을 정의하고 있다.

> "주어진 권한이나 리더십 하에서 공통 목적을 달성하기 위해 협동하는 인간 집단의 조정된 활동 체제다."

이러한 특징을 갖는 모든 것은 조직이라고 할 수 있는데, 조직은 규모, 목적의 유형 및 목적의 수, 구조적 특징 그리고 사용되는 조정 과정의 유형이 모두 다르다. 공공조직이란 정부에 의해 만들어진 모든 조직을 의미한다. 비록 공공조직이 이 네 가지 차원의 각각 혹은 모두라는 점에서 기업이나 사적 조직과는 그 구체적인 특질을 달리하지만 가장 근본적인 수준에서는 사조직과 이 네 가지 공통적인 차원을 공유한다(Heffron, 1989).

공공조직은 사조직과는 여러 면에서 차이를 보인다. 정치적·법적 제약 조건 등이 행정 업무와 절차에 영향을 미친다. 대중적 지지를 받는 특정 기관은 비록 비효율적으로 운영된다 할지라도 재정적 지원을 많이 받을 수가 있다.

공공조직에서는 사조직에 적용되는 시장 원리가 적용되지 않는다. 이 책의 주제는 공공조직이론이다. 따라서 공공조직의 관리를 위해 필요한 수많은 기존 조직이론을 체계적으로 통합하려는 시도라고 할 수 있다.

판매자와 소비자가 존재하는 시장기구가 아닌 공공기관과 선거구민이 존재하는 관료제조직의 경우, 조직구조에 선거구민의 요구가 어떻게 반영되는가? 공공조직에서 조직몰입도의 영향을 끼치는 요인은 무엇인가? 하는 문제가 강조된다. 여기에 제시된 여러 이론은 공공조직의 문제를 분석하는 분석틀이 될 것이다.

공공조직이란 일반적인 조직과는 구별되는 개념이다. 조직이란 공통의 목적을 합리적으로 달성하기 위한 2인 이상의 협동 체제라고 일반적으로 정의된다. 이러한 정의에는 공공조직이나 사기업 모두가 포함된다. 공공조직이란 조직 중에서 정부의 업무를 집행하기 위해 만들어진 정부기관을 의미한다.

제5절 조직을 보는 여러 가지 방식

데마코(Helen Demarco)는 그녀의 사무실에 출근하여, 다음과 같은 지방신문의 머릿기사를 보게 된다.

"오스본(Osborne)이 계획을 발표하다"

오스본(Paul Osborne)은 두 달 전 조직활성화, 비용 절감, 능률성 제고를 위임받고 최고관리자(CEO)로 영입되었다. 20년간 조직에 몸담아 온 헬렌

(Helen)은 오스본과 직접 대화해 본 적은 없으나, 그녀의 상관은 오스본에게 직접 보고한다. 다른 직원과 마찬가지로 헬렌도 새로 온 최고관리자가 무엇을 할지 호기심 반 걱정 반 기다려진다.

그녀는 계획 내용을 읽고 놀란다. 계획 내용의 중요한 부분 중 상당수가 헬렌의 전문 영역과 직접 연관되어 있는 것이다. 오스본은 특수한 기술이 없는 전문관리자였고, 새 계획은 중대한 기술적 오류가 있었다. 그녀의 생각으로는 만일 오스본이 이 계획을 실천에 옮긴다면, 에드셀(Edsel) 이래의 가장 값비싼 관리상의 실수가 되리라는 것이다.

이틀 후 그녀를 비롯한 몇몇 관리자는 오스본으로부터 재활성화계획을 즉시 실행하도록 위원회를 구성하라는 메모를 받게 된다. 위원회의 회의에서 모든 위원은 그 계획이 미친 짓이라고 한다.

"이제 어쩌지?" 하고 반문한다. 한 관리자가 그 계획은 성공하지 못한다고 제안한다. 다른 몇몇 사람은 그는 우리가 너무 보수적이어서 창조적이지 못하다고 생각한다면서 그 제안을 거부한다.

"게다가 그는 이 계획이 성공하리라 장담하고 있으니 우리가 반대하면 우리가 몸을 사린다고 생각할 것이다. 그러나 이대로 방치하면 틀림없이 실패할 텐데." "맞아, 그러니까 계획을 실행할 세부 집행계획을 연구중이라고 하는거야." 하고 헬렌이 제안하자 모두 찬성한다. 그들은 연구가 시작됐고 예산도 확보됐나고 보고한다. 그러나 연구의 실제 목적은 계획을 무산시키는 것이다.

시간이 흐름에 따라 위원회는 여러 가지 방법을 궁리해낸다. 그림, 도표, 거의 알아보기 힘든 기술 용어를 쓴 장문의 보고서를 올린다. 오스본의 원래 계획을 실현하기 위해서는 조직이 감당할 수 없는 비현실적인 비용이 드는 대안과, 예산이 허락하나 원래 계획에서 다소 후퇴한 대안을 동시에 보고한다.

오스본이 두 대안 간의 비용 차이가 큰 이유를 대라고 하자, 위원들은 도표와 기술적인 전문용어를 사용해 설명한다. 오스본은 원래 계획을 수정한 대안에 마침내 동의한다. 계획이 실제 집행되는 데에는 2년 이상이 걸렸기 때문에, 오스본은 집행도 되기 전에 다른 곳으로 전근하게 된다.

사실 '오스본계획'은 조직을 혁신하는 좋은 계획이었으나, 혁신에 대한 조직구성원들의 반발은 엄청났다.

조직은 좋은 면도 많이 있으나, 위 사례에서 본 바와 같이 비능률적인 면도 많다. 이 사례는 우리에게 조직을 보는 여러 가지 참신한 관점을 시사해 준다.

1 조직은 복합적인 것이다(complex)

조직은 여러 가지 면에서 복합적이라고 할 수 있다.

① 조직은 많은 사람으로 구성되어 있고 인간의 행동을 이해하고 예측하는 우리의 능력은 아직 매우 제한되어 있다.

② 인간과 집단 간의 상호작용은 복잡하기 짝이 없다(오스본과 위원회 간의 상호작용에서 드러난 것처럼).

③ 복잡인(Complex Man: *Homo complexus*)이라는 말이 인간 본성에 대한 가정으로 사용될 수 있을 것이다.

2 조직은 놀라운 것이다(surprising)

조직은 예측하기 어렵기 때문에 놀라움으로 가득 찬 것이다. 오스본은 혁신계획이 조직을 향상시키리라 믿었다. 그러나 헬렌을 비롯한 위원들은 그 반대였다. 오스본의 생각이 잘못되었고, 헬렌이 옳았다고 가정해 보면, 위 사례는 조직에서 흔히 발생되는 일을 예시해 주고 있다. 즉, 관리자는 종종 조직의 병리 현상을 제거하기 위해 혁신이 효과적인 대응책이라고 믿는다. 그러나 조직 향상을 위해 혁신적 조치를 취함으로써 사태를 악화시키는 경우가 있으며, 차라리 그냥 놔두면 조직이 잘 굴러갈 수도 있다.

3 조직은 기만적이다(deceptive)

조직은 뜻밖의 놀라운 것일 뿐 아니라, 놀라움을 은폐하기도 한다.

오스본은 헬렌과 위원들이 그의 계획을 집행하기 위해 열심히 일하리라 기대했으나, 실제 그들은 계획의 집행을 방해하거나, 사보타주(sabotage)하는 데 힘을 쏟았다. 조직 내의 의사소통은 솔직성, 개방성, 적시성을 결여하고 있다.

4 조직은 모호한 것이다(ambiguous)

조직은 복잡하고, 놀라우며, 기만적인 것이기 때문에 종종 모호하게 인식된다. 위 사례에서 나타난 바와 같이 모호성이 발생하는 데에는 여러 이유가 있다. 종종 정보가 불안전하거나 모호하고, 동일한 정보라 할지라도 사람마다 다른 식으로 해석된다. 때로는 문제를 감추거나 갈등을 회피하기 위해 모호성을 의도적으로 조장한다. 조직사건은 너무도 복잡해 실제 발생하는 것을 통제하기는커녕 이해하기도 어렵다.

기구개편이 성공할까? 회의가 성공적인가? 우리 모두 지지한 결정이 왜 실패한 걸까? 등등 문제가 복잡하면 개인의 판단과 해석이 필요하며, 판단은 관점에 달려 있다. 여러분은 이미 조직에 관한 관점을 갖고 있다. 즉 조직이 어떤 것이며 어떻게 기능하고, 또한 왜 기능해야만 하는지에 대한 자신의 신념을 갖고 있다. 그러한 신념은 조직에 대한 여러분의 개인적인 이론을 대변해 준다.

가장 흔한 조직에 대한 관점은 개인적 관점이다. 현재 조직학 분야에서는 이러한 조직심리학적인 관점에 편중되어 있는 실정이다. 이는 조직에서 발생하는 대부분의 사건들은 인성, 개인의 욕구, 태도, 능력, 동기, 몰입, 만족 등의 개인적 특성에 의해 설명된다는 것이다. 이러한 관점에서 보면 오스본이 권위주의적인 리더십을 지녔다고 볼 수 있다. 또 하나의 흔한 관점은 합리적 관점이다. 조직구성원은 합리적으로 행동해야만 한다는 것이다. 이는 엄격한 규칙이나 감독 등과 같은 관료제적 조치에 의해 보장된다. 이러한 합리적 관점에서 보면 오스본과 그의 부하 직원들은 문제 상황에 대한 객관적인 분석에 입각해 문제에 접근했어야 했다. 세 번째 관점은 권력 관점이다. 의사결정이 이뤄지는 방식은 누가 권력을 갖느냐에 달려 있다. 이러한 관점에서 보면 오스본과 헬렌은 일종의 파워 게임(power games)을 하고 있으며, 승자는 조직정치에 능숙한 사람이 될 것이다.

합리적 관점의 가정은 조직의 목표나 정책이 명확하고, 직무가 잘 정의되어 있고, 통제 체제가 잘 확립되고, 근로자가 합리적으로 행동하면 조직은 효과적으로 가능하리라는 것이다. 이 관점의 장점은 조직이 처방적으로 어쨌든 가능해야만 한다는 점을 설명하는 데에는 적합하나, 왜 잘 굴러가지 않는지를 기술하는 데에는 부적합하다는 것이 단점이다. 권력 관점은 문제 상황에 대한 기술적인(descriptive) 분석에는 효과적이나, 문제에 대한 처방책을 제시하는 데에는 별로 도움이 안 된다. 이 세 가지 관점이 모두 조직의 현상을 파악하는 데 중요하지만, 각각은 불완전한 관점에 불과하다.

이제까지 지배적인 관리이론은 관리자의 신념이나 행태에 지대한 영향을 끼쳤다. 테일러(F. A. Taylor)의 공학적 접근법인 과학적 관리법(scientific management)은 능률 지향적이었고, 인간관계론은 근무지에서의 사회심리적 요인의 중요성을 부각시켰다. 컴퓨터, 운영분석(OR), 체제이론가는 수리모형과 같은 관리과학과 정보관리 체제(MIS)에 초점을 맞춰 왔다.

서구 문화는 하나의 이론이나 이념을 포용하고, 이를 모두가 수용하게 하는 경향이 있다. 하나의 이론이 현실 문제의 해결에 부적합한 것으로 판명되면, 새로운 관점을 재빨리 수용한다. 그러나 한국이나 일본 같은 동남아시아의 문화는 각각 신념이 다른 종교가 있으나, 어느 한 가지를 선택하지 않고 각각의 장점을 취하는 경향이 엿보인다. 이러한 경향은 현대의 조직을 관리하는 사람들에게 시사하는 바가 크다.

어느 한 가지 이론이나 관점은 아무리 좋은 것이라 할지라도 오직 현상의 제한된 한 단면만을 볼 수 있을 뿐이며, 이는 잘못된 조직진단을 초래하

고, 그 결과 적절치 못한 해결책을 초래할 것이다.3)

권력 관점(정치적 관점)은 조직 내부뿐만 아니라 조직 간에도 적용될 수 있다. 분석 수준을 거시 수준으로 변환하면 조직군은 회소자원을 둘러싸고 경쟁하는 정치적 행동체로 간주될 수 있다. 개체군생태학이론은 신생 조직이나, 소규모 조직에 가장 잘 적용될 수 있는 이론이다. 오래된 조직이나 대규모 조직의 경우에는 자연도태가 쉽게 발생하지는 않는다(Bolman & Deal, 1986).

조직 내의 책상 배치가 조직구성원의 행태에 미치는 영향에 대해 생각해 보자(다음 상자글 기사 참조).

권위주의 책상 배치 사라진다
의사소통 쉽게, 결재받기 편리, 명랑한 분위기

일부 대기업을 중심으로 직급 간의 의자 구분을 없애고 '앞으로 나란히'식의 사무실 책상 배열을 '마주보기'식으로 바꾸는 등 자유로운 사무실 배치가 시도되고 있다. 럭키 금성, 대우 등 대기업을 중심으로 여러 가지의 대향식으로 바꿔어가면서 사무실 공간 구성도 다양해지고 업무 능률도 올라 사원들의 호응을 받고 있다.

대우전자는 지난 7월 1일 전사적으로 사무실 자리 배치를 +자형, ㄹ자형, ㅁ자형, ㄷ자형 등 부서의 특성에 맞게 자유롭게 변경했으며 오는 25일까지 14개 부서가 이를 실시할 예정이다.

자리 배치는 3~4명을 한 팀으로 하는 경우 바람개비인 +자형이나 ㄴ자형이 많고 인원이 많은 경우는 책임자 책상 앞에 두 줄로 마주보게 배열한 대향식이 많다.

바람개비형으로 배치한 책상에서 상급자와 마주앉아 근무하고 있는 박금현 씨(26. 소비자상담실)는 "전에는 뒷자리의 상급자를 찾는 전화가 올 때 돌아보고 부르거나 결재를 받고 업무 협의를 할 때 왔다갔다 하는 블편도 있었으며 모든 행동을 감시받

---

3) 조직이란?

조직은 기계다
살아 있는 유기체다(living organism)
두뇌다.
창조적 혼란(creative chaos)
무정부 상태(anarchy)
실수 확대기구(error-amplifying mechanism)
문화(culture)
코끼리 / 감옥 / 착취기구
체계화된 무책임

는 것 같아 기분도 언짢았다"면서 "마주앉아 근무하니 업무 협의도 수월하고 사무 능률도 오를 뿐 아니라 신뢰감도 생기는 것 같다"고 말했다.

이 회사 사장은 "기존의 자리를 변경하기 위해서는 전기 및 통신 배선을 새로 하는 등 시간과 경비가 소요되지만 직원 상하 간의 명랑한 의사소통으로 업무 능률이 오르고 사무실 분위기가 밝아져 만족스럽다"고 밝혔다.

이보다 앞서 지난해 9월 회장 부속실에서부터 자발적으로 이 같은 책상 배치를 시도한 럭키금성그룹은 현재 여러 계열사 중 20여 개가 넘는 부서에서 이를 실시하고 있으며 확산되는 추세를 보이고 있다.

"계열 회사인 금성사의 경우는 이미 지난 1990년 6월 직급별 의자 구분을 없애 권위주의적인 관행을 없앴다"고 밝혔다.

이들 회사 측은 이 같은 사무환경 변화로 상하 간에 개방된 의사소통이 가능해졌고 일체감 형성 등 부서 내 분위기가 크게 개선돼 이를 더욱 확대 발전시켜 나갈 방침임을 밝혔다.

(경향신문, 1992년 7월 23일자)

제 6 절 사회구조와 조직

1 사회구조

1) 혼자는 너무나 외로운 세상

로빈손 크루소는 무인도에서 혼자 살아간다. 무인도에 있는 그에게는 가족이나 친구도 없으며, 모든 의식주를 혼자 힘으로 해결해야만 한다. 우리가 일상생활에서 벗어나고 싶을 때, 혹시 부모님의 잔소리나 직장 상사로부터 질책을 받게 될 때 한번쯤은 '로빈손 크루소처럼 아무도 없는 외딴 무인도에서 혼자 살았으면' 하고 생각할 때가 있을 것이다. 하지만 불행히도 우리의 현실은 그것을 허락하지 않을 뿐더러, 설사 여건이 주어진다 해도 혼자 힘으로 모든 의식주를 해결하면서 살아갈 자신도 없음을 곧 깨닫게 된다. 로빈손 크루소는 단지 소설 속에만 등장하는 가공의 인물일 뿐이다.

인간은 태어나면서부터 가족, 도시, 농촌, 학교, 직장 등과 같은 다양한 집단 속에서 다른 사람들과 관계를 맺으면서 살아간다. 우리는 누구나 가족의 성원이며, 학교의 학생이거나 직장의 직원 또는 그 지역의 주민이라는 소속을 갖고 있다. 이렇듯 인간은 사회생활의 과정에서 여러 집단의 성원으로 소속되어 있다. 그래서 일찍이 그리스의 철학자 아리스토텔레스(Aristoteles)는 인간을 '사회적 동물'이라고 불렀다.

사회집단이란 공통된 신념이나 태도 혹은 목표를 가진 두 사람 이상이 어느 정도의 공동체 의식을 갖고 비교적 지속적인 상호작용을 하는 결합체를 의미한다.

사회집단은 단순한 의미에서의 집합과는 구분된다. 예를 들면, 같은 버스를 타고 있는 사람들의 모임이나 월드컵 축구를 보기 위해 광화문에 모여든 사람들의 무리는 사회집단이라고 볼 수 없다. 이들은 서로간에 공유된 소속감을 느끼지 못하거나 지속적이고 의미 있는 상호작용을 하지 않기 때문이다. 한 가지 재미있는 상황을 예로 들어보자. 잠실 실내 체육관에서 '지오디(G.O.D.)'가 라이브 공연을 하고 있다. 무대 위에는 지오디(G.O.D.)가 멋진 춤과 함께 노래를 부르고 있으며, 객석에는 수천 명의 관중이 박수와 환호를 보내고 있다. 이때 다섯 명으로 구성된 지오디(G.O.D.)는 훌륭한 하나의 사회집단이라고 할 수 있다. 이들은 음악이라는 특성을 갖고, 한 팀이라는 소속감으로 모여서, 지속적인 활동을 하고 있기 때문이다. 반면 객석의 수천 명의 관중들은 엄밀한 의미의 사회십난은 아니나. 이들은 단지 이 공연을 보기 위해 일시적으로 모여든 사람들이며, 어떠한 소속감도 느끼지 못한 채, 공연이 끝나면 뿔뿔이 흩어지고 마는 사람들의 집합에 불과하기 때문이다.

첫째, 사회구조란 사회의 비물질적 문화의 일부다.

둘째, 사회구조는 사회적 관계의 유형으로 구성된다.

셋째, 우리는 사회구조를 지위와 역할에 연계시킨다.

2) 지위와 역할

지위(status)란 사회구조 내의 한 위치와 다른 위치와의 관계를 뜻하며, 인생에서 당신이 어디에 있는가를 의미한다.

지위에는 두 가지 유형이 있다.

첫째, 귀속 지위는 가족 등의 지위에 입각한 출생시에 주어진 지위다.

둘째, 획득 지위는 당신의 선택에 따라 얻은 지위다. 그리고 역할(roles)이란 사회적 위치에 따르는 기대다.

2 사회집단 상호작용 모형

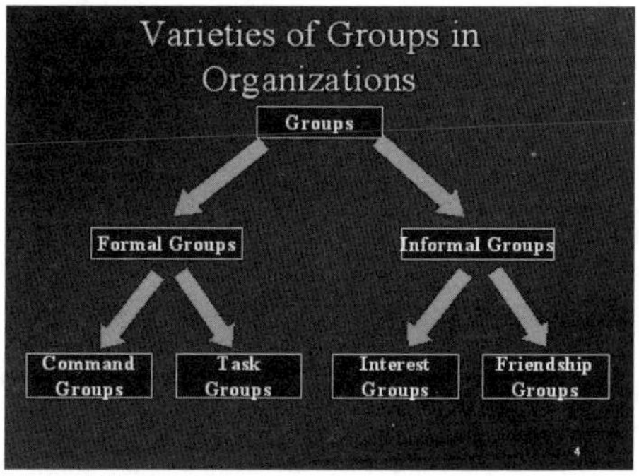

1) 경쟁모형(competition)

한 집단이 희소자원을 위해 경쟁하는 구성원들로 구성될 경우, 가장 큰 힘(지능, 힘, 미)을 갖는 사람이 희소자원을 차지하고 다른 사람들은 차지하지 못한다.

2) 협력모형(cooperation)

한 집단이 희소자원을 위해 협력하는 구성원들로 구성될 경우, 목표를 달성할 수 있다.

3) 타협모형(compromise)

한 집단이 모든 사람이 결과에 만족할 수 없다는 사실을 인식할 경우, 모든 사람은 작은 목표를 받아들이고, 원하는 것의 일부만 얻는다.

4) 갈등모형(conflict)

한 집단이 타협할 수 없는 구성원들로 구성될 경우, 전쟁과 같은 큰 일이 발생한다.

3 공식조직: 관료제

공식조직이란 고도로 구조화된 집단이란 점에서, 공식집단과는 다르다.

공식조직은 산업사회와 함께 발전했으며, 공식조직의 한 유형이 바로 관료제(bureaucracy)다.

1) 종합병원에서 보낸 하루

'관료주의적 발상'이라는 말은 한 번 쯤 들어보았을 것이다. 이 말은 관료제가 갖는 맹점을 비꼬아서 하는 말로, 조직 운영이 형식주의에 빠져서 비능률적이라는 것을 뜻한다. 하지만 사회학에서 사용하는 관료주의라는 용어는 그 뜻이 전혀 다른 뿐더러, 관료제는 '지금까지 인간이 만들어낸 가장 뛰어난 사회조직'이라고 평가까지 받는다. 도대체 관료제란 어떠한 것이며, 무엇이 그렇게 뛰어나고, 무엇이 그리 문제인지 알아보자.

몸이 아파서 종합병원에 가면 제일 먼저 진료 카드를 작성해야 한다. 환자의 이름과 주소뿐만 아니라 이 병원에 처음 왔는지, 진료 과목과 진료받고픈 의사까지도 기입해야 하는데, 병원에 자주 오지 않는 사람이라면 견본을 보면서 어렵게 작성해야 할 것이다. 다음으로는 진료 창구에 가서 접수를 해야 하는데 어느 창구에 줄을 서야 하는지, 번호표는 어디에서 뽑아야 하는지 어리둥절할 때가 많다. 한참 기다려 간신히 순서가 돌아오지만, 어떤 때는 진료 카드를 잘못 썼거나 항목이 빠졌다는 이유로 불친절한 창구 직원에게 퇴짜를 맞기도 한다.

그럭저럭 접수가 되면 창구 직원은 종이를 한 장 내주면서 해당 진료과로 가라고 한다. 미로처럼 복잡한 병원 건물 안에서 병원 안내도를 보고 겨우 해당 진료 병동을 찾아가 보면, 진료실 창구에 다시 접수를 해야 하고 또 한참을 기다려야 한다. 이쯤 되면 환자는 이미 탈진 상태에 빠진다. 간신히 진료를 받지만, 어쩌다 검사라도 하게 되면 검사실을 찾아가 접수하고 기다리는 절차를 다시 밟아야 한다. 진료를 마쳤다고 끝나는 것은 아니다. 다시 수납 창구에 가서 수납을 하고, 약 처방 발급기로 가서 환자 번호 등을 기계에 입력해야 하며, 그렇게 발급된 처방전을 가지고 병원 밖의 대형 약국에 찾아가 다시 처방전을 접수하고 약값을 수납한 후, 한참을 기다려 겨우 약을 받아 나올 수 있다.

이렇게 복잡한 단계를 거치다 보면 누구나 짜증이 나게 마련이다. 몸이 아파서 병원에 온 사람이면 빨리빨리 진료를 해 주는 것이 당연한데, 거의 반나절이나 환자를 기다리게 만드니 건강한 사람이라도 도리어 병을 얻어 나올 지경이다. 그러나 병원 측에서도 할 말은 있다. 아마 의사나 간호사는 "내게 그런 핑계 대지 마. 입장 바꿔 생각을 해 봐!"라고 노래할지 모른다. 하루에도 수천 명씩 몰려드는 환자들을 돌봐야 하는 의사나 간호사 입장에서는 일정한 절차를 밟아서 순서대로 진료하는 것이 무체계적으로 하는 것보다 훨씬 효율적일 것이다.

이렇듯 대규모 조직이 효율적으로 기능하기 위해서는 행정적 절차가 관행화되고, 객관화되며, 표준화되어 있어야 한다. 이러한 필요성에 부합하는 운영 방식을 가진 조직 형태를 일반적으로 관료제라고 한다.

원래 관료제(bureaucracy)란 책상과 사무실을 뜻하는 'bureau-'와 지배를 뜻하는 'cracy'의 합성어로서 직역하자면 사무실의 지배, 즉 관리의 통치를 의미한다. 결국 관료제란 모든 행위의 연속이 조직체의 목표에 기능적으로 연관되도록 명백히 규정된 활동 유형을 지닌, 공식적·합리적으로 조직된 사회구조다. 좀 더 구체적으로 말하면, 성문화된 규칙과 절차에 의해 명확하게 규정되고, 기능과 권위의 분화에 토대를 둔 역할과 지위의 위계로 이뤄진 사회구조인 것이다.

현대의 사회조직은 점차 대규모의 복잡한 조직으로 발전하고 있기 때문에 대부분 관료제화되어 가는 경향이 있는데, 관공서, 기업체, 은행, 대학 등도 관료제의 전형적인 조직이라 할 수 있다.

2) 관료제의 특성

관료제의 특성은 크게 다음과 같이 여섯 가지로 요약할 수 있다.

첫째, 과업의 분업(division of labor)과 전문화(specialization)다. 조직의 복잡한 업무를 효율적으로 처리하기 위해서는 역할을 체계적으로 분화하고 각 분야에서 전문적인 능력을 지닌 구성원들이 분담된 일만을 처리한다. 노동은 구분된 단계로 나뉜다.

둘째, 계층제적 체제(hierarchical system)다. 조직 내의 모든 지위는 권한과 책임의 정도에 따라 피라미드 형태로 서열화되어 있다. 주요 결정 사항은 상층부에서 중간층을 거쳐 하위층까지 수직적으로 하달된다. 각 위계의 단계는 낮은 단계에 권한을 갖는다.

셋째, 규칙(rules)과 절차에 따른 과업 수행이다. 관료조직은 모든 활동이 일관된 규칙과 절차에 의해 지배된다. 규칙과 절차는 업무를 표준화시켜서 인원의 변동에 관계 없이 조직 운영의 안정성과 연속성을 보장해 준다.

넷째, 지위 획득의 기회 균등이다. 관료제의 모든 직책은 지연, 혈연, 학연과 같은 인적인 요소가 아니라 전문적인 자격과 능력을 기준으로 한 공개 경쟁을 통해 충원된다. 따라서 지위 획득의 기회가 공평하게 주어진다. 구성원에 대한 편견이 없고, 모든 구성원은 불편부당하게 취급되며, 직위와 승진은 검증된 기술과 업적에 입각한다.

다섯째, 경력에 따른 보상이다. 관료제는 구성원의 업무 수행의 경험과 훈련을 중시하고 신분을 보장해 준다. 조직 서열구조에서 어느 지위에의 임명 또는 승진은 연공 서열과 업적에 바탕을 둔다. 그뿐만 아니라 높은 지위에는 그에 걸맞은 보상, 즉 더 높은 봉급과 권한이 부여된다.

여섯째, 모든 것이 기록된다.

이러한 특성 때문에 관료제는 다음과 같은 장점을 갖는다. 우선 관료제는 거대한 조직의 과업을 효율적으로 처리할 수 있기 때문에 능률적이다. 즉 관료제를 통한 업무 처리는 정확, 신속하다. 관료조직은 위계적이고 규칙과 명령에 의존함으로써 안정적이다. 책임과 권한이 분배되어 있으므로 성원 간의 갈등도 줄어든다. 원리 원칙에 따르는 보편주의 성격을 띠기 때문에 정실, 연고, 족벌주의와 같은 것을 배척할 수 있어서 공평하다. 업무가 표준화되어 있어서 구성원이 바뀌어도 일정한 훈련을 받은 자격 있는 성원을 대신 교체해 지속적인 업무 수행을 할 수 있다. 또한 관료제의 장점은 분업이 능률성을 확보해 주고, 정실주의를 감소시켜 준다.

그러나 관료제의 병폐(pathology) 또한 심각하다.

첫째, 관료제의 전반적인 효율성의 부산물로 나타나는 비효율성(inefficiency)의 문제다. 병원에 응급 환자가 왔을 때 병원 규정에 따라 복잡한 수속을 먼저 거쳐야 하는 등의 문제가 이에 해당한다. 번문욕례(red-tape)는 간단한 일을 수행하는 데 복잡한 절차를 거치게 만든다.

둘째, 수단이 목표화되는 목적 전치(goal displacement)의 문제다. 수단과 목표가 뒤바뀌는 이 문제의 적절한 예로 교통 경찰의 단속을 들 수 있다. 본래의 목표인 사고 예방을 위해서가 아니라, 그 수단인 교통 위반자 적발만을 중시해 위반을 방치하는 경우가 대부분이다.

셋째, 무사안일주의 문제다. 구성원들은 자기에게 유리한 것은 과장하고 불리한 것은 축소시키기 쉽다. 또한 업무가 표준화되어 있기 때문에 자신에게 주어진 일만 할 뿐 자발성이나 창의성이 발휘되기는 힘들다.

넷째, 과두제의 철칙(iron law of oligarchy)의 문제다. 관료조직체는 몇 사람의 손에 모든 권한이 집중되어 있기 때문에, 중앙집중적 획일화로 권위주의적 사고에 젖기 쉽다. 또한 이들 소수가 자신들의 이익을 증진시키기 위해 조직의 직책들을 이용하기 쉽다.

다섯째 인간 소외(alienation)의 문제다. 찰리 채플린의 영화 <모던 타임스(Modern Times)>를 보면 채플린이 공장에서 기계적으로 나사만 죄는 장면이 나온다. 이것은 자신이 무엇을 만드는지도 모른 채 쉴 틈 없이 밀려오는 일거리를 거의 무의식적으로 반복하며, 주어진 규칙과 절차의 객체로 남게 되는 인간 소외를 잘 보여 주는 장면이다.

Chapter 04

혼돈이론과 사회과학

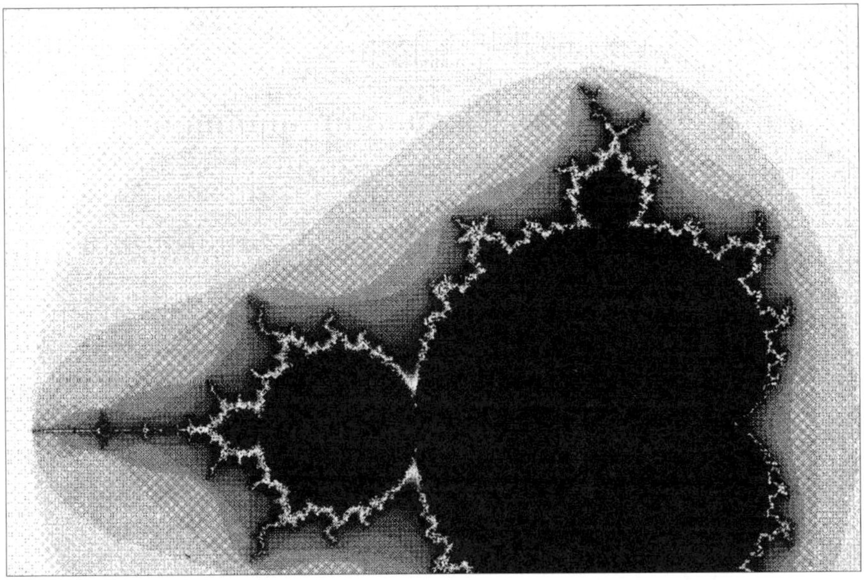

앞 장에서는 사회학의 기초 개념들을 토대로, 다양한 조직사회학적 관점과 조직에 대한 다양한 개념 정의를 시도해 보았다.

이 장에서는 다양한 조직이론을 소개하기 위한 전초 작업으로서 현재 사회과학의 지배적인 이론틀인 평형체제이론을 보완해 줄 수 있다고 생각되는 비평형 체제이론인 혼돈이론에 대해 개괄적으로 살펴보고, 혼돈이론

(chaos theory)의 사회과학적 응용가능성에 대해 소개한다. 이를 바탕으로 조직이론에 대한 새로운 포괄적 분류를 제5장에서 제시하고자 한다.

제1절 혼돈이론이란 무엇인가?

과학이 과연 절대적인 진리인가라는 질문에 대한 대답은 다양하다. 과학적 지식은 자료 간의 상관 관계로 구성되는 도구라는 도구주의적 관점(instrumental view), 과학적 지식은 특정 학문공동체 내에서 상호 주관적으로 합의된 일련의 신념 체제라는 원형주의적 관점(paradigmatic view), 과학적 지식은 반박 가능한 예측이며, 예측이 실증적 연구 결과에 따라 반박되거나 옹호된다는 반박주의적 관점(refutable view) 등의 세 관점으로 대별된다.

모든 과학적 지식은 사실로부터 추론된다는 베이컨(Francis Bacon)의 연역주의는 도구주의적 관점에 영향을 미치게 된다. 그 대표적인 예가 바로 뉴턴(Isaac Newton)의 기계주의다. 베이컨에 대한 흄(David Hume)의 반박은 뉴턴의 기계주의에 대한 비판을 초래하게 된다. 흄은 뉴턴물리학이 보편적 인과 법칙을 상정하나, 미래에도 동일한 원인이 동일한 결과를 야기한다는 것을 확신할 수 없다고 주장한다.

모든 물질은 더 이상 분할될 수 없는 원자로 분해되고, 이는 다시 전체로 재결합될 수 있다는 원자론(atomism) 및 기계론(mechanism)을 근간으로 한 단순하고 질서정연한 세계관을 갖는 뉴턴의 기계론적 패러다임(Newtonian mechanical paradigm)에 의하면, 우연이라는 것은 아무런 역할을 하지 않으며 모든 조각이 우주기계의 톱니바퀴처럼 짜임새 있게 어우러져 있다는 가정 하에 이 세상의 어떤 사건이든지 적어도 정확하게 결정될 수 있는 초기 조건, 즉 원인에 의해 결정되는 것이다.

자연의 법칙을 탐구해 온 이래 대기, 복잡한 해류, 야생동물 수의 변동, 심장 박동과 뇌파의 진동 등에서 나타나는 무질서에 대해서는 알아낸 것이

거의 없다. 자연의 불규칙한 면, 불연속적인 것들은 과학에서 수수께끼였으며 비과학적인 것으로 간주되어 왔다. 그러나 조금만 관찰해 보면 "혼돈(chaos)으로부터의 질서"[1]는 모든 곳에 존재하는 것 같다. 한 줄기 담배 연기가 공중으로 올라가다가 거칠게 소용돌이치며 흐트러진다. 깃발은 바람 속에서 앞뒤로 펄럭인다. 물이 똑똑 떨어지는 수도꼭지에서 처음에는 물방울이 일정한 패턴으로 떨어지다가 갑자기 제멋대로 떨어지게 된다(박배식 · 성하운 역, 1993),

20세기의 과학사에 기록될 세 가지 큰 업적으로 상대성이론, 양자역학과 혼돈으로부터의 질서이론(chaos theory)을 들 수 있는데 이를 3대 혁명이라고 한다. 처음 두 혁명과 마찬가지로 혼돈으로부터의 질서이론도 뉴턴의 물리학 교의에서 벗어나는 것이다. 상대성이론은 절대적 공간과 시간이라는 뉴턴 물리학의 환상을 없애버렸다. 양자이론은 측정 과정을 제어할 수 있다는 뉴턴 물리학의 꿈을 깨뜨렸다. 그리고 혼돈으로부터의 질서이론은 결정론적 예측가능성이라는 라플라스(Pierre Laplace)적 환상[2]을 없앴다.

1) 원래 카오스(chaos)라는 단어의 사전적 의미는 문자 그대로 창세기 이전의 혼돈 상태를 의미하나, 혼돈이론(chaos theory)에서는 혼돈을 의미하기보다는 혼돈 상태로부터의 질서, 혹은 불규칙성으로부터의 규칙성을 의미한다. 아직 합의된 용어가 없으므로 이 장에서는 혼돈(으로부터의 질서)이론으로 번역하며, 편의상 혼돈이론으로 표기한다. 그러나 아직도 혼돈이라는 용이 자체에 완전히 의견 일치를 본 것은 아니다. 필립 홈즈는 혼돈으로부터의 질서란 어떤 동역학 체제들의 복잡하고 비주기적이며 유인적(誘引的)인 궤도라고 정의한다. 하오 배린은 주기성이 없는 일종의 질서로 새롭게 인식된 보편적인 자연 현상으로서 수학자, 물리학자, 유체역학자, 생태학자를 비롯해 다른 많은 과학자가 중요한 공헌을 하고 있는 급속히 확장되고 있는 연구 분야라고 정의한다. 브루스 스튜어트(Bruce Stewart)는 단순한 결정론적 체제에 나타나는 일견 임의적인 회귀적 행태라고 정의한다. 로데릭 젠슨(Roderick Jenson)은 결정론적인 비선형동역학 체제에 나타나는 불규칙적이고 예측 불가능한 행태라고 정의한다. 조셉 포드(Joseph Ford)는 질서와 예측성의 굴레로부터 마침내 해방된 동역학이라고 정의한다(박배식 · 성하운 역, 1993).

2) 전통적인 뉴턴적 결정론에서는 우주의 현 시점의 상태를 알면 자연 법칙을 통해 미래의 전 시점에서의 상태도 예측이 가능하다고 생각했다. 환원주의를 말할 때 으레 등장하는 18세기 후반의 프랑스의 수학자이며 물리학자였던 라플라스(Pierre Laplace)는 '신의 계산기'라는 생각을 도입해 우주에서 어떤 순간의 개개 물질의 위치와 속도를 알고서 그 운동방정식을 풀면 미래의 모든 시점에서 그 물질의 위치와 속도를 예측할 수 있다고 했다. 이것은 뉴턴의 만유인력 법칙에 의한 태양계에서 별들 간의 상호작용에 대한 설명을 통해 입증할 수 있다(김용정, 1993).

혼돈이론이 특히 관심을 끌고 있는 이유 중의 하나는 불확실성의 시대로 지칭되는 오늘날의 급변하는 사회적 변화의 특징을 설명할 수 있는 무질서, 불안정, 다양성, 비평형성 등을 부각시키고 있기 때문이다. 이러한 혼돈 개념을 둘러싼 주요 논쟁은 질서와 조직화가 사실상 자기조직화(self-organization)'의 과정을 통해 무질서와 혼돈으로부터 자생(autogenesis, autopoiesis)적으로 발생할 수 있다는 주장 때문이다.

사회과학자들은 오랫동안 사회 체제의 행태(behavior of social systems)를 설명하고 예측하려고 노력해 왔으나, 예측의 정확성이라는 면에서 만족할 만한 성과를 이루지는 못하고 있다. 이러한 예측의 부정확성에는 여러 가지 이유가 있겠지만 개인, 집단 및 조직 등의 사회 체제가 동일한 체제 내적 초기 상태(initial internal state)와 동일한 환경에 직면해 있고 동일한 인과 관계에 의해 지배되는 경우라 할지라도 전혀 다른 행태를 보일 수 있는 본질적으로 혼돈 체제(chaotic system)이기 때문이라는 혼돈이론적 주장이 관심을 끈다. 혼돈 개념에 대한 과학적인 연구가 사회과학에서는 다소 생소하지만 물리학, 생물학, 화학, 기상학, 유체역학, 생태학, 수학 등의 자연과학에서는 상당한 연구가 진척되고 있다(Prigogine & Stengers, 1984; Gleick, 1987).

여기에서는 사회과학이론 관점을 비교, 분석한 결과 기존 이론은 거의 대부분이 근본적으로 균형이론에 입각한 체제이론이며, 균형체제이론의 한계성을 극복하기 위해 비균형 체제에도 적용 가능한 혼돈이론의 도입 가능성을 검토하고자 한다.

제 2 절 혼돈이론의 특질

원자론(atomism) 및 기계론(mechanism)을 근간으로 단순하고 질서 정연한 세계관을 갖는 뉴턴의 기계론적 패러다임(Newtonian mechanical paradigm)에 입각한 전통적인 과학은 작은 입력으로 균등하게 작은 효과를 거둘 수 있는 선형 관계(linear relations) 및 인과 관계(causal relations)가 관심의 대상이며, 안정 · 질서 · 평형 등을 강조하는 경향이 있다. 이에 반해 혼돈이론은 작은 입력으로 막대한 효과를 유발시킬 수 있는 비선형 관계(nonlinear relations) 및 순환고리적 상호 관계(feedback loops reciprocal relations), 그리고 시간의 흐름에 더욱 민감한 일시성 등에 주의를 돌리고 있다(최창현, 1993b).

1 선형 동역학 체제(LOS) 대 비선형 동역학 체제(NOS)

일반적으로 물리적인 대상의 시간에 따른 변화를 따지려면 그것의 특성을 나타내는 변수들을 택해 이들이 시간의 함수로서 어떻게 변화해 나가는지를 측정하고 또 이를 수식으로 모형화하게 된다. 그 모형화된 대상을 체제(system)라 하고, 그것의 시간적 변화를 다루는 것을 동역학(dynamics)이라 한다. 한 동역학 체제의 시간 변화를 규정짓는 식은 그 체제의 동역학적 법칙이 된다. 이때 그 모형 체제의 초기 조건이 하나의 데이터가 되어 현재의 그 체제의 상태를 규정하게 된다. 초기 조건이 주어지면 어떤 수식 ─미분방정식 또는 계차 방정식─으로 표현되는 동역학적 법칙에 따라 체제의 다음 순간의 상태가 순차적으로 결정되어 나간다. 이렇게 초기 조건이 미래를 결정한다는 의미에서 동역학 체제는 결정론적(deterministic)이다.

동역학 체제에서는 n번째 시간에 어떤 변수값 X_n이 바로 그 전기, 즉 $n-1$번째의 시간에서의 값 X_n-1에 의해 정해지는 모양을 취한다. 그 관계식을 함수 f로 표시한다면 이 계의 시간 흐름에 따른 변화는

$$Xn = f(Xn-1) \quad \cdots\cdots \text{(식 1)}$$

의 형태로 표현된다. 이 수식의 의미는 임의의 값 X_0가 있을 때 그것에 f로 상정되는 소정의 규칙에 따라 연산하면 다른 값 X_1을 얻고 또 그것에 같은 방식의 조작을 가해 X_2 등을 얻는다는 뜻이다. 여기서 처음 시작하는

값 X_0를 초기 조건이라 한다. 한 초기 조건 X_0로부터 (식 1)을 반복적으로 사용해 얻는 수열(X_0, X_1, X_2, X_3······)이 그 체제의 시간적 변화를 나타내게 되며, 이를 동역학 체제의 궤적(orbit)이라 부른다. 이 함수 f는 한 값을 다른 X값으로 대응시키는 역할을 하므로 이를 본뜨기 혹은 사상(寫像, map)이라 하며 이것의 구체적 형태가 그 동역학 체제를 지배하는 법칙이 된다.

혼돈이론에서 많이 연구된 본뜨기로서 대표적인 것 중의 하나가 제곱본뜨기(quadratic map: logistic map과 동일한 종류)이며, 이것은 함수 f가

$$(X) = X^2 + c\ (c\text{는 상수}) \quad \cdots\cdots\cdots\cdots\cdots \text{(식 2)}$$

로 주어지는 경우다. 이 경우는 초기 조건 X_0를 주면 이를 제곱한 후 상수 c를 더해서 X_1을 얻고 또 그것을 제곱한 후 c를 더해 X_2를 얻고 하는 것을 되풀이함으로써 동역학이 정해진다. 여기서는 제곱한다는 사실이 비선형성을 제공한다(김두철, 1993).

체제가 평형 상태에 있을 경우에는 선형성의 가정을 해도 근사치를 얻을 수 있으나, 비평형 체제에서는 선형성(linearity)이라는 가정이 문제가 될 수도 있다.

2 인과 법칙 대 순환고리적 상호인과성

사회이론의 가설 검증은 거의 모두 독립변수와 종속변수 간의 단선적 인과성(oneway causality)의 검증에 초점을 맞추고 있다. 물론 선형구조 관계(LISREL)를 이용하면 부분적으로 상호 인과 관계(reciprocal causality)를 검증해 볼 수 있으나(Choi, 1992; 최창현, 1991; Fossett, Choi, & Peterson, 1991), 순환고리모형(feedback loops model)을 검증할 수는 없다. 그러나 혼돈이론에서는 순환고리 과정을 중요시한다.

대부분의 연구자는 순환적인 사고를 하지 못하기 때문에 곤란에 처한다. 사회적인 문제가 계속 나타나는 이유는 일방향적 인과 관계, 독립변수와

종속변수, 시발지와 종착점과 같은 것이 있다고 연구자들은 믿고 있기 때문이다. 이러한 예는 얼마든지 찾아볼 수 있는데 지도력 유형이 생산성에 영향을 미치고, 목적이 수단에 영향을 미친다는 예 등이다.

이러한 주장은 각각이 예가 그 반대 방향, 즉 생산성이 지도력 유형에 영향을 미치고, 수단이 목적에 영향을 미칠 수도 있다는 점에서 틀릴 수도 있는 것이다. 이 모든 예에서 인과 관계는 선형적인 것이 아니라 순환적인 것이다. 그리고 이는 대부분의 사회 현상에 대해서도 타당하다(최창현 역, 1992: 440), 변화를 단선적으로보다는 연결고리(feedback loops)적으로 생각해야 하며, *A*가 *B*의 원인이라는 기계적인 인과성(mechaninal causality)의 사고를 *A*가 *B*의 원인이 되고 다시 *B*가 *A*의 원인이 될 수도 있다는 상호인과성의 논리로 대체해야 한다는 것이다.

이러한 상호적인 인과성과 그에 따라 체계가 어떻게 자기 자신의 변환을 이뤄 나가는가를 연구하기 위해 수많은 인공지능학(cybernetics) 이론가들이 그 방법론을 개발하려고 시도해 왔다. 그 중 가장 주목받을 만한 한 방법론이 체계 역동성을 형성해 가는 데 긍정적 및 부정적 순환고리의 역할에 초점을 맞춘 마루야마(Magorah Maruyama)의 연구에서 찾을 수 있다.

한 변수에서의 변화가 그 반대 방향의 변화를 유발시키는 부정적 순환고리(negative feedback), 혹은 편차상쇄 순환고리의 과정은 체계의 안정성을 설녕하는 네 극히 중요하다. 빈면에 긍정적 순환고리(positive feedback), 혹은 편차증폭 순환고리(deviation-amplifying feedback)는 큰 변화가 더 큰 변화를 유발시키고 작은 변화는 더 작은 변화를 촉발시킴을 보여 줌으로써 체계의 변동을 설명하는 데 유효하다. 이 두 가지 순환고리 메커니즘은 왜 체계가 주어진 한 형태를 획득, 보존하려 하며, 이 형태는 시간의 흐름에 따라 어떤 식으로 정교화되고 또 변환될 수 있는지를 설명해 줄 수가 있다(Morgan, 1986).

복잡한 체계 내에서는 항상 원인들을 초래하기 위한 원인들의 원인이 되는 원인들(causes that cause causes to cause causes)이 존재한다. 이처럼 체계의 관계들을 도식화해 보고 그 주요한 경향들을 구체화해 봄으로써 인위적인 '원인'과 '결과'를 조작하기 위해 시도하기보다는 체제를 규정하는 관계들의 양상에 영향을 미치기 위해 적절한 간섭행위를 틀짓는 것이 가능하게 된다(Morgan, 1986).

이러한 종류의 사고가 가지는 설득력은 세계 경제를 순환적인 한 연결고

[그림 4-1] 지구의 위기

인구, 자본 농업 및 공해의 피드백 고리들

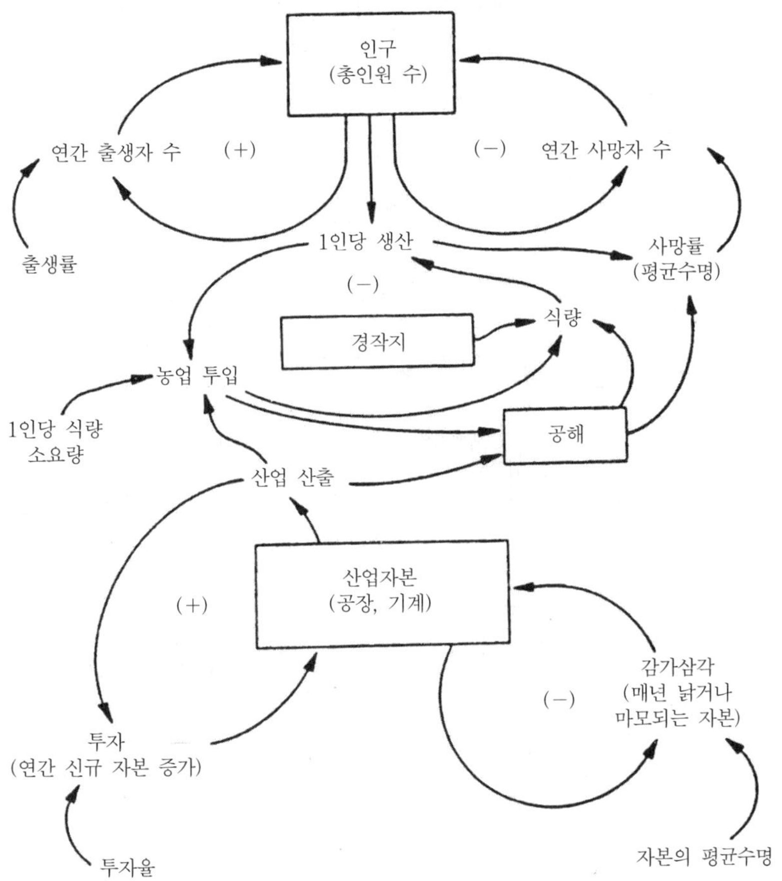

* 인구 및 산업자본 간의 연관 관계들 중 일부는 농업자본·경작지 및 공해에 영향을 미친다. 각 화살표는 인과 관계를 나타내는데, 이 인과 관계는 각 모형에 포함되어 있는 가정 여하에 따라 즉시적 또는 자연적일 수도 있고 크거나 작을 수도 있고 또는 긍정적하거나 부정적일 수도 있다.

리 체계로서 이해해야 한다는 것을 처음으로 제시해 준, 예상되는 인류의 곤경에 관한 로마클럽의 연구보고서(the Club of Rome's Project)에서 가장 극적으로 예시되었다. 『성장의 한계(*Limits to Growth*)』라는 제목의 이 보고서는 세계 인구, 오염, 식량 생산, 그리고 자원의 고갈에 관한 추세에 초점을 맞추고, 이러한 문제들이 바로 긍정적인 피드백의 순환적인 연결고리에 의해 추동된다는 것을 제시했다. 이 연구의 분석은 안정적인 순환성을 가지지 않는 긍정적인 피드백 체계가 장기적으로는 결코 유지될 수 없는 지수적인 변동(exponential change)을 어떻게 초래할 수 있는가를 극명하게 보여 준 것이다.

3 초기 조건에의 민감한 의존성

비평형 체제에서는 앞서 언급한 비선형성과 편차증폭 순환고리 과정이 융합될 경우 초기 조건의 미세한 차이가 체제에 더욱 더 큰 혼돈적 행태를 보이게 될 것이다. 이 현상은 '초기 조건에의 민감한 의존성(sensitive dependence on initial conditions)'이라고 불리게 되었다. 예를 들어 기상학에서는 이것을 로렌츠(Hendrik A. Lorenz)의 나비 효과(Butterfly Effect)라고 부른다. 나비 한 마리가 베이징(北京)에서 날개를 살랑거리면 다음 달 뉴욕에서 폭풍이 일어날 수도 있다는 것이다.

초기 조건에의 민감한 의존성을 이해하려면 로렌츠의 실험 중 얻은 일화를 예로 들 필요가 있다. 로렌츠는 하나의 결과를 더 면밀하게 검토하기 위해 지름길을 택했다. 전체를 처음부터 다시 계산하지 않고 중간부터 시작했다. 초기 조건을 부여하기 위해 이전의 인쇄 출력을 보고 그대로 타이핑했다. 그리고 소음에서 벗어나기 위해 홀에 가서 커피를 마셨다. 한 시간 후에 돌아왔을 때 그는 예기치 못한 무엇인가를 발견했다. 그것이 바로 새로운 과학의 씨를 뿌린 것이다.

이 새로운 계산은 이전의 결과와 일치해야 할 것이다. 로렌츠는 숫자들을 컴퓨터에 그대로 타이핑했고, 프로그램을 바꾸지도 않았다. 그러나 그는 새로운 출력 결과를 검토하던 중에 새로 계산된 기후가 매우 빠르게 이전의 계산 결과와 어긋나고 있다는 것을 발견했다. 컴퓨터의 기억장치에는 소수점 이하 6자리, 즉 .506127까지 기억되어 있었다. 그러나 인쇄 출력할 때는 분량을 줄이기 위해 3자리, 즉 506만 나타나게 했다. 1,000분의 1 정도의 차이는 의미가 없다고 생각하고 반올림한 3자리 숫자를 입력했던 것이다(박배식·성하운 역, 1993).

초기 조건이 약간 달라지면 기후도 약간 다르게 나타날 것이다. 수치상의 작은 오차는 한 줄기 미풍과 같았다. 그것은 기후에 중요하고 규모가 큰 변화를 일으키기 전에 분명히 사그라질 미풍이었다. 그러나 로렌츠의 특정한 방정식 체제에서는 작은 오차가 대단한 변화를 초래한다는 것이 입증됐다.[3]

초기 조건에의 민감한 의존성을 검증한 로트카-볼테라(Lotka-Voltera) 모형의 모의실험 결과는 제5장 3절에서 상세히 언급된다.

요컨대 로렌츠가 발견한 것은 앞에 난류에 떠내려가는 두 개의 나뭇조각이 출발점은 비슷해도 점차 방향을 달리해 마침내 도달점이 전혀 다르게 되는 것과 같이 일기예보도 내일의 예보는 비교적 적중해도 모레나 글피, 더 나아가 주간예보, 월간예보와 같이 시간이 멀어질수록 적중률이 떨어진다는 것이다. 그리고 무엇보다도 중요한 것은 입자의 위치와 운동량을 동시에 측정할 수 없다는 불확정성 원리에서처럼 동역학계에서 점의 초기 조건, 즉 오차 없는 정확한 위치와 속도 자체를 결정하는 것이 어렵다는 사실이다. 이렇게 초기 조건의 아주 미세한 부분적 오차가 전체에 커다란 영향을 미친다는 것을 생각할 때 부분들의 총화로 해(解)를 얻으려는 환원주의적 사고가 어떻게 수정되어야 할 것인지 생각지 않을 수 없다. 한마디로 전체와 부분은 따로 떼어서는 생각할 수 없다는 것이다(박배식·조혁 역, 1989).

---

3) 실수의 체계에서는 대부분의 수가 최대의 복잡도를 갖는다는 것이 수학자들에 의해 알려져 있다. 실수는 유리수와 무리수로 나뉘는데 모든 유리수는 복잡도가 0이다. 그러나 유리수는 수 가운데 극히 일부이고, 또 무리수라도 π나 $\sqrt{2}$ 등와 같이 유한한 길이의 프로그램으로 출력될 수있는 수는 거의 없다. 즉 대부분의 수가 복잡도가 최대인 마구잡이수와 같다는 것이다. 대부분의 초기값은 최대의 복잡도를 가지며 그래서 어떤 초기값을 택해도 대개의 경우 각 자릿수가 마구잡이로 나오기 때문이다.

4 평형 체제 대 비평형 체제

혼돈 체제는 잡음(noise)에 의한 무질서와는 구별되는 모든 체제에 내재된 결정론적 혼돈 행태를 보이는 비평형 상태와 안정 상태를 보이는 평형 상태를 포괄하는 체제로 질서란 혼돈의 일부라는 점을 주목할 필요가 있다.

혼돈 체제라는 개념을 이해하려면 우선 평형이론(equilibrium theory)과 비평형이론(non-equilibrium theory)의 차이점을 알 필요가 있고, 두 이론의 차이점을 파악하기 위해 우선 '평형' 상태의 체제, '평형 근처'의 상태에 있는 체제(near-to-equilibrium system), 그리고 '평형 상태에서 먼' 체제(far-from-equilibrium system)를 구별할 필요가 있다.

원시적인 한 족속을 생각해 보자. 만일 이 족속의 출생률과 사망률이 같다면 이 족속의 인구는 안정적으로 유지될 것이다. 적당량의 식량과 다른 자원이 있다고 할 때, 이 족속은 생태적인 평형 상태에 있는 한 국지적인 체제의 한 부분을 이루고 있게 된다. 출생률을 증가시켜 보자. 상응되는 사망자의 수가 없는 약간의 추가적인 출산은 별로 영향을 주지 않을 것이다. 체제는 평형에 가까운 상태로 변해갈지 모르나 큰 변화는 일어나지 않는다. 평형 상대나 이에 가까운 상태에 있는 체제들이 큰 변화를 일으키려면 커다란 충격이 필요하다.

그러나 만일 출생률이 급격히 상승하게 되면, 체제는 평형 상태에서 멀리 밀려나게 되며, 이때에는 비선형 관계가 주로 지배하게 될 것이다. 이러한 상태에서는 체제들이 이상한 일들을 하게 된다. 외부 영향에 극도로 예민해지거나 작은 압력에도 거대하고 깜짝 놀랄 만한 효과를 나타내게 된다. 즉 모든 체제가 우리가 보기에는 괴상하다고 할 수 있는 방법으로 그 자신을 재조직하게 될지 모른다.

평형에서 멀리 떨어진 상태에서는 매우 작은 섭동 또는 요동들이 구조를 파괴하는 거대한 파동으로 증폭되어 간다는 것을 알 수 있다. 그리고 이것은 모든 종류의 '혁명적'인 변화 과정을 이해하는 데 도움을 준다. 평형에서 멀리 떨어진 상태와 비선형 과정, 그리고 복잡한 순환고리 체제들을 연구해 얻은 통찰력을 종합하면 이른바 본격적인 과학과 삶의 유사 과학 또는 사회적 과정들까지도 연결지을 수 있는 전반적인 새로운 접근 방식이 열리게 될 것이다.

분산구조(dissipative structure)[4]의 개념이 내포하고 있는 변화에 관한 프리고진과 스텐거스(Prigogine & Stengers, 1984)의 이론에 의하면, 요동이 현존하는 체제를 평형에서 멀리 떨어진 상태로 보내면서 이 체제의 구조를 위협하게 되면 이 체제는 임계 순간 또는 분기점에 도달하게 된다. 이 점에서는 이 체제의 다음 상태를 미리 결정한다는 것이 처음부터 불가능하다는 것이다. 이때 우연히 이 상태의 체제를 건드려 새로운 경로를 밟게 한다. 그리고 일단 경로가 선택되면 다음 분기점에 도달할 때까지는 다시금 결정론이 지배하게 된다. 간단히 말하자면, 여기서 우리는 우연과 필연이 화해될 수 없는 대립적인 것들이 아니고 운명 속에서 각각 동반자로서 역할을 하고 있다는 것을 알게 된다. 사회 체제와 환경 간의 관계에 관한 이론은 크게 임의주의(Child, 1972; Silverman, 1971)와 결정주의(Hannan & Freeman, 1984)로 양분되나 혼돈이론의 도입으로 이 두 관점의 조화 가능성이 엿보인다.

5 자기유사성

혼돈이론의 특질 중 마지막으로 하나 더 덧붙이고 싶은 것은 자기유사성(self-similiarity)이라는 개념이다. 만델브로트(Benoit Mandelbrot)는 분수차원(fractal dimension)의 개념으로 자연 현상의 불규칙적인 패턴을 연구하여 자기유사성 개념을 창안했다. 자기유사성은 혼돈이론과 밀접한 특성이다. 이 세계의 자연 현상은 혼돈으로부터의 질서 현상(order out of chaos)을 보여 준다. 즉 불규칙성으로부터의 규칙성(regularity out of

4) 엔트로피 없는 비균형 상태를 유지할 수 있는 자기조직화 체제를 의미하며, 균형 체제와 대비되는 개념이다. 이 개념을 조직 변화에 적용한 예는 앞의 [그림 4-1] 참조.

irregularity)이다.

그러나 불규칙성의 정도는 규모가 크건 작건 항상 일정하다. 이와같이 모든 구조가 그 근저에 갖고 있는 기하학적 규칙성을 자기유사성이라고 한다.

자기유사성은 물체를 다른 크기로 확대해서 보면 동일한 기본 요소가 반복적으로 나타나서 규모에 무관하게 스스로 닮은 특성이다. 예컨대 코흐(Helke von Koch)의 눈송이, 나무의 잔가지, 정부조직 구조 등이 좋은 예이다. 이들은 모두 규모가 점진적으로 작아지면서 상세한 모양을 반복해서 보여 준다(부록 3 참조).

만델브로트의 프랙탈이론(fractal theory)은 코흐곡선(Koch curve)에 맥이 닿아 있다. 코흐는 다윗의 별처럼 생긴 눈송이를 만들었다. 코흐곡선은 각 변의 길이가 1인 정삼각형에서 시작된다. 각 변을 3등분해 가운데 부분에 새로운 정삼각형을 추가한다. 이 삼각형의 변은 길이가 3분의 1이다. 동일한 방법으로 이러한 삼각형을 계속하여 추가하면 아주 상세한 윤곽을 가진 눈송이의 모양이 나타난다. 그 둘레의 길이가 <3*4/3*4/‥‥>가 되어 결국 무한하다. 만델브로트는 코흐의 눈송이를 해안선의 모형과 유사한 것으로 보고 코흐곡선을 통해 해안선의 길이가 무한대라는 확신을 얻었다[5] (이인식, 1995).

5) 코흐곡선의 둘레는 유클리드기하학으로 보면 선이므로 1차원이다. 그러나 만델브로트는 유한한 면적을 둘러싸고 있는 무한한 길이의 곡선이므로 단순한 선 이상의 것으로 보았다. 그렇다고 해서 코흐곡선의 둘레를 2차원의 평면으로 볼 수는 없다. 요컨대 코흐곡선은 1차원 이상이지만 2차원은 아니다. 분수 차원은 유클리드기하학에서 점은 0차원, 평면은 2차원 등 정수로 표현되는 개념을 정면으로 거부한 것이다. 분명하게 정의될 수 없는 물체의 성질들, 예컨대 불규칙적이거나 울퉁불퉁한 성질은 정수가 아니라 분수로 측정해야 된다는 혁명적인 발상이다.

제 3 절 혼돈이론의 적용 분야

1 생물학 및 생태학

혼돈이론이 적용될 수 있는 하나의 분야는 동식물의 세계다. 생태학 분야에서 혼돈이론이 연구되는 것은 바로 그 때문이다. 동물이나 식물의 세계에서는 종에 따라 개체 수가 급증하기도 하고 격감하기도 하며 현상을 유지하기도 한다. 따라서 어떤 조건에서는 질서정연한 체제가 다른 조건에서는 혼돈적 행태를 나타내기도 한다. 맬서스(Thomas R. Malthus)가 『인구론』에서 제기한 바와 같이 식량 공급이나 영양 공급의 차질에 따라서 개체 수의 증감이 일어나기 때문이다. 말하자면, 개체군에게 주어진 식량 공급 여하에 따라서 금년의 개체 수와 내년의 개체 수 간의 관계는 비선형적이기 때문에 개체 수 문제는 혼돈 체제에 속한다는 것이다(김용정, 1993).

동식물의 개체군 수의 시간에 따른 변화에 대한 고전적인 모형으로는 로트카-볼테라(Lotka-Volterra)모형을 들 수 있는데, a 시점에서 $a+dt$ 시점까지의 개체 군수 N의 평균 변화율은

$dN/dt=\rho_N N$ ………………………… (식 1)

$\rho_N=\lambda_N-\mu_N=$ 생성률-소멸률 ………………………… (식 2)

$N=$현재의 개체군 수

$\lambda_N=a_0-a_1N \qquad a_1>0$ ………………………… (식 3)

$\mu_N=b_0+b_1N \qquad b_1>0$ ………………………… (식 4)

$dN/dt=\{a_0-a_1N-(b_0+b_1N)\}N$

$\quad=(a_0-b_0)N-(a_1+b_1)N_2$ ………………………… (식 5)

개체군이 제한된 공간에서 성장될 때 밀도는 다른 개체군들의 존재가 궁극

적으로 그 개체군의 성장과 수명을 감소시킬 때까지 점차로 증가한다. 이것은 개체군의 성장이 중지될 때까지 그 개체군의 성장과 수명을 감소시킬 때까지 점차로 증가한다. 그런 개체군에 의해 정의된 성장곡선을 지그모이드(sigmoid) 또는 S자형 곡선이라고 한다.

S자형 곡선은 다음 두 가지 점에서 기하 급수적 증가곡선과 다르다. 상한의 점근선(upper asymptote)－즉 이 곡선은 어떤 최대 수준을 초과하지 못한다－을 가지며 상한의 점근선에 매끄럽게 도달하며 갑작스럽게 도달하지 않는다. S자형 곡선을 만드는 가장 간단한 방법은 개체군이 성립됨에 따라 증가율을 감소시킬 어휘, 즉 경쟁이란 개념을 기하학적 공식에 넣는 것이다. 경쟁이란 공통 자원을 둘러싼 개체군 간의 상호 간섭으로 정의될 수 있다.

S자형 개체군성장모형(logistic population growth model)을 환경의 한계수용 능력(carrying capacity of environment) K로 표현하면,

$$dN/dt = rN[K\text{-}N/K] \quad \text{(식 6)}$$
$$r = a_0\text{-}b_0$$

r은 자연성장률 또는 환경 변화에 대한 구조적 대응 능력

r은 자원제약이 없을 경우의 성장률, 즉 개체군 수가 환경의 한계수용 능력보다 작을 경우의 성장률이며,

만약 $N<K$, $r>0$
만약 $N=K$, $r=0$
만약 $N>K$, $r<0$

두 번째 개체군의 규모가 첫째 개체군의 성장률을 감소시킨다면 두 개의 개체군은 경쟁적이라고 볼 수 있다. 만일 두 개의 개체군이 상호작용한다면 서로의 개체군 성장에 영향을 주게 되고 또 다른 용어(term), 즉 경쟁계수가 각 방정식에 도입되어야 한다.

동일한 자원을 놓고 경쟁하는 두 개체군은,

$$dN/dt=r_1N_1\ [k_1-N_1-\alpha_{12}N_2/K_1] \cdots\cdots (식\ 7a)$$
$$dN/dt=r_2N_2\ [K_2-N_2-\alpha_{21}N_1/K_2] \cdots\cdots (식\ 7b)$$

a_{12}, a_{21}: 경쟁 계수(competition coefficient)

a_{ij}: j개체군의 밀도(density)가 i군의 증가율에 미치는 영향의 크기

이 모형을 두 개 이상의 개체군에 적용할 수도 있다. 경쟁하는 개체군이 M개일 경우의 개체군 i의 증가율은

$$dN/dt=r_iN_i\ [K_i-\sum\alpha_{ij}\ N_j/K_i],$$
$$\alpha_{ij}=-1$$

초기에는 어떤 생태학자도 이렇게 끊임없이 변화하는 개체 수를 계속 계산해 낼 열의도 힘도 없었다. 어쨌거나 개체 수가 증감을 계속하더라도, 그것은 잠재되어 있는 평형 상태의 주위를 진동할 것이라고 생태학자들은 추측했다.

평형 상태는 중요한 것이었다. 그래서 생태학자들은 평형 상태가 없을 수도 있다고는 생각하지 않았다. 논리방정식과 그것보다 조금 더 복잡한 형태를 다루는 어떠한 참고서나 교재도 "혼돈으로부터의 질서"의 상태가 일어날 수 있다는 점은 인정조차 하지 않았다. 그러나 제4장의 모의실험 결과에서 처럼 입력의 미세한 차이가 출력에서 엄청나게 큰 차이로 나타난다.

2 행정학과 경영학

행정학과 경영학에서 기존 조직이론은 근본적으로 질서정연함 속의 질서를 상정하는 세계관을 갖는 뉴턴의 기계론적 패러다임을 근간으로 하는 평형체제이론에 입각해 있다. 그러나 혼돈으로부터의 질서(orderout of chaos; Prigogine & Stengers, 1984), 즉 환경의 분석불가능성을 강조하는 비평형 혼돈모형의 경우에는 조직이 환경에 수동적으로 적응하거나 환경을

적극적으로 조작하거나 혹은 환경과 상호작용할 수 있다는 평형체제이론의 대전제가 뿌리째 흔들린다. 사회 체제가 본질적으로 혼돈 체제이므로, 비균형 체제의 혼돈적 행태를 간과해 온 평형체제이론이 지닌 한계성을 극복하기 위해서는 혼돈이론을 원용한 조직이론의 도입 가능성에 대한 검토가 필요하다는 주장이 제기되고 있다.

이를 위해 평형체제이론 중의 하나인 개체군생태학이론의 로트카-볼테라(Lotka-Voltera) 모형에 대한 혼돈이론적 모의실험(simulation)을 통해 비평형 체제의 혼돈적 행태에 대한 모의실험을 한 결과, 아주 단순한 결정론적인 평형 체제도 혼돈적 행태(chaotic behavior)를 보이는 것으로 나타났다. 단순한 체제가 혼돈 행태를 보인다면, 복잡한 체제는 더욱 더 혼돈적 행태를 보일 것이라고 생각할 수 있을 것이다.

혼돈이론에 의하면 모든 체제는 끊임없이 '요동'치고 있는 종속적인 체제들을 포함하고 있다는 것이다. 라이퍼(Leifer, 1989)는 환경으로부터의 위

[그림 4-2] 분산구조 조건

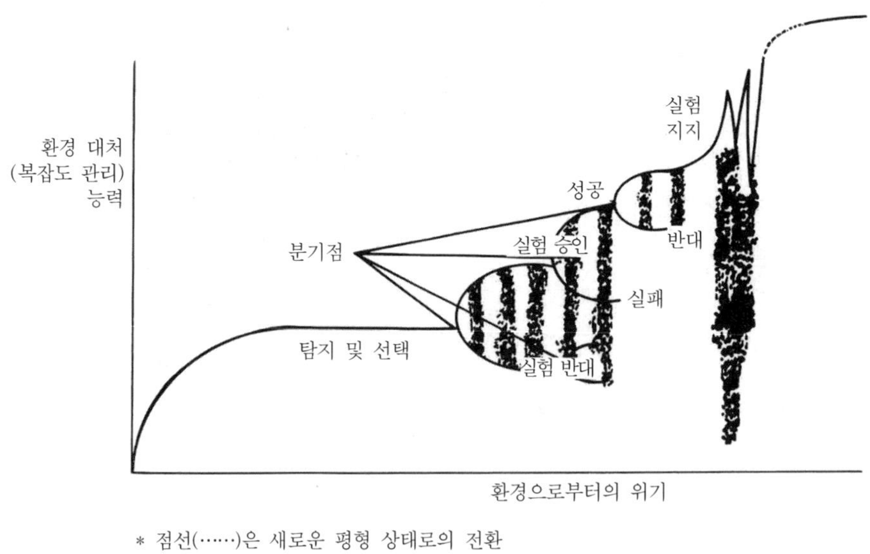

*출제: Leifer(1989)를 필자가 수정 보완함.

기가 증가함에 따라 환경의 분석가능성 정도가 떨어질 뿐만 아니라 항상성의 유지 자체가 곤란해지는 분기점(bifurcation point)에까지 이른 혁명적인 순간에는 변화가 어느 방향으로 일어날 것인가 하는 것을 미리 결정하는 것이 본질적으로 불가능하다고 보았다. 즉, 체제가 '혼돈' 속으로 와해되어 갈지, 또는 요동을 통한 새로운 동태적 질서(new dynamic order through fluctuations)인 분산구조(dissipative structure – [그림 4-2]의 직선 부분 – 라고 부르는 좀 더 고차원의 질서 내지는 조직화의 방향으로 도약할지 알 수 없다는 것이다.

로트카-볼테라모형은 동식물 개체군에만 적용되지 않고, 행정학이나 경영학의 조직이론인 개체군(조직군)생태학이론에도 적용되고 있다. 조직과 환경과의 관계에 대해 개체군(조직군)생태학이론은 환경이 조직을 선택, 혹은 도태시킨다고 주장하는 점에서 여타 조직이론과는 상이한 관점을 보인다.

동일한 자원을 놓고 경쟁하는 두 조직개체군을 보면,

$$dN/dt = r_1N_1\ (k_1 - N_1 - \alpha_{12}N_2 / K_1) \cdots\cdots (\text{식 7a})$$

$$dN/dt = r_2N_2\ (K_2 - N_2 - \alpha_{21}N_1 / K_2) \cdots\cdots (\text{식 7b})$$

K_i : 환경의 한계수용 능력

환경의 한계수용 능력은 인구(Carroll & Delacroix, 1982), 노동력(Hannan & Freeman, 1987) 및 소비 수준(Brittain & Sterns, 1985) 등과 같은 생태학적 외생 요인의 함수로 모형화될 수 있다.

α_{12}, α_{21}: 경쟁 계수(competition coefficient)
α_{ij}: j개체군의 밀도(density)가 i군의 증가율에 미치는 영향의 크기

방정식(식 7)을 0으로 놓고 N_1과 N_2의 비로 균형을 구하면

$$1/\alpha_{21} < K_2/K_1 < \alpha_{12}$$

따라서 유사한 두 조직개체군은 오직 K_2/K_1 비율 하에서만 공존할 수 있다. 그러므로 $\alpha_{12} = \alpha_{21} = 1$일 경우 두 개체군은 안정을 유지하지 못하

고 외부 충격에 의해 한 개체군은 도태된다. 이것이 바로 경쟁적 배제의 원칙(principle of competitive exclusion)이다(Hannan & Freeman, 1988).

조직개체군생태학이론에서 선택 혹은 도태 과정은 이중적 상호작용 과정(Weick, 1979), 혹은 순환고리적 과정이다. 이러한 선택(도태) 과정을 설명하기 위해 로트카-볼테라(Lotka-Volterra)모형(LV Model)을 이용한 경쟁이론을 소개하고, 이를 비선형, 순환고리적 모형에 대한 가설 검증을 할 수 있는 모의실험 패키지인 다이나모(Dynamo)를 이용해 검증해 보려 한다(모의실험 결과에 대해서는 제5장 참조). LV모형은 평형 체제만을 상정하고 있으나, 시뮬레이션 결과 초기 조건 중의 하나인 조직개체군성장률이 조금만 달라져도 [그림 4-2]와 같은 혼돈 체제를 보이고 있다(LV모형을 조직개체군에 적용한 모의실험 결과에 대한 상세한 논의는 최창현, 1993a 참조).

3 사회학

[그림 4-3]은 사회학의 인구모형을 체계순환도(feedback system flow diagram)로 나타낸 것이다. 여기서 순환고리(fedback loops)란 변수들 간의 인과 관계가 고리를 져 되돌아오는 것을 말한다. 이는 체제가 역동적 행태를 일으키는 기본적인 구조라 할 수 있다. 2개 이싱의 순환고리가 상호연관된 경우를 순환 체제라 한다. 순환고리에는 긍정적 순환고리([그림 4-3]의 가)와 부정적 순환고리([그림 4-3]의 나)가 있는데, 부정적 순환고리(negative feedback)의 과정은 어느 한 변수의 변화와는 정반대의 방향으로 반응하기 때문에 체제의 안정성을 설명하는 데 극히 중요하다는 점에서 편차상쇄 순환고리(deviation-counteracting feedback)라고도 불린다. 반면에 긍정적 순환고리(positive feedback)는 어느 한 변수의 변화와 동일한 방향으로 강화 혹은 가속화하기 때문에 편차증폭 순환고리(deviation-amplifying feedback)로 불린다.

위에서 설명한 인구 순환고리모형에 고용 순환고리모형을 추가하면, 간단한 지역개발모형으로 발전시킬 수 있다. 분산구조이론적 관점에서 도시

체제의 진화를 설명해 보면 체제 구성 요소는 거주민, 직업, 고용자, 근로자 등이고, 이들은 체제 내의 특정 위치를 특정 분포 유형으로서 점하고 있다. 이 유형은 안정적 분산구조에 해당되나, 실제 이 요소들은 평균 주위를 요동치고 있으므로 유형이 안정을 유지차려면 변량(valiance)이 존재해야 한다.

도시 진화의 분산구조이론을 적용하는 수리적 모형을 만들기 위해서는 앞에서 설명한 비선형 환류고리(nonliner, feedback loop)가 필수적이다.[6]

[그림 4-3] 인구모형의 체계순환도(flow diagram)

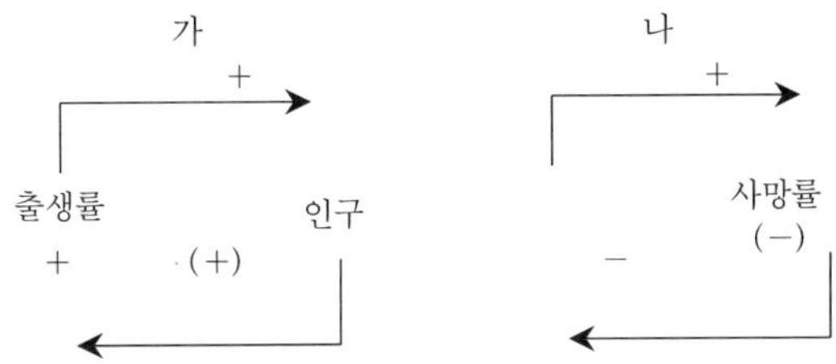

6) 알렌과 생글리어(Allen & Sanglier, 1978, 1979; 1981)는 도시 동역학(urban dynamics)에 분산구조이론을 적용해 중심지모형(central place model)에 사용한 방식과 유사한 도시내부의 진화에 관한 다음과 같은 수리적 방정식을 고안했다.

① 지역 인구분포

$dx/dt = bx(N-x)-mx$

N: carrying capacity sustainable at the locality

b: birth rate of the population

m: death rate of the population

② 지역 외부의 고용(체제 내 i지역의 E부문 경제에서 발생된 고용 수준(job))

$dj_i^E/dt = \epsilon^E J_i^E(1 - J_i^E/D^e(A_i^E/\sum_{i=i}^{n} A_i^E)$

ϵ: 외부 시장 변화에 대한 기업가의 대응 속도

$D^E(A_i^E/\sum_{i=i}^{n} A_i^E)$: 생산품에 대한 수요(demand)

A_i^E: 지역 i의 매력도(attractiveness)

$D^E = (\sum_{i=i}^{n} j_i^E)_t + [\{(\sum_{i=i}^{n} j_i^E)_{t+1} - (\sum_{i=i}^{n} j_i^E)_t / T_{tot}\}t]$

tot: t에서 t+1까지의 실제 기간

③ 지역 수요에 의한 고용

$dj_i^L/dt = \epsilon^L J_i^L[1 - \{J_i^L/\sum \beta^L P_i(A_i^L{}_i)/\sum A_{ij}^L)\}]$

4 경제학

1993년 봄 월가의 증권분석가협회는 카오스(chaos)에 관한 특별 심포지엄을 가졌다. '대토론: 시장은 합리적이냐 카오스냐, 아니면 양쪽 다냐'가 그 주제 였다. 누구도 자신있게 대답할 수 있는 사람은 없었다. 그러나 한 가지, 즉 지금까지의 이론만으로는 설명이 잘 안 된다는 데는 공감대가 형성되었다.

"투자가는 항상 합리적이다. 시장은 질서정연하고 투자가는 새로운 정보에 즉시 대응, 주식을 사고팔고 그에 따라 주가는 형성된다"는 것이 지금까지 이론의 전제였다. 모든 투자활동은 계량화가 가능하고 시장은 과학적으로 분석될 수 있다는 신념을 근거로 했다. 이른바 '유효시장 가정(Efficient Market Hypothesis: EMF)'이다. 따라서 이들의 투자 행태는 수식화를 통해 간단한 선형 등식으로 하나의 답을 낼 수 있는 것처럼 간주되었다.

우주 공간의 분자들의 운동처럼 주식시장의 주가도 멋대로 움직인다는 이른바 '멋대로 걷는 월가(Wall Street)'다. 혼돈이론은 이들에 대한 하나의 대안이자 새로운 패러다임이다. 시장은 복잡하고 혼돈스럽고 투자가는 항상 합리적으로 움직이지는 않는다. 그러나 겉으로는 제멋대로 움직이는 것 같아 보이지만 그 속에는 제멋대로가 아닌 어떤 질서가 있다고 가정한다. 무작정 마구잡이로 움직이는 것도 아니다. 우리가 미처 깨닫지 못하는 '질서'가 숨어 있는 것이다. 이 역학을 규명하려는 시도가 혼돈이론이다.

혼돈이론은 비선형 동역학 체계(nonlinear dynamic systems)의 역학을 규명하는 이론이다. 뉴턴의 역학으로 두 물체 간의 상호작용과 그 운동 법칙은 설명이 가능하다. 그러나 세 개 이상 물체 간의 상호작용은 뉴턴의 역학으로도 예측이 불가능하다. 뉴턴역학은 화성이 앞으로 3백 년 후 어디쯤 위치할지를 예측할 수도 있다. 그러나 2, 3일 후의 일기는 예측이 불가능하다.

이 카오스의 세계에서는 극히 조그만 변동이 엄청나게 큰 결과를 불러온다. 예측이 불가능한 것도 바로 이 때문이다. 그 원인은 두 가지다. 첫째, 카오스의 동학 체계는 끝없는 피드백 체계다. 초기 조건에서의 조그만 차이는 피드백을 거듭하면서 이자율의 복리 계산처럼 지수 급수로 확대된다.

현대 사회에서는 경기의 순환, 환율의 등락, 전염병의 발생, 주식시장의 불안정과 같은 현상들과 더불어 살면서 그러한 현상들이 왜 일어나며 또 언제 어떻게 일어나는지를 이해하려고 노력해 왔다. 그러나 뚜렷한 이유 없이 마구잡이로 변하는 현상들에 대해 단지 곤혹스러워 하고만 있었다. 혼돈이론의 발전은 이 같은 현상의 해석에 새로운 시각을 제공하며 또 그것의 이해와 단기적 예측의 가능성을 제시해 준다.

매우 넓은 구간에서 모수값을 선택하더라도 반드시 진동하는 시간 경로가 발생하는 선형 동학모형(linear dynamic model)을 예로 들어 보자. 가장 간단한 차분방정식은 1계선형 차분방정식 $yt+1=ayt$다. 여기서 yt는 변수 y의 t기값이다. 초기값이 y_0로 주어지면, 이 방정식에서 다음과 같은 y의 시간 경로가 발생한다.

$$y_1 = ay_0,\ y_2 = ay_1 = a^2 y_0 \cdots\cdots\ y_t = a^t y_0, \cdots\cdots$$

이때 모수 a가 음수라면 $a^2 y_0$는 양수와 음수를 반복하기 때문에 진동하는 시간 경로가 발생한다.

조금 복잡한 예는 새뮤얼슨(Samuelson, 1939)의 경기순환의 승수가속도 모형(multiplier accelerator model of business cycles)이며, 이 새뮤얼슨모형의 힉스(Hicks, 1950)판 모형은 세 가지 관계식으로 구성된다.

$$Y_t = C_t + I_t + G_t,$$
$$C_t = cY_{t-1} + k,$$
$$I_t = u(Y_{t-1} - Y_{t-2})$$

여기서 Y는 국민소득(산출), C는 소비, c는 한계소비 성향, I는 투자다. 소비함수는 1계선형 차분방정식이다. 투자함수는 투자가 전기의 성장에 비례한다고 가정한 2계선형 차분방정식이다. 두 번째와 세 번째 방정식을 첫 번째 방정식에 대입하면 다음 식을 얻을 수 있다.

$$Y_t=(c+u)Y_{t-1}-uY_{t-2}+G_t+k$$

새뮤얼슨-힉스(Samuelson-Hicks)의 모형보다 좀 더 현실적인 체제의 행태를 나타내 주기 위해서는 굿윈(Goodwin, 1951)이나 알렌(Allen, 1960)이 제시한 것처럼 일반적인 형태가 $y_t=f(y_{t-1},\cdots\cdots\cdots, y_{t-h})$인 비선형 동학모형(nonlinear dynamic model)이 필요하다. 이들은 이와 같은 비선형 동학모형이 변수 y_t의 가능한 모든 시간 경로가 그 극한값으로 수렴하는 안정적인 순환을 낳을 수 있다는 사실을 밝혔다.

이들은 y_t의 진폭이 0이 되어 진동이 사라지면서 어떤 고정된 균형값 y''로 수렴하는 경우 대신에 y_t가 균형 순환 경로를 따라 정점에서 최저점으로 계속 진동하는 안정적인 균형 순환을 낳는 경우를 다뤘다. 그러나 이들은 혼돈 양상을 낳기에 충분한 비선형의 정도를 명시적으로 도입해야 하는 문제를 남겨놓았다. 결론적으로 말하면 어떤 것이든 초기 동학모형은 그들의 가장 기대할 만한 역할, 즉 불확실성의 근원을 밝히는 데는 실패했다. 따라서 그 과제는 비선형성을 도입한 혼돈이론으로 넘어갔다.

초기 선형 동학모형에서도 확정적인 시간 경로가 진동을 낳는다는 것은 쉽게 볼 수 있다. 그러나 혼돈이론에서는 진동 양상을 설명하기 위한 모형을 구성할 때 종전처럼 비비 꼬인 추론이나 터무니없고 비정상적인 전제를 필요로 하지 않는다. 그리고 혼돈모형은 종전까지 쉽게 받아들여져 왔던 명제의 유효성에 대한 반증과 정책입안가들에 대한 경고를 제공한다.

예를 들어, 바멀(1957)은 이윤을 예상한 투기는 항상, 그리고 반드시 안정적이라는 주장을 반례를 통해 증명했다. 투기가들이 가격이 낮을 때 구입하고 가격이 높을 때 판다고 해도, 그들이 구입하려는 시점에 가격이 상승하거나 그들이 팔려는 시점에 가격이 감소한다면 투기 대상이 되는 재화 가격의 변동폭을 크게 증가시킨다.

바멀(1961)과 필립스(1954; 1957)는 정책의 사소한 반응 시차가 합리적인 반경기 변동정책을 실패로 만들 수 있음을 보였다. 정부가 산출 수준(또는 성장률)이 목표치보다 낮으면 지출을 증가시키고 목표치보다 높으면 지출을 감소시키는 분명한 정책을 추구한다면 반경기 변동정책의 시차가 비현실적일만큼 미소해도 경기변동폭을 확대시킬 수 있다.

혼돈 현상을 설명하는 데 많이 사용하는 함수는 모수가 w 하나인 다음과 같은 2차 방정식이다.7)

$$y_{t+1}=f(y_t)=wy_t(1-y_t),\ dy_{t+1}/dy_t=w(1-2y_t)$$

5 정치학

구질서는 무너져 내렸으나 그에 대신할 새로운 질서가 형성되지 않고 있는 무질서의 새 세계, 한마디로 빅뱅(big bang) 이후의 혼돈이다. 발칸의 '인종 정화'와 소말리아의 원시적 소요가, 첨단기술과 야만주의가, 국경을 초월한 경제적 통합과 전통적 · 국가적 이기가 모순 속에 공존하는 혼돈이다.

체코와 슬로바키아가 갈라지고, 유고는 토막토막 동강이 났다. 볼셰비즘이 러시아에 파놓은 '블랙홀'의 구멍을 새로운 형태의 파시즘이 메우려 들고, 히틀러와 무솔리니의 심벌과 슬로건들이 실의에 찬 대중 속으로 파고들고 있다.

공산주의가 어쩌면 이처럼 빠른 속도로, 그리고 이토록 철저하게 붕괴될 수가 있었을까? 고르바초프도, 옐친도 어느 개인의 힘으로 도저히 어찌할 수 없는 다이내믹스(역학)의 힘 때문이다.

오늘의 러시아는 갑자기 교통신호가 마비된 복잡한 교차로에 비유되고 있다. 여러 세력이 저마다 차를 몰고 이 혼잡한 역사의 교차로를 비집고 들어오고 있다. 어디를 향해 가고 있는지는 그들 자신도 잘 모른다. 이 역사의 교차로는 곧 지진에서의 진앙지다. 적나라한 힘이 솟구치는 혼돈의 현장이다. 이처럼 러시아가 안고 있는 문제들은 마치 휘발성 화학물질처럼 몇 년 동안 누적돼 이제 부식해 사그라들거나 아니면 폭발할 수밖에 없는 임계점에 접근하고 있다.

---

7) 경제학에서의 혼돈적 행태에 대한 좀 더 자세한 논의는 정운찬(1993) 참조.

북한은 과연 어디를 향해 가고 있는가. 그 진로와 관련, 두 가지 시나리오가 각축을 벌인다. 그 첫째가 새로운 쿠데타다. 당장 내주가 될지, 아니면 내년이 될지 그 시기는 모른다. 시나리오는 혼돈 속의 지그재그다. 독재도, 민주주의도 아닌 상황 속에 이 위기에서 저 위기로 엎치락뒤치락을 거듭하는 혼돈이다. 현실적으로 가능성이 가장 큰 시나리오다. 둘째는 안락사하고 말 것이라는 시나리오다(변상근, 1994).

제 4 절 결어

이 연구의 모의실험 결과가 함축하는 바로는 첫째, 혼돈적 행태는 장기적인 관점에서 사회 체제를 파악할 필요성을 일깨워 주는데, 그레거슨과 세일러(Gregersen & Sailer, 1993)의 주장처럼 조직이론이 횡단적 자료(cross-sectional data)에 의존하는 한 사회 체제의 혼돈적 특질을 포착하는 데는 한계가 있을 것이다. 둘째, 기존 통계학적인 방법론을 사용해 본질적으로 혼돈 체제를 분석하는 경우 통계적인 결과는 나쁠 수밖에 없으므로 모험실험 기법이 유용하다.

시난 수년간 자연과학 분야에서는 혼돈이론에 입각한 자기조직화 개념이 상당한 반향을 불러일으켰으나, 문제는 이 자기조직화에 관한 지식이 사회 체제에 어느 정도나 적용될 수 있느냐 하는 것이다(Probst, 1984). 사회적 다위니즘(social Darwinism)의 조직적 적용으로서 개체군생태학이론의 경우(최창현, 1992)나 생물학적 유기체론의 사회과학적 적용인 체제이론에서 나타난 바와 같이 자연 체제에서 사용되는 개념이 사회 체제에 원용된 경우에서 처럼 부적절한 은유와 해석으로 인한 비판에 직면할 위험성이 있으나, 혼돈이론은 과학관의 발상의 전환을 가져올 수 있는 사회과학의 연구에 유용한 개념이라 할 수 있다. 이 연구는 혼돈이론적 연구의 시론이라 할 수 있다. 앞으로 다른 연구에 다소나마 도움이 되길 바란다.

Chapter 05

체제이론적 관점과 혼돈이론적 관점

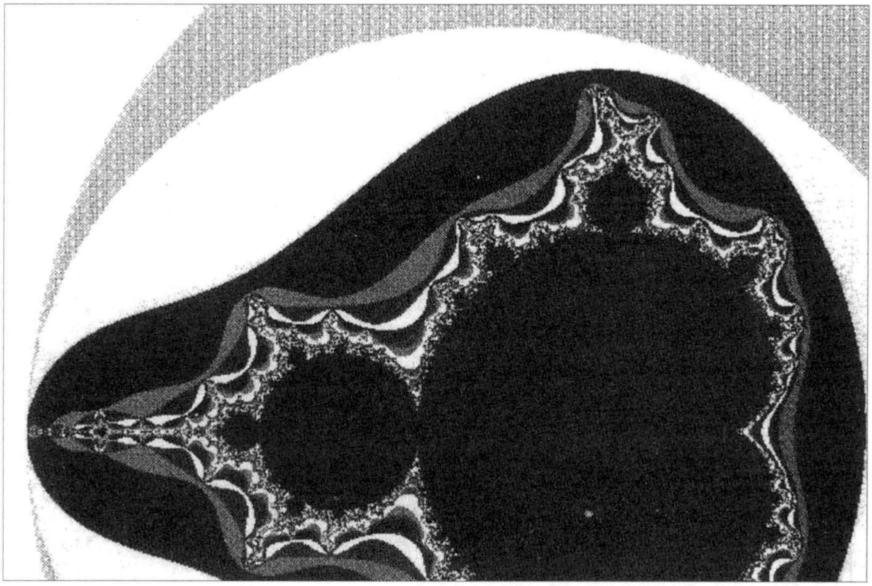

기존 조직이론은 근본적으로 질서정연함 속의 질서를 상정하는 세계관을 갖는 뉴턴의 기계론적 패러다임을 근간으로 하는 균형체제이론에 입각해 있다. 그러나 혼돈으로부터의 질서(order out of chaos)를 강조하는 비균형 혼돈모형에 의하면 조직이 환경에 수동적으로 적응하거나 환경을 적극적으로 조작하거나 혹은 환경과 상호작용할 수 있다는 균형체제이론의

대전제가 뿌리째 흔들리게 된다.

사회 체제가 본질적으로 혼돈 체제이므로 비균형 체제의 혼돈적 행태를 간과해 온 균형체제이론이 지닌 한계성을 극복하기 위해서는 혼돈이론을 원용한 조직이론의 도입 가능성에 대한 검토가 필요하다는 주장이 제기되고 있다. 그리고 이를 위해 균형체제이론 중의 하나인 개체군생태학이론의 로트카-볼테라(Lotka-Voltera)모형에 대한 혼돈이론적 모의실험(simulation)을 통해 비균형 체제의 혼돈적 행태에 대한 모의실험을 한 결과, 아주 단순한 결정론적인 균형 체제도 혼돈적 행태(chaotic behavior)를 보이는 것으로 나타났다. 단순한 체제가 혼돈 행태를 보인다면, 복잡한 체제는 더욱 더 혼돈적 행태를 보일 것이라고 생각할 수 있을 것이다.

이 연구의 모의실험 결과가 함축하는 바로는 전장에서 살펴보았듯이 첫째, 혼돈적 행태는 장기적인 관점에서 사회 체제를 파악할 필요성을 일깨워 주는데, 조직이론이 횡단적 자료(cross-sectional data)에 의존하는 한 사회 체제의 혼돈적 특질을 포착하는 데는 한계가 있을 것이다. 둘째, 사회 체제의 혼돈적 행태를 인정한다면 조직과 환경 간의 균형 유지가 곧 효율적 조직이라 여기는 균형체제이론은 요동을 통한 새로운 동태적 질서(new dynamicorder through fluctuations), 즉 분산구조(dissipative structure)로의 끊임없는 자기혁신이 불가능하나, 혼돈모형에 입각한 자기조직화이론은 균형모형에 입각한 기존 조직이론의 한계성을 극복하는 대안적 패러다임을 제공해 줄 수 있을 것이라는 점에서 더 많은 연구가 필요하다.

제 1 절 체제이론과 혼돈이론

1970년대 이후에는 사회과학에서도 혼돈적 행태에 대한 연구가 간간이 있었다. 혼돈이론과 유사한 개념은 이미 마치와 올슨(March & Olsen, 1976) 등의 쓰레기통모형(garbage can model), 마치(March, 1981) 등의 조직 변화 및 쇠퇴모형, 빅(Weick, 1979)의 조직화(organizing) 개념 등에서 찾아볼 수 있다. 본격적으로 혼돈이론적 시각에서 연구된 것은 에버리와 트라이스트(Emery & Trist, 1965)의 조직환경에 대한 고전적 연구를 혼돈이론적 측면에서 분석한 바버로글루(Barburoglu, 1988)의 연구, 관리모형에 대한 앤더슨과 스터리스(Anderson & Sturis, 1988)의 연구, 조직변화에 대한 라이퍼(Leifer, 1989)의 연구, 그리고 혼돈이론을 원용해 자기조직화이론을 제안하고 있는 페닝스(Pennings, 1992)와 드래진과 샌덜랜드(Drazin & Sandelands, 1992) 등을 들 수 있다.

이 장은 혼돈이론을 조직이론에 적용해 보려는 시론적 시도다. 이 장의 제2절에서 살펴보겠지만 조직이론 관점의 변천을 비교, 분석한 결과 기존 조직이론은 거의 대부분이 근본적으로 균형이론에 입각한 체제이론이었다. 그러므로 균형체제이론의 한계성을 극복하기 위해 비균형 체제이론인 혼돈이론의 조직이론에의 도입 가능성을 검토하고자 한다.

이를 위해 제3절에서는 대표적인 균형체제이론인 개체군생태학이론의 로트카-볼테라(Lotka-Voltera)모형에 대한 혼돈이론적 모의실험을 통해 비균형 체제의 혼돈적 행태를 규명해 보려 한다. 혼돈 체제가 사회 체제에서 흔한 현상이지만 잘 다뤄지지 않는 이유는 혼돈적 행태를 규명하기가 어렵다는 점이나, 앤더슨과 스터리스(Anderson & Sturis, 1988)는 모의실험 패키지인 다이나모(Dynamo)를 이용한 모의실험을 통해 혼돈 행태를 규명하고 있다. 이 연구에서 로트카-볼테라모형을 다이나모를 이용해 모의실험해 본 결과 개체군생태학이론 등의 균형체제이론에서 가정하는 안정적 균형 체제는 혼돈이론에서 주장하는 소위 미세한 초기 조건의 변화에도 일시적으로 불안정한 듯 보이는 혼돈적 행태를 보이는 것으로 나타났다.

제 2 절 조직이론 관점의 변천

조직이론 관점의 변천을 조직 변화의 소재지에 따라 구분해 보면 폐쇄체제이론에 입각한 고전 및 신고전적 조직관, 개방체제이론에 입각한 환경적

응관(adaptation view), 환경조작관(enactment view), 자연도태관(natural-selection view), 조직과 환경의 상호작용관(interaction view between organization and environment), 그리고 혼돈이론에 입각한 자기조직화관(self-organization view)으로 나눠 볼 수 있다.[1)]

체제적 관점의 근본을 형성하는 몇몇 개념 중의 하나로 개방 및 폐쇄 체제 개념이 있다. 폐쇄 체제는 구성 요소의 기능과 그들의 상호 관계가 주요 연구 목적인 자기봉쇄적(self-contained) 실체를 묘사해 주는 은유이며, 폐쇄 체제에서는 체제를 기술하고 조종할 때 환경을 분석적으로 무시하는 방법으로 환경과의 관계가 규제되고 안정화된다. 이는 베버(Weber, 1947)가 이념형적인 관료제의 특징을 기술할 때 한 것과 유사하다.

폐쇄 체제 관점은 환경으로부터의 지지가 문제가 되기보다는 예측 가능하다는 가정에 입각해 있다. 따라서 체제의 자원은 균형 내지는 항상성(homeostasis)의 유지를 위해 사용되고 내부적 능률성에 관심의 초점을 맞추고 있다. 현대 조직이론가 중 폐쇄 체제적 접근법을 옹호하는 이론가는 거의 찾아볼 수 없다. 이는 체제와 외부 환경 간의 관계에 대해 충분한 관심을 보이지 않는 이론적 관점에 대한 호칭에 불과하다(최창현 역, 1992).

균형모형(equilibrium model)이라 할 수 있는 체제이론(systems theory)적 관점에서 보면 조직이란 표준이나 규범으로부터의 이탈을 바로잡으려는 작용인 환류작용(feedback)을 통해 체제 균형을 유지하는 자기규제적 체제(self-regulating system)로 파악된다. 긍정적 환류(positive feedback) 혹은 편차증폭 환류(deviation-amplifying feedback)는 체제의 변화를 유발시켜 주며, 부정적 환류(negative feedback), 혹은 편차상쇄 환류(deviationcounteracting feedback) 기능과 내부안정화 장치(built-in stabilizer)에 의한 환경으로 부터의 개별성 유지 기능인 유형 유지 기능(pattern maintenance function, 혹은 latency function)을 통해 항상성을 유지한다.

체제란 부분 요소들이 상호 기능적으로 연결된 것이므로 전체적인 관점

---

1) 체제이론 이외의 조직사회학적인 조직이론들(예컨대 갈등이론, 해석학, 현상학, 비판이론적 조직이론 등)에 대한 자세한 논의는 최창현(working paper), 조직이론 관점의 다양성: 해석 및 비판이론을 중심으로 참조.

(holistic view)에서 파악되어야 하며, 항상성의 유지를 통한 균형을 강조하는 자기규제적 체제이기 때문에 부정적 환류 혹은 편차상쇄 환류 기능과 내부안정화 장치를 통한 안정과 타성이 지배적이다. 비록 갈등이 존재하나 제도화되거나 궁극적으로는 해소될 수 있다고 본다. 조직 변화는 외부환경으로부터 점진적으로 발생한다. 대부분의 조직환경이론은 조직과 환경 간의 적합도를 유지하면 궁극적으로 조직효과성을 제고할 수 있다고 본다.

1 폐쇄체제이론: 고전적 조직관 및 신고전적 조직관

<표 5-1>은 조직 변화의 소재지에 따른 조직이론의 분류로 이론이 처방적인가 혹은 기술적인가 하는 차원과 체제 및 환경 간의 관계에 대한 관점이라는 차원에 입각해 조직 변화의 소재지에 따라 조직이론을 분류한 것이다.

<표 5-1>의 I분면의 고전적 조직이론은 조직의 목적이 합리적인 방법에 의해 세부적인 과업으로 분할(분업의 원리에 입각한 세분화 및 전문화)될 수 있을 뿐만 아니라 조직의 총체적인 목적 달성을 위해 재결합(통합 및 조정)될 수 있다고 본다. 이러한 개념의 발상은 전체가 원자로 분할될 수 있고 또한 그 분할된 원자는 다시 전체로 재결합될 수 있다는 원자론(atomism) 및 기계론(mechanism)을 근간으로 단순하고 질서정연한 세계관을 갖는 뉴턴의 기계론적 패러다임(Newtonian mechanical paradigm)에 입각한 것이라 볼 수 있다. 이는 근대를 움직인 기본적인 사상 체계로서 사회 제반에 지대한 영향을 미쳤다. 조직론적 견지에서 볼 때 베버는 이러한 패러다임에 의거한 법률적, 합리적인 관료제조직(legal-rational beaurocracy)이 점점 증대되는 것은 역사적인 불가피성에 의한 것이라고 굳게 확신하고 있다.

고전적 조직론의 비인간화 경향에 대한 우려가 증대됨에 따라 인간에 역점을 둔 조직적 인도주의(organizational humanism)가 대두되기 시작한다. 비록 일련의 인도주의운동이 인간적인 요소를 고양하려 했으나, 그 자체

〈표 5-1〉 조직 변화 소재지에 따른 조직이론 분류

이론 \ 체제	폐쇄적 인공 체제	개방적 자연 체제	자기조직
처방적 이론	Ⅰ 조직구조	Ⅲ 인간 관계	Ⅴ 자기조직적 설계
	• 수직명령 • 권한계층제 • 분업에 입각한 전문화, 정형화 • 경제적 유인 • 지시 • 고정적 조직론	• 사기 진작 • 비공식집단 • 정형적 직무는 심리적 긴장감 초래 • 비경제적 유인 • 동기부여 • 인간관계론	• 기능의 가외성(加外性) • 필요적 다양성 • 최소한의 구체화 • 학습을 위한 학습 • 자기생성 • 자생이론(holography)
기술적 이론	Ⅱ 운영분석	Ⅳ 상호작용분석	Ⅵ 자기조직화 과정
	• 문제의 구체화 • 비용/이익 분석에 입각한 대안 비교 • 정형화 • 의사결정이론	• 조직과 환경 간 상호작용 영향 • 갈등은 당연 상호 모순적 • 조직 목표 적응 • 라마르크의 적응 다윈의 도태 변증법적 분석	• 분기점 내의 환경 변화 • 분기점 밖의 환경 변화 • 혼돈 속의 질서 • 자기조직화 분산구조이론

* 상호작용분석은 애스틀리와 반 드 벤(Astley & Van de Ven, 1982)의 조직이론 분류와 같이 더 구체적으로 세분화될 수 있다. 그들은 조직이론을 결정론적 혹은 임의론적 지향성 그리고 거시적 혹은 미시적 분석 수준이라는 두 개의 상호 배나적인 차원에 의해 체제구조적 관점(system-structural view), 전략적 선택 관점(strategic choice view), 자연도태 관점(natural selection view), 집단적 행동 관점(collective action view) 등의 네 가지 관점으로 구분한다. 이 네 가지 관점의 구체적인 비교, 분석에 대해서는 최창현(1992) 참조.

목적이 되지 못하고, 조직 목표를 달성키 위한 인도주의적인 수단으로 머물고 만다(<표 5-1>의 Ⅲ분면).

뉴턴의 기계론적 패러다임에 입각한 고전적 조직이론 및 신고전조직이론(인간관계론)의 공통된 특성은 모든 조직체가 동일하다는 가정에 입각해 좋은 행정관리 원칙은 어떤 조직에도 보편타당하게 적용될 수 있다고 본다. 사이먼(H. A. Simon) 등을 비롯한 의사결정학파는 행정관리 원칙이 마치 격언과 같이 상호 모순적일 수도 있다는 점을 지적하면서 조직분석의 초점을 처방적 관리 원칙의 제시보다는 의사결정 과정에 대한 기술적 분석으로 전환할 필요성이 있다고 주장한다(<표 5-1>의 II분면). 신고전적 조직이론에 지대한 공헌을 한 버나드(Barnard, 1938)와 의사결정학파의 결성에 기여한 사이먼(Simon, 1976)은 모두 기여-유인-만족 균형 체제(contribution-inducement-satisfaction equilibrium system)의 유지를 강조해 조직의 내적 역동성만을 중시했기 때문에 균형모형적 폐쇄체제이론가[2]로 불린다.

I, II, III분의 고전 및 신고전 조직이론과 운영분석이론에 대해서는 제6장 관료제에 관한 미시이론에서 상술한다.

2 개방체제이론: 적응관, 조작관, 도태관 및 상호작용관

폐쇄체제이론의 경우에는 조직의 기술, 직무불확실성, 환경, 조직 규모, 목표 및 권력 등의 상황적 요소들에 관심을 들지 않고, 분석 단위를 한 조직체 내의 개인이나 소집단에 국한시킨다. 개방 체제는 체제이론에서 지배적인 이미지였다. 대부분의 조직 문헌은 조직을 생물학적 유기체에 비유하여 내부적 능률성보다는 균형 상태로부터의 이탈을 바로잡으려는 환류작용을 통한 항상성의 유지, 즉 체제 생존을 강조한다. 이러한 점은 체제와 상황적 환경 간의 관계에 관심을 집중시킨다(최창현 역, 1992).

'단일 최고 방법'(Taylor, 1967)이 가능한 것도 모든 조직이 동일하다는 가정 하에서는 타당한 듯하다. 그러나 조직마다 각각 직면한 상황이 상이하다는 가정 하에서는 다른 이론의 대두가 요구되는 바, 이것이 바로 상황이론이다.

구조적 상황이론(structural contingency theory: SCT)이란 가장 적절한

---

2) 장지호(1981: 307)는 "종래 대부분의 조직론에서는 조직을 폐쇄적인 것으로 보는 견해가 지배적이었다"고 전제한 후 개방체제이론을 소개하고 있으며, 오세덕(1985)은 버나드나 사이먼의 균형모형의 한계성에 대해 언급하고 있으나, 그 한계성을 극복할 수 있는 대안을 제시하지는 않았다.

조직 형태는 단일 최고 방법(one best way)에 의해 결정되는 것이 아니라 조직이 처한 상황적 조건에 좌우된다는 것이다. 번스와 스토커(Burns & Stalker, 1961)에 의하면 합리적인 조직 형태는 기계적(mechanistic)일 수도 있고, 유기체적(organismic)일 수도 있다고 본다. 어느 형태가 더 합리적인가의 문제는 직무불확실성과 같은 상황적 요인에 달려 있다는 것이다. 이러한 이론은 한 조직 내의 하위 단위에도 적용될 수 있다. 예컨대, 로렌스와 로쉬(Lawrence & Lorsch, 1967)는 한 조직 내에서도 여러 형태의 조직구조가 고안되어야 한다고 본다. 이는 한 조직이라도 다양한 하위 환경(subenvironments)에 직면할 수 있기 때문이다.

대부분의 현대 조직환경이론은 조직과 환경 간의 적합도를 유지하면 궁극적으로 조직효과성을 제고할 수 있다고 본다. 예를 들면, 체제구조적 관점(system-structural view)을 대표하는 구조적 상황이론(SCT)은 조직과 기술적 환경 간의 적합도를 유지하려 한다. 최종 상태에 도달하는 데 여러 방법이 가능하다는 원리인 등종국성(等終局性, equifinality)의 원칙은 인과성의 개념이나 테일러의 '단일 최고 방법' 개념과는 근본적으로 다른 것이다. 또한 체제가 당면한 복잡한 환경만큼 체제 내부 구조도 다양해야 한다는 필요적 다양성(requisite variety) 원리를 상기해 본다면 체제이론적 관점에서 '단일 최고 방법'이란 존재하지 않는 것이다(최창현, 1992). 그 대신 한 조직체가 상이한 하위 환경에 직면할 수 있기 때문에 한 조직 내에도 다양한 조직구조화가 필요하다는 것이다(Mintzberg, 1983; 1979, Lawrence & Lorsch, 1967).

전략적 선택 관점(strategic choice view) 중의 하나로 분류할 수 있는 자원종속이론(resource dependency theory: RDT)은 조직과 조작화(enacted)된 인위적 환경 간의 적합도를 유지하려 한다(Pfeffer, 1982). 상황이론의 특징 중 하나는 환경에 대한 결정론적인 지향성인데, 상황이론의 대안으로 대두된 전략적 선택 관점은 환경에 대한 임의론적인 지향성을 강조해 의사결정자가 전략적 선택을 통해 어느 정도는 상황적 제약 조건을 완화할 수 있다는 것이다.

생성적, 무작위적 행동 관점 중의 하나인 제도적 이론(institutional theory:

IT)은 조직과 사회문화적·제도적 환경 간의 적합도를 유지하고, 자연도태 관점(natural selection view)을 대표하는 시장 및 위계이론(markets & hierarchies theory: MHT)은 조직과 경제적 환경 간의 적합도를 유지하려 하며(Williamson, 1981), 개체군생태학이론(population ecology theory: PET)은 조직과 자연적 환경간의 동질성(isomorphism)을 유지하려 한다(Hannan & Freeman, 1988 ; 1984 ; 1977; Carrol, 1988; Tucker et. al., 1988; Ulrich, 1987).

위에서 논급한 여러 이론은 변화가 외부 환경으로부터 점진적으로 발생한다고 보며, 이러한 점진적인 환경 변화에 대해 조직이 대처할 충분한 능력이 있다고 보나, 개체군생태학이론의 주장은 일단 체제 균형을 유지하면 환경이 변화하더라도 구조적 타성으로 인해 환경에 대한 적응 능력이 저하된다는 것이다. 따라서 조직 변화가 환경에 대한 적응이라는 라마르크적 적응이라기보다는 다윈적 선택이라는 것이다. 라마르크적 적응이든 다윈적 선택이든 결국 조직 변화의 소재지는 환경이다.

환경에 대한 적극적 조작 관점 혹은 다위니즘적 자연도태 관점은 이것 아니면 저것이라는 사고 방식, 다시 말해 조직이 환경을 조작하거나, 혹은 환경이 조직을 선택한다는 사고에 입각해 있다. 더욱이 이들 관점은 변화가 환경으로부터 발생된다는 생각에 의해 지배된다. 비록 라마르크적 적응관(예컨대 구조적 상황이론)과 다윈적 자연도태관(예컨대 개체군생태학이론)을 둘러싸고 많은 논란이 있지만, 체제 관점에서는 라마르크적 적응 관점이든 다윈적 선택 관점이든 결국 조직 변화의 소재지는 환경이다(<표 5-1>의 IV 분면).

IV분면의 변증법적 분석의 경우 조직 변화의 소재지는 조직과 환경 간의 상호작용이라고 볼 수 있다. 조직 그 자체에 정(正, thesis)과 반(反, anti-thesis)이라는 극단성의 씨앗을 잉태하고 있다는 변증법적인 분석(dialectical analysis)이 변화의 소재지 혹은 초점을 환경으로부터 조직으로 이전시킨다. 벤슨(Benson, 1977)은 조직이 환경을 통제하거나 혹은 환경인 조직을 선택한다는 극단적 과정에 대한 변증법적 조화를 주장하며, 이러한 주장이 함축하는 바는 변화가 조직과 환경 간의 상호작용을 통해 발생된다는 것이다.

벤슨(Benson, 1977)과 자이츠(Zeitz, 1980)의 주장에 의하면, 사회는 지속적으로 무엇인가가 되어가는 상태이며, 모건(Morgan, 1986)은 이를 흐름과 변형으로서의 조직(organization as flux and transformation)이라고 지칭한 바 있다.

흐레비나악과 조이스(Hrebiniak & Joyce, 1985)는 애스틀리와 반 드 벤(Astley & Van de Ven, 1983)의 임의론과 결정론이 단일 연속선상의 극단이라기보다는 두 개의 독립적인 변수를 구성하는 것이므로 조직의 적응에 관한 대부분의 문헌이 자연도태이론과 전략적 선택이론에 초점을 맞춰 왔다는 점에서 이 두 가지 관점의 상호작용 내지는 중첩되는 연구가 필요하다고 주장한다. 레빈탈(Levinthal, 1991)과 오석홍(1989b: 115)도 적응관과 도태관이 애스틀리와 반 드 벤(Astley & Van de Ven, 1983)의 주장처럼 상호 보완적인 관점일 뿐만 아니라 근본적으로 상호 연관된 과정이라는 입장을 보인다.

변증법적 분석틀의 중요한 초점은 사회적 행동이 합리적 행동 관점처럼 적극적인 동시에 외부적으로 제한적인 관점처럼 소극적이며, 이러한 두 가지 경향이 조직행위자와 조직 외적 자원 간의 지속적인 상호작용 과정에서 여러 단계를 반영한다는 것이다. 따라서 벤슨(Benson, 1977)은 조직이 환경을 통제하거나, 혹은 환경이 조직을 제약한다는 극단적 과정에 대한 변증법적 조화를 주장하며, 이러한 주장이 함축하는 바는 변화가 조직과 환경 간의 상호작용을 통해 발생된다는 것이다.

전통적인 조직이론들은 변화란 환경에서 비롯되는 것이라는 생각에 의해 지배당해 왔다. 앞에서 이미 보았듯이 조직은 개방 체제(open system)로서 생존을 위해 필요한 여러 조건을 창조하는 한 수단으로서 투입물을 산출물로 변화시키고, 그 외부적인 환경과 상호작용하는 것으로 간주되었다. 비록 조직의 생존에 영향을 미치는 주요한 요인이 적응(adaptation)인가 아니면 선택(selection)인가에 대해 많은 논쟁이 있어 왔지만, 라마르크적 적응 관점과 다윈적 선택 관점은 조직이 당면한 주요한 문제들이 환경에서의 변화로부터 유래한다고 믿는 점에서는 일치했던 것이다.

<표 5-1>의 I, II, III분면과 IV분면의 이론 중 라마르크적 적응 관점과

다원적 선택 관점은 갈등을 체제 와해적인 것이며 제거되어야 할 것으로 간주하나, IV분면의 변증법적 분석과 V 및 VI 불면의 이론은 갈등이 당연한 현상이며 때로는 발전적 순기능을 수행하기도 한다고 본다.

<표 5-1>의 V와 VI 분면의 경우는 조직 변화가 발생하는 원인에 대해 기존의 조직이론적 관점과는 전혀 다른 관점을 보인다. 조직이 환경에 수동적으로 적응하거나 환경을 적극적으로 조작하거나 혹은 환경과 상호작용할 수 있다는 대전제는 질서정연함 속의 질서(order in the orderliness)를 상정하고 단순하고 질서정연한 세계관을 갖는 뉴턴의 기계론적 패러다임이나 역전환 가능성(negative entropy)을 상정하는 균형모형의 경우에만 타당하다.

그러나 이 역전환 가능성을 상정하는 균형모형은 역전환 불가능성(entropy) 개념에 의해 도전받고 있다(Rifkin, 1981). 혼돈으로부터의 질서(Prigogine & Stengers, 1984), 즉 환경의 분석 불가능성을 상정하는 비균형모형의 경우는 이러한 대전제가 뿌리째 흔들린다는 것이다.[3)]

3 혼돈이론: 자기조직화

균형체제모형은 마투라나와 바렐라(Maturana & Varela, 1980)에 의해 발전된 체제이론에 대한 새로운 접근법인 자생이론(theory of autopoiesis)[4)]과 제2의 인공지능학파(Maruyama, 1963)에 의해 도전받게 되었다. 체제는 운영 규범으로부터의 이탈을 규제하고 수정하도록 해 주는 부정적인 순환고리 과정을 유지함으로써 안정된 균형을 유지할 수 있고, 또한 새로운 조건의 변화를 수용하기 위해 규범을 수정할 수 있게 해 주는 이중적 순환학습(double-looplearning)의 능력을 개발함으로써 체제는 스스로 진화해 갈

3) 이창신(1984)도 비평형 체제에 대한 연구의 필요성을 역설하고 있다. 이에 대해서는 이창신(1984: 557-573) 참조.

4) 오세철(1990)은 자생 토란으로 번역하고 있다. 이와 유사한 개념인 자기조직화는 자율 체제를 생성하고 재생성하는 자기조직 과정으로 정의할 수 있다(Dobuzinsky, 1987). 자기조직화의 일례로는 비즈니스 리엔지니어링(business reengineering: 1993년 5월 10일자 조선일보) 참조.

수 있음을 강조한다. 이러한 관점에서 자생이론은 프리고진과 스텐거스 (Prigogine & Stengers, 1984) 등의 혼돈이론에 입각한 '분산구조(dissipative structure)'에 관한 연구와 일맥상통한다. 그뿐만 아니라 이와 유사한 생각은 사회 체제에서도 적용되고 있음이 관찰되어 왔다(Jantsct, 1980; Leifer, 1989). 이 분산구조 개념을 사회 체제에 적용하려는 시도가 <표 5-1>의 V와 VI의 자생이론 혹은 자기조직화라 할 수 있다.

자생이론 혹은 자기조직화라는 개념을 이해하려면 혼돈이론에 대한 설명이 필요하다. 원자론 및 기계론을 근간으로 단순하고 질서정연한 세계관을 갖는 뉴턴의 기계론적 패러다임에 입각한 전통적인 과학은 작은 입력으로 균등하게 작은 효과를 거둘 수 있는 선형관계 및 인과 관계가 관심의 대상이며, 안정, 질서, 균형 및 평형 등을 강조하는 경향이 있다. 이에 반해 혼돈이론은 작은 입력으로 막대한 효과를 유발시킬 수 있는 비선형 관계 및 순환고리적 상호 관계, 그리고 시간의 흐름에 더욱 민감한 일시성 등에 주의를 돌리고 있다.

혼돈이론이 특별히 관심을 끌고 있는 이유 중의 하나는 오늘날의 사회적 변화의 특징을 설명할 수 있는 무질서, 불안정, 다양성, 비평형 등을 부각시키고 있기 때문이다. 이러한 혼돈(chaos) 개념을 둘러싼 주요 논쟁은 질서와 조직화가 사실상 '자기조직화'의 과정을 통해 무질서와 혼돈으로부터 자생적으로 발생할 수 있다는 주징 때문이다.

조직이 환경에 수동적으로 적응할 수 있거나 적극적으로 환경을 조작하거나, 혹은 환경과 상호작용할 수 있다는 대전제는 질서정연함 속의 질서, 즉 분석 가능한 환경을 상정하는 균형모형의 경우에만 타당한 것이지, 혼돈으로부터의 질서, 즉 분석 불가능성을 상정하는 비균형모형의 경우에는 변화나 갈등을 당연한 것으로 간주하는 것이 유용할 수도 있다. 조직 발전 및 조직 변화 이론의 경우에도 환경과의 적합도를 유지하는 구조 변화에 치중하는 계획적 변화가 주종을 이루고 있다. 그러나 환경에 대한 분석 가능성을 가정하는 경우에만 계획적 변화는 가능하다.[5)]

5) 엔트로피 없는 비균형 상태를 유지할 수 있는 자기조직화 체제를 의미하며, 균형 체제와

환경이 급변하는 경우 인지적 능력을 극복하기 위해 문제해결책을 정형화하려는 경향이 있으나 이러한 정형화는 하나의 흐름에 불과하다. 일반적으로 균형모형은 체제의 균형을 파괴할 우려가 있는 변화를 위기로 인식하나, 비균형모형에서는 자기혁신의 호기로 인식될 수 있다. 문자 그대로 위기는 위험과 기회를 동시에 함축하고 있다.

혼돈이론에 의하면 모든 체제은 끊임없이 '요동'치고 있는 종속적인 체제들을 포함하고 있다는 것이다. 라이퍼(Leifer, 1989)는 환경으로부터의 위기가 증가함에 따라 환경의 분석 가능성 정도가 떨어질 뿐만 아니라 항상성의 유지 자체가 곤란해지는 분기점(bifurcation point)에까지 이른 혁명적인 순간에는 변화가 어느 방향으로 일어날 것인가 하는 것을 미리 결정하는 것이 본질적으로 불가능하다고 말한다. 즉, 체제가 '혼돈' 속으로 와해되어 갈지, 또는 요동을 통한 새로운 동태적 질서([그림 5-1]의 직선 부분)

[그림 5-1] 분산구조

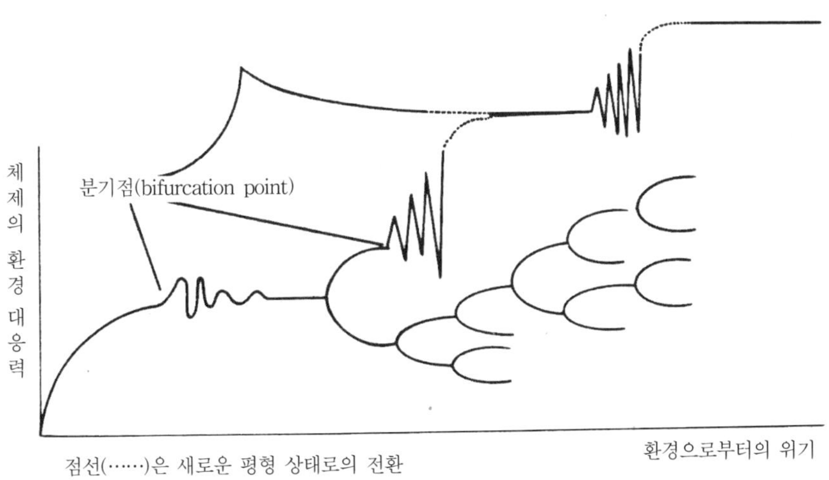

*출처: Leifer(1989)를 필자가 수정 보완함.

대비되는 개념이다. 이 개념을 조직 변화에 적용한 예는 [그림 5-1] 참조.

라고 부르는, 좀 더 고차원의 질서 내지는 조직화의 방향으로 도약할지 알 수 없다는 것이다([그림 5-1] 참조).

분산구조모형이 시사하는 바는 조직이 분기점에 도달하는 경우 과거와는 전혀 다른 자기혁신적 방법으로 운영되어야 한다는 것이다. 그렇다면 환경에 대한 조직의 수동적 적응, 구조적 타성(structural inertia)으로 인한 유지 보존(retention) 메커니즘의 한 형태로서의 관료제화를 극복시켜 줄 수 있는 방법은 무엇인가? 그것은 자기조직화를 가능하게 해 주는 홀로그래픽설계(holographic design)를 위해서는 다음의 네 가지 상호 기능적으로 연관된 조직화 원칙들이 필수적이다(<표 5-1>의 V와 VI 참조).

첫째, 여러 기관에 한 가지 기능이 혼합된 중첩성(overlapping)과 동일 기능이 여러 기관에서 독립적으로 수행되는 중복성(duplication) 등을 포괄하는 개념(백완기, 1992)인 가외적 기능의 원칙(principle of redundant functions),[6] 현대 조직에서 필요한 지식과 기술의 범위는 너무나 광대해 모든 조직구성원이 모든 부문에 정통하기란 불가능한 일이기 때문에 과연 어느 정도의 가외성을 확보하는 것이 바람직한가 하는 문제가 대두된다. 이러한 문제에 대한 해답을 줄 수 있는 것이 바로 필요다양성의 원칙이다. 이 두 번째 원칙에 의하면, 어떤 한 체제가 환경에 의해 제기된 문제에 효과적으로 대처할 수 있으려면 그 자기규제적인 체제의 내부적인 다양성은 당면한 환경의 다양성과 복잡성에 상응해야만 한다. 셋째, 절대적으로 필요한 핵심적인 사항 이외에는 세부적인 표준운영절차(SOP)를 지정해 주어서는 안 된다는 핵심적 사항에 대한 최소한의 구체화 원칙(principle of minimum critical specification)과 넷째, 규범이 행동의 적절한 근거가 되는가의 여부를 판단하는 기능인 학습을 위한 학습의 원칙(principle of teaming to learn) 등이 있다(Morgan, 1986).

이러한 네 가지 원칙이 상호 기능적으로 작용하는 조직은 분기점에 도달하는 경우 요동을 통한 새로운 동태적 질서(new dynamic order through

6) 조직의 신뢰성을 증진시켜 주는 가외성에 대한 자세한 논의는 랜드(Land, 1969), 벤더(Bender, 1985)와 김영평(1991) 참조.

fluctuations), 즉 분산구조(dissipative structure)로의 끊임없는 자기혁신이 가능하다.

제 3 절 로트카-볼테라(Lotka-Voltera)모형

지금까지 조직이론 관점의 변천을 비교, 분석한 결과에 의하면 기존 조직이론은 거의 대부분이 근본적으로 균형이론에 입각한 체제이론이라 할 수 있다. 이러한 균형체제이론이 지닌 한계성을 극복하기 위해서는 혼돈이론을 원용한 조직이론의 도입 가능성에 대한 검토가 필요하다. 이를 위해 균형체제이론 중의 하나인 개체군생태학이론의 로트카-볼테라모형에 대한 혼돈이론적 모의실험을 통해 균형체제모형에서 간과되어 온 비균형 체제의 혼돈적 행태를 규명해 봄으로써 과연 앞서 [그림 5-1]에서 설명한 분산구조가 가능한가를 검증해 보려 한다.

생태학자들은 로트카-볼테라모형에 따라 개체 수가 증감을 계속하더라도 그것은 잠재되어 있는 평형 상태의 주위를 진동할 것이라고 추측했다. 평형 상태는 중요한 것이었다. 그래서 생태학자들은 평형 상태가 없을 수도 있다고는 생각하지 않았다. 어떠한 교재도 혼돈으로부터의 질서의 상태가 일어날 수 있다는 점은 인정조차 하지 않았다(박배식·성하운 역, 1993). 그러나 혼돈이론적 관점에서 보면 입력의 미세한 차이가 출력에서 엄청나게 큰 차이로 나타남을 강조한다.

앞서 언급한 바와 같이 단 한 번의 미세한 요동이나 복합적인 요동이 긍정적 환류 혹은 편차증폭 환류의 결과로 너무 강해져서 기존의 조직을 파괴하기도 한다. 이 현상은 '초기 조건에의 민감한 의존성(sensitive dependence on initial conditions)'이라고 불리는데, 이 연구에서는 r과 K를 상수로 취급한 로트카-볼테라모형을 모의실험 패키지인 다이나모(Dynamo)를 이용해 모의실험했다.

1 개체군생태학이론의 로트카-볼테라모형

앞서 논의된 바와 같이 조직과 환경과의 관계에 대해 개체군생태학이론은 환경이 조직을 선택, 혹은 도태시킨다고 주장하는 점에서 여타 이론과는 상이한 관점을 보이나, 조직개체군의 규모가 균형 상태에 도달한다고 상정한다는 점에서 근본적으로 균형이론이다. 또한 선택 혹은 도태 과정은 이중적 상호작용(double interact) 과정(Weick, 1979), 혹은 순환고리(feedback loop)적 과정이다. 이러한 선택(도태) 과정을 설명하기 위해 로트카-볼테라모형(LV Model)을 이용한 경쟁이론(competition theory)을 소개한다.

S자형 개체군성장모형(logistic population growth model)을 환경의 한계수용 능력 K로 표현하면, a 시점에서 $a+dt$ 시점까지의 조직개체군 수 N의 평균변화율은

$$dN/dt=rN[K-N/K] \quad \text{(식 1)}$$

$$r=a_0-b_0$$

r은 자연성장률 또는 환경 변화에 대한 구조적 대응 능력

r은 자원 제약이 없을 경우의 성장률, 즉 개체군 수가 환경의 한계수용 능력보다 작을 경우의 성장률이며, 환경의 수용 능력은 인구(Carroll & Delacroix, 1982), 노동력(Hannan & Freeman, 1987) 및 소비 수준(Brittain & Sterns, 1985) 등과 같은 생태학적 외생 요인의 함수로 모형화된다.

두 번째 개체군의 규모가 첫째 개체군의 성장률을 감소시킨다면 두 개의 개체군은 경쟁적이라고 볼 수 있다. 만일 두 개의 개체군이 상호작용한다면 서로의 개체군 성장에 영향을 주게 되고 또 다른 용어(term), 즉 경쟁계수가 각 방정식에 도입되어야 한다. 동일한 자원을 놓고 경쟁하는 두 개체군은,

$dN_1/dt=r_1N_1\ [k_1-N_1-a_{12}N_2\ /\ K_1]$ ································ (식 2a)
$dN_2/dt=r_2N_2\ [K_2-N_2-a_{21}N_1\ /\ K_2]$ ································ (식 2b)

a_{12}, : a_{21} 경쟁 계수(competition coefficient)
a_{ij}: j개체군의 밀도(density)가 i군의 증가율에 미치는 영향의 크기

이 모형을 두 개 이상의 개체군에 적용할 수도 있다. 경쟁하는 개체군이 M개일 경우의 개체군 i의 증가율은

$dN_i/dt=r_iN_i\ [K_i-\sum a_{ij}N_j\ /\ k_i]$ ·· (식 3)
$a_{ij}=-1$

2 모의실험 결과

[그림 5-1]에 나타난 바와 같이 초기 조건에의 민감한 의존성에 의한 분산구조의 조건을 검증하기 위해 위에서 설명한 LV모형의 모의실험 결과가 [그림 5-2]와 [그림 5-3]에 나타나 있다. 성장률이 극히 낮은 값일 때 개체군은 멸종될 것이며, 성장률의 값을 증가시키면(r=1.7), 개체 수는 균형 수준을 유지한다.[7] 성장률의 값을 더욱 증가시키면 그 균형은 둘로 나뉘고(주기 2가 되고) 개체 수는 두 가지 다른 수준 사이에서 진동하게 된다. 분기 현상(bifurcation)은 점점 빨라진다. 그리고나서 그 체제는 혼돈(chaos) 상태를 보이게 된다.

[그림 5-2]는 균형모형에 입각한 모의실험 결과이며, [그림 5-3]의 t_{50} 시점까지는 [그림 5-2]과 유사한 안정적 균형 상태를 보인다(r=1.7), [그림 5-3]의 오른쪽 부분, 즉 t_{50}시점 이후부터는 일시적으로 불안정해 보이는 극히 불규칙적으로밖에 볼 수 없는 혼돈적 행태를 보이나(r=2.2), t_{300}시점까지 장기적인 관점에서 보면 불규칙성 속의 규칙성을 찾아볼 수 있다(r

7) 균형체제모형으로서의 LV모형에 대한 여러 조직개체군 간의 상호작용을 통한 조직개체군 수의 변화 추이에 대한 상세한 모의실험 결과는 최창현(1993a) 참조.

=2.8).

[그림 5-3]에 나타난 바와 같이 아주 단순한 결정론적인 균형 체제도 초기 조건에 대한 민감한 의존성으로 인해 조직 내적 혹은 환경적 조건의 미세한 변화조차 체제 진화에 엄청난 변화를 가져오는 혼돈적 행태(chaotic-behavior)를 보일 수 있다. 사회 체제의 혼돈적 행태를 인정한다면 조직과 환경 간의 균형의 유지가 곧 효율적 조직이라 여기는 균형체제이론은 요동

[그림 5-2] 균형모형에 입각한 모의실험 결과(I)

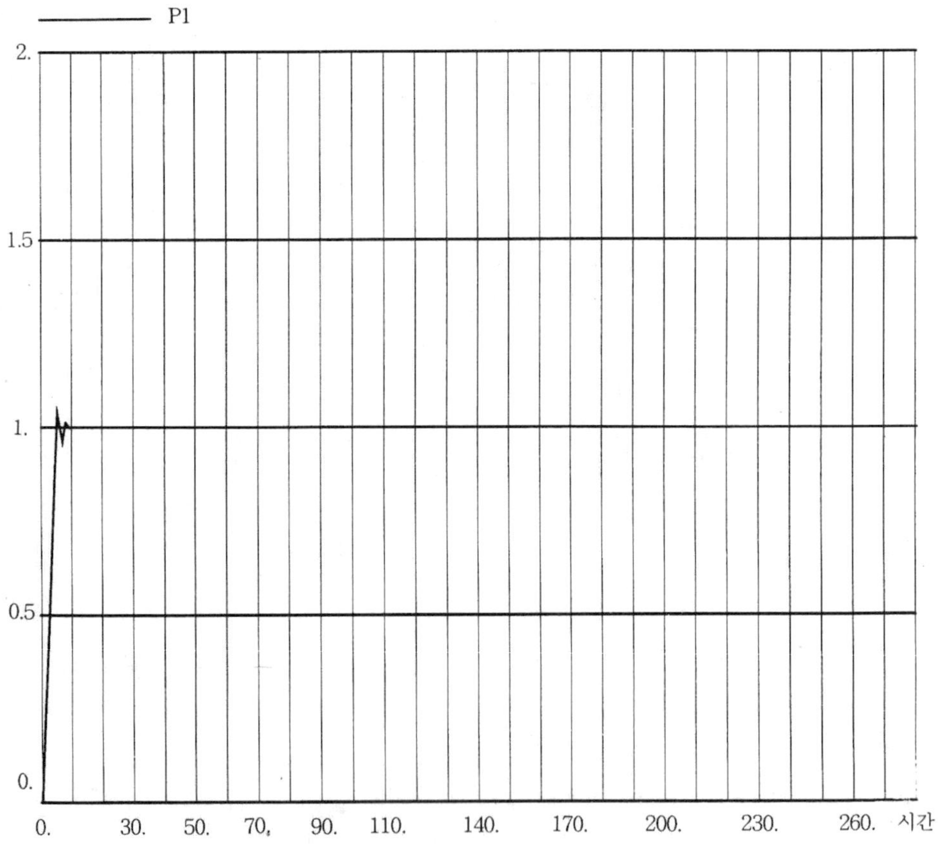

을 통한 새로운 동태적 질서, 즉 분산구조 ([그림 5-1] 참조)로의 끊임없는 자기혁신이 어려우나, 혼돈모형에 입각한 자기조직화이론은 균형모형에 입각한 기존 조직이론의 한계성을 극복하는 대안적 패러다임을 제공해 줄 수 있을 것이다.

[그림 5-3] 균형모형에 입각한 모의실험 결과(II)

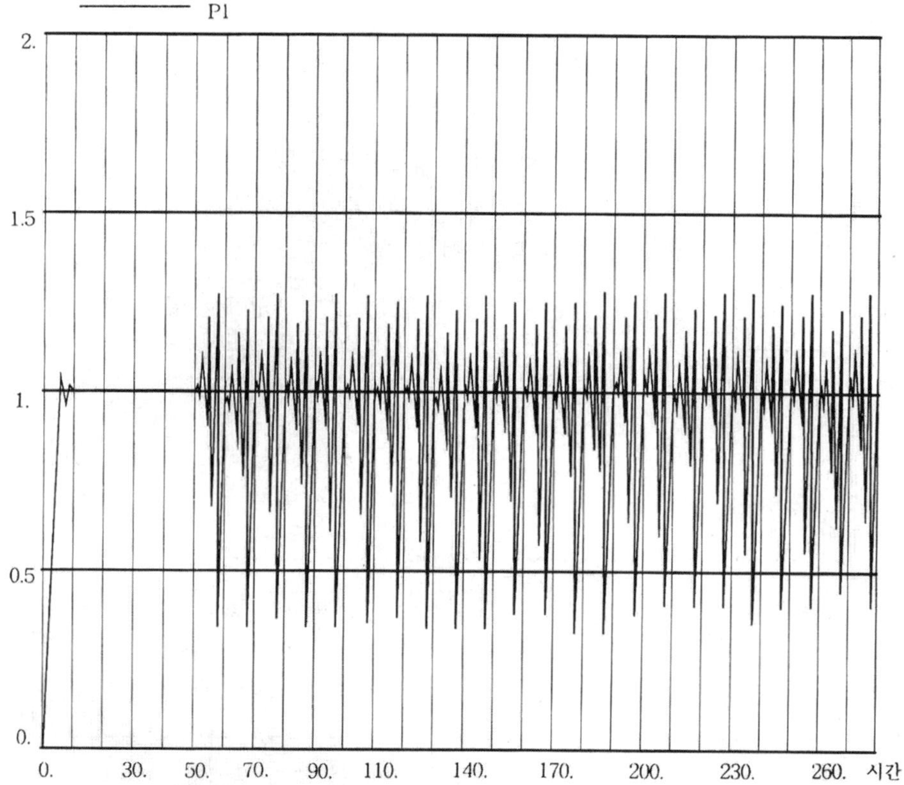

제 4 절 결어

이 연구의 모의실험에서 나타난 바와 같이 아주 단순한 결정론적인 균형체제도 초기 조건에 대한 민감한 의존성, 예를 들면 조직 생성 당시의 조직구조로 인해 조직 내적 혹은 환경적 조건의 미세한 변화조차 체제 진화에 엄청난 변화를 가져오는 혼돈적 행태를 보일 수 있다.

만일 단순한 결정론적인 체제도 혼돈적 행태를 보일 수 있다면 복잡한 체제늘 더욱 더 혼돈적 행태를 보일 것이라고 생각할 수 있다.

결정론과 선형성에 입각한 균형체제모형에 대한 도전이라 할 수 있는 혼돈이론적 관점을 수용한다면 조직의 구조 및 과정은 외부 생성(exogenesis)이나 내부 생성(endogenesis)의 결과가 아니라 자기생성(autogenesis)의 결과로 인식된다(Pennings, 1992; Drazin & Sandelands, 1992). 다시 말해 적응관, 조작관 및 상호작용관보다는 자기조직화 관점에서 조직을 연구해 볼 필요가 있다는 것이다.

이 연구의 모의실험 결과가 함축하는 바로는 첫째, 혼돈적 행태는 장기적인 관점에서 사회 체제를 파악할 필요성을 일깨워 주는데 그레거슨과 세일러(Gregersen & Sailer, 1993)의 주장처럼 조직이론이 횡단적 자료(cross-sectional data)에 의존하는 한 사회 체제의 혼돈적 특질을 포착하는 데는 한계가 있을 것이다. 둘째, 기존 통계학적인 방법론을 사용해 본질적으로 혼돈 체제를 분석하는 경우 통계적인 결과는 나쁠 수밖에 없으므로 모의실험 기법이 유용하다.

그리고 모의실험 결과에서 나타난 바와 같이 혼돈적 행태가 체제의 한 특징이라면 혼돈이론에 근거한 자기조직화는 기존 균형체제모형으로는 극복하기 어려운 관료제조직의 자기혁신에 많은 시사점을 던져 준다. 일부 혁신적인 조직들은 주요 운영 부문들을 재구조화하기 위해 이 원칙을 확장, 적용하기 시작했다.

미국의 경우 상당한 수의 지방정부가 위탁관리형을 취하고 있으며, 행정기관에서 준자율적 근무집단(semi-autonomous work group) 및 유연근무제(flexible work scheduling)(Martin, 1983) 등이 시도되고 있다. 일본 이즈모시(出雲市)의 경우 백화점에서의 행정서비스제도나 연중무휴 행정서비스 제도 등을 제공하고 있고(1993년 5월 2일자, KBS 1 TV 방송), 강원도는 1993년 6월 1일부로 휴일민원처리제를 실시하고 있으며(1993년 5월 18일자 조선일보), 내무부는 민원 1회 방문처리제를 실시하고 있고, 강원도 강릉시의 경우 모든 시 공무원의 집 대문에 민원 처리의 집이라는 명패를 달고 접수된 민원을 아침 출근 시 갖고 가 퇴근 시 가져다 주는 제도를 실시 4월, 한 달간 천여 건의 실적을 올린 바 있다 (1993년 5월 26일자 경향신문).

이러한 자기창조적 발상은 관료제적 타성에 젖어 있는 한 쉽게 나오기 어려운 것이다. 관료제적 조직을 고수할 필요가 있는 행정조직을 재외하고는 급변하는 환경에 직면한 행정조직(예컨대 체신부, 통신공사, 과기처)에 우선 자기조직화 개념을 적용한 관료제의 자기혁신 방안을 고려해 볼 필요가 있다.

Chapter 06 관료제에 관한 미시이론

오직 명령, 지시뿐 !

제1절 미시적 조직이론의 역사

일반적인 연구 분야로서 조직이론은 비교적 그 역사가 짧다. 조직이 사회에서 점차 중요한 역할을 담당하게 되어서야 조직이론의 필요성에 관심이 주어진 때문이다. 조직이 발전하고 그 영역이 점차 확대됨에 따라 조직이론은 조직을 구조화하고 운영하는 최선의 방법을 결정하려는 시도에 따라 조직관리의 기본적인 관심을 반영하는 학문적이고도 실질적인 연구 분야로 대두된다.

조직이론에서 추구하는 근본 가치는 조직합리성을 극대화하는 것이며, 이는 투입 대 산출비(ratio of outputs to inputs)인 능률성으로서 협의적으로 정의되었다. 몇몇 이론가는 아직도 협의적으로 정의하고 있다. 초기의 접근법은 구조가 개인 근로자의 행태를 통제하고 완전한 구조가 결정되고 개발되고 활용된다면 본질적으로는 개인에 대한 관심을 가질 필요성을 제거해 주어 개인 행태를 완전히 통제할 수 있다고 주장하면서 구조를 강조한다.

이러한 초기 접근법은 고전적 조직이론(classical organization theory)으로 알려지기 시작했다(<표 6-1> 참조), 고전적 조직이론으로 잘 알려진 이론가와 행정가로는 테일러(Frederick W. Taylor), 베버(Max Weber), 어윅(Lyndall F. Urwick), 귤릭(Luther Gulick), 무니(James Mooney), 라일리(Alan Reiley)와 페욜(Henri Fayol) 등이 있다. 이들을 결합시킨 것은 조직관리가 과학이며 획일적으로 적용 가능한 법칙이나 원칙이 규명될 수 있고, 이를 통해 가장 좋고 가장 능률적인 조직을 만들 수 있다는 신념이었다.

『과학적 관리의 원칙(*The Principles of Scientific Management*)』이라는 저서에서 테일러는 조직 내의 모든 직무를 수행하기 위한 '단일 최선 방법'을 규명하기 위해 시간 및 동작 연구(time and motion studies)에 주로 의존하는 직무 과정에 대한 분석을 강조한다. 일단 이러한 단일 최선 방법이 규명되면 관리자의 다음 단계는 직무를 최선의 방법으로 완수하기 위한 근로자의 과학적 선발 및 훈련이다.

테일러는 근로자 동기의 복잡성 및 미묘성을 등한시했다는 점에서 비판을 받아 왔다. 테일러는 이에 대해 근로자와 관리자는 상호 공통적인 이해관계를 공유하고 있고 또한 그래야만 한다고 반박하는데 공동의 이해 관계란 근로자에 대한 고임금 그리고 관리자에 대한 높은 이윤을 향한 열망, 즉 금전에 초점을 둔 것이다. 그럼에도 불구하고 테일러의 근로자에 대한 접근법은 근본적으로 비인간적인 것이다.

다른 고전이론가들은 조직구조의 원칙에 초점을 맞추는데, 그들의 조직개념은 '통솔 범위', '명령 단일', '스칼라 체인', '분업', '목적, 과정, 장소 혹은 고객에 의한 조직화' 등이다. 테일러가 직무를 수행하기 위한 단일 최선 방법이 있다고 확신했던 것처럼 그들도 조직구조를 설계하기 위한 단일 최고 방법이 있다고 확신한 것이다. 그 결과 이들은 단순하고도 비현실적인 접근법이라고 비판받아 왔다.

가장 혹독한 비판 중의 하나는 그들의 과학적 원리가 마치 격언 같다고 설득력 있게 주장한 사이먼(Herbert A. Simon)에게서 비롯되었다. "거의 모든 원칙에 대해 상충적인 원칙을 발견할 수 있다." 그러한 비판에도 불구하고 이러한 원칙은 현대 조직이론 특히 공공조직이론에서 계속 중요한 역할을 하고 있다. 계층제적 명령구조와 제한적인 통솔 범위에 의해 그 권력이 강화되는 강력한 단일 행정부(executive)에 대한 주장이 주정부 및 연방정부를 개편하자는 지속적인 시도에 아직도 중요한 사항으로 남아 있다. 그 이유는 단일 관료에게 책임을 집중시킴으로써 민주적인 책임성을 고양시킬 수 있기 때문이다.

행정관리 원칙에 집착함으로써 비롯되는 조직구조는 베버의 저서에서 규정되고 기술된 고전적 관료제다. 베버의 '이념형'적 관료제에 대한 분석은 후세의 조직이론에 기초가 된다. 1921년 처음 발간된 관료제에 대한 베버의 논문은 1920년대 후반에 와서야 영어로 번역된다.

관료제가 널리 퍼짐에 따라 조직이론가는 관료제의 가장 큰 장점으로부터 또한 가장 큰 역기능(dysfunctions)이 초래된다는 점을 실감하게 된다. 관료제에 필수불가결하고 관료제를 특징짓는 규칙, 비인격성, 고정된 명령 체계, 전문화는 번문욕례(red tape), 비인간화, 경직성 및 비융통성, 그리고 따분하고 단조롭고 불만족스러운 직무를 종종 초래한다. 관료제가 이러한 수준으로 전락하면 관료제의 합리성 및 능률성은 감소되고 조직이론의 임무는 관료제에 내재된 역기능을 해결하는 방법을 발견하는 것이 된다.

이러한 시도 중 첫 번째는 메이요(Elton Mayo), 뢰슬리스버거(Fritz Roethlisberger), 그리고 딕슨(William Dickson)의 인간 관계적 접근법이다. 베버와 고전적 이론가들에게 핵심적인 조직 개념은 기계관료제이며 그러한 기계에서 일하는 인간은 중요하기는 하나 교환 가능한 부품으로서 간주되는 경향이 있다. 인간관계론자는 조직을 조직 내부의 집단이나 비공식 기구에 의해 또는 조직 외적인 요인에 의해 형성되는 개인의 태도, 가치, 신념 및 행태로 구성되는 사회 체제로 간주한다. 조직이론의 초점이 비공식조직으로 옮겨져 공식조직의 목적을 달성하기 위해 이를 이해하고 활용할 방법을 개발하려 한다. 특히 메이요는 다원주의적인 조직이론가로 대두된다. 정치이론에서의 다원주의자와 마찬가지로 실험 결과에 입각해 개인이나 조직이 아니라 집단이 가장 중요한 조직 요인이며 집단이야말로 개인 행태를 이해하고 통제하기 위한 열쇠가 된다고 확신한다. 중요한 집단을 통해 개인은 태도, 목적 그리고 의견을 갖게 된다. 조직 내에서 작업집단은 규범, 행태 그리고 동기의 중요한 원천이 된다. 개인에게 작업집단은 사회적 욕구를 충족시켜 주고 지위, 자기 표현 및 신분 보장을 제공해 준다. 아무리 공식조직이 잘 설계되어 있다 할지라도 직무집단 또는 사회적 집단인 비공식조직이 조직 목적과 반하는 경우 조직의 전반적인 성취도는 떨어진다.

1940년대까지 인간 관계적 접근법은 인도주의자적인 행정학파와 통합된다. 도주의자는 조직이론의 초점을 개인 근로자로 좁히고 인간 중심적인 조직의 창조와 개발을 궁극적인 목적으로 삼는다. 즉 인도주의자에게 조직은 인간성을 충족시키기 위해 설계되는 것이다. 가장 잘 알려진 인도주의자로는 골렘비우스키(Robert Golembiewski), 아지리스(Chris Argyris), 리커트(Rensis Likert), 베니스(Warren Bennis), 맥그리거(Douglas McGregor)와 프레스터스(Robert Presthus) 등이 있다. 그들은 모두 조직 형태로서 관료제의 우월성에 대한 반감을 공유하고 있다(<표 6-1> 참조).

관료제적 조직 형태는 점점 효과성이 감퇴되고 실제와는 동떨어져 있다. ① 관료제는 개인적 성장이나 성숙된 인성의 개발을 허용하지 않으며, ② 순응(coformity)과 '집단적 사고(group-think)'를 발전시키고, ③ '비공식조직'과 예기치 못한 돌발적인 문제를 고려하지 않으며, ④ 통제 및 권위 체제가 매우 낙후되어 있고, ⑤ 적절한 사법 절차가 결여되어 있으며, ⑥ 계급 간 및 그리고 특히 기능집단 간의 차이점이나 갈등을 해결할 만한 적절한 수단이 결여되어 있고, ⑦ 의사소통(그리고 혁신적인 아이디어)은 계층제적 분화로 인해 왜곡되며, ⑧ 인적 자원이 불신 등으로 인해 충분히 활용되지 못하고, ⑨ 새로운 기술이나 과학자의 유입을 동화시키지 못하며, ⑩ 개인의 인격 구조를 바꿔 인간을 바보 같고 우울한 '조직인'으로 변형시킨다.

인도주의자들은 개인의 욕구를 충족시켜 주고 유연성과 적응성을 극대화시켜 주는 조직을 추구한다. 그들이 강조한 개념은 직무 만족, 직무 풍요, 민주적 관리, 그리고 때때로는 자아실현 등인데, 이러한 개념은 고전적인 개념과는 상반되는 것이다. 그들의 진정한 의도가 무엇이었든 간에 인도주의자들은 공식적인 조직구소로부터 조직 내의 개인의 행대로 관심을 돌린다. 비록 가장 효율적인 조직을 개발하고 유지하는 방법이 중요한 조직이론의 목적으로 남아 있지만 근로자의 인간적 욕구와 목적을 충족시켜 주는 조직을 창조하는 것 또한 이에 못지않게 중요하고 때때로는 갈등적인 목적으로 대두되는 것이다.

인도주의자들의 개인에 대한 강조는 이들이 고전적 이론을 '조직이 결여된 인간(people without organizations)' 접근법으로서 비판한 것과 마찬가지로 '인간이 결여된 조직(organization without people)' 접근법으로 비판받게 된다. 많은 인도주의자들은 이러한 비판에 대해 조직개발 영역에 대해 관심을 확장시킴으로써 반론을 제기하는데, 조직개발은 생산성과 인간에 대해 동일하게 강조하는 조직을 창조하려는 현대적이고도 다방법적인 접근법(multimethod approach)이다. 블레이크(Robert Blake), 모튼(Jane Mouton), 골렘비우스키, 그리고 리커트 등과 같은 조직개발 이론가들은 조직을 진단하고 개발시키기 위해 응용행태과학적 방법론의 활용을 강조한다. 조직개발에 사용되는 전략에는 팀 형성, 집단 간 문제 해결, 갈등 회의, 목표 설정 및 기획, 그리고 제3자에 의한 중재(third-person facilitation) 등이 있다. 완전히 개발된 조직은 개방적인 문제 해결 분위기, 지식에 입각한 권한, 분권화된 의사결정, 협동 그리고 조직의 임무 달성과 조직 내 개인의 성장을 동시에 인정하는 보상 체제에 의해 특징지어진다.

조직이론에 대한 재래식 접근법의 새로운 예는 조직개발의 발전과 쌍벽을 이루는데, 이는 사이먼에 의해 대두된 신관리과학이다. 신관리과학은 조직이론의 중요한 목적으로서 조직적 합리성을 다시 강조한다. 개인의 근본적인 비합리성을 인정하면서 이 접근법은 또다시 조직합리성을 달성하기 위해 조직 내의 개인을 통제하고 조작할 수 있는 조직구조와 분위기를 창출하려는 데 초점을 맞추고 있다. 분석의 단위는 의사결정이 되며 행정인이 합리적 의사결정에 도달하도록 하는 확실한 길은 잘 설계되고 전산화된 관리정보 체제(computerized management information system)를 통해 진작된다. 인도주의자에게는 이것이 고전이론의 경직된 권위주의로의 복귀를 뜻하게 된다.

합리적인 행정이론에 입각한 조직은 중요한 점에서 전통적 행정이론의 조직과 유사하다.

사이먼에게 조직에서 목적과 과업을 규정하고 명령을 아래로 전달하는 것은 바로 관리층이다. 관리층은 근로자를 훈련시키고 이념화시키며 상을 주거나 벌을 준다.

1970년대와 80년대에는 두 개의 새로운 이론적 관점이 실제 조직 운영에 영감을 불어넣게 된다. 이 중 첫 번째 문화학파(cultural school)인 문화적 가치, 규범, 민속 그리고 사회화 과정을 갖는 작은 사회로 간주한다. 문화이론가에게는 조직의 공식적·합리적 측면이 문화에 깊이 뿌리박힌 거의 잠재의식적인 측면보다 덜 중요하다.

두 번째 접근법인 권력 및 정치학파는 조직을 누가, 무엇을, 언제, 어떻게

(who gets what, when, and how) 획득하느냐를 규정짓는 권력 투쟁으로 점철된 정치 체제로 본다. 끊임없는 권력 투쟁에서 누가 승리하느냐의 여부는 참여자의 자원과 기술에 달려 있으며, 공식적인 권한은 조직정치에서의 성공을 보장해 주지 못한다. 조직의 합리적·기계적 측면은 비공식적 측면—이 경우에서는 정치적 게임이나 전략—보다는 조직 행태를 규명하는데 확실히 덜 중요한 것으로 간주된다.

실로 조직이론을 특징짓는 끊임없는 갈등은 해결되지 않은 상태로 남아 있다. 적절한 분석의 초점으로서 공식적 구조 대 비공식적 구조, 적절한 접근법으로서 합리성 대 인도주의, 조직 목적으로서 형평성 대 능률성, 근로

[그림 6-1] 자기조직화하는 가상조직(organizing vitual organization)

조직에 대한 생각은 마치 콘크리트와 같아, 액체처럼 부정형적인 상태로 있다가도 일단 굳어지면 돌처럼 딱딱해진다.

액체금속(fluid metal)처럼 유연하게 자기조직화(self-organizing)하는 역동적으로 유연한 조직(dynamically flexible organization)은 과연 존재할 수 없는가?

가상기업은 액체처럼 부정형이다.
가상기업의 생명은 고객 욕구에 따라
자신의 모습을 신속히 바꾸는
유연성에 있기 때문이다.

*출처: 강자모 역(1994).

〈표 6-1〉 미시적 조직이론 분류

이론 체제	인위적	자연적
처방적	· 조직구조	· 인간 관계
	· 수직 명령 · 권한계층제 · 분업에 입각한 전문화, 정형화 · 경제적 요인 · 지시 · 고전적 조직론	· 사기 진작 · 비공식 집단 · 정형화된 직무는 심리적 긴장감 초래 · 비경제적 요인 · 인간관계론
진단적	· 운영분석	· 영향분석
	· 문제의 구체화 · 비용-편익 분석에 입각한 대안 비교 · 정형화 · 의사결정이론	· 외부 요인이 구조에 영향 · 갈등은 당연하고 유익할 수 있다. 상호모순적 조직 목표 · 적응 · 생티론적 개방체제이론

자의 개발과 만족에 대한 조직의 책임성 혹은 책임성의 결여, 궁극적으로는 인간성과 인격에 대한 상충적인 이론 등이 조직이론을 특징짓는 갈등으로 남아 있다. 확실한 것은 조직이 애당초 확신했던 것보다 훨씬 더 복잡미묘하며 우리는 아직도 조직을 이해하려는 많은 노력을 해야 한다는 것이다(Heffron, 1989).

'버추얼 리얼리티(vitual reality)'의 개척자인 크뤼거(Myron Krueger)는 당초 '인공 현실(artificial reality)'의 뜻으로 이 용어를 처음 사용했다. 디즈니랜드에 가 놀이기구를 직접 타지 않고서도 좁은 실내에 앉아 컴퓨터가 만들어내는 가상적인 놀이공원에서 직접 타보는 것 같은 기분을 맛보는 인공적 현실을 의미했다.

'사이버스페이스(cyberspace)'라는 말은 미국의 과학소설가 깁슨(William Gibson)이 소설 『뉴로맨서(*Neuromancer*)』에서 만들어냈다. 컴퓨터 매개통신 이른바 CMC(computer-mediated communications)를 통해 정보를 교환하고 사회적 접촉과 인간 관계를 맺는 개념적 공간이다. 어떤 버추얼 리얼리티를 둘 또는 그 이상이 공유하는 공간을 의미한다(강자모 역, 1994).

이러한 사이버스페이스, 즉 가상공간에 대응하는 조직을 가상조직(vitual organization)이라고 명명할 수 있다.

제 2 절 고전적 조직이론

1 테일러의 과학적 관리법

테일러(F. A. Taylor)는 개인주의적 영웅주의로부터 보통 사람들에 의한 조화적인 협동 관리 체제로의 변환을 강조하면서 과학적 관리법(scientific management: SM)은 생산 과정이 가장 작은 단위로 분할되고, 다시 최대 번영(maximuim prosperity)[1)]이 단일 최고 방법(one best way)과 최선의 도구(best implement)에 의해 성취될 수 있도록 재결합시키는 방법에 관한 과학적인 연구라 할 수 있다.

그는 재래의 "주먹구구식 방법(old rule of thumb)"을 비판하면서 적절한 하루의 업무량, 즉 책무(duty)가 시간・동작연구(time and motion study)에 의해 세분화・표준화되어야 한다는 관리의 과학화 개념을 도입했다"고 말했다.

---

1) His definition of "maximum prosperity" as…… not only higher wages than are usually received by men of his class, but, of more importance still, it also means the development of each man to his state of maximum efficiency, so that he may be able to do, generally speaking, the highest grade of work for which his natural abilities 111 him, and it further means giving him, when possible, this class of work to do(Taylor, 1911: 9). The implications of this definition are that for some workers not only physiological needs but also social and self-actualization needs should also deserve managerial attention…… Scientific management, in its essence, consists of a certain philosophy, which results in a combination of the four great underlying principles of management"(Taylor, 1911: 130).…… It should be noted that "The mechanism of management must not be mistaken for its essence or underlying philosophy"(Taylor, 1911: 128).

과학적 관리법의 네 가지 원칙은 다음과 같다.

① 과학적 방법의 개발
② 근로자의 과학적 선발과 훈련
③ 관리자에 의해 개발된 과학적 방법에 입각한 직무 달성을 위한 충심으로 우러나온 근로자와의 협동
④ 노사 간 직무와 책임의 균등 분배

이러한 네 가지 원칙을 적용함으로써 두 가지 관리의 근본 목적이 달성되리라 보았는데, 이는 고용자에 대한 최대의 번영과 근로자에 대한 최대의 번영이다. 이는 양자간의 이해 관계가 반드시 적대적인 것은 아니라는 확신에 입각한 것이었다(Taylor, 1967: 256).

그의 인간관은 대개 이론 X(Theory-X)형 인간으로 취급되어 왔으나, 그의 최대 번영에 대한 개념 규정은 근로자가 반드시 물리적 욕구의 충족만으로 만족하지 않는 이론 Y(Theory-Y)형 인간상을 보여 준다. 즉 노사 간에 협동 체제가 잘 이뤄졌을 때, 노사 간의 평화 공존이 가능하리라 내다보았다.

그의 과학적 능률성(efficiency) 개념은 주어진 투입으로 산출을 극대화하는 기계적 효율성이나, 종국적으로는 근로자나 고용주보다 더 큰 원리를 가진 제3자, 즉 소비자의 이익에 기여할 것이라 보았다는 점에서 좀 더 거시적인 사회적 능률성을 묵시적으로 암시하고 있다.

2 베버의 관료제이론

제1장 제2절에서 특정 사회구성원이 사회적 행위를 하는 근거로 네 가지 사회적 행동의 지향성을 들었다. 즉, 첫째, 인습, 관습 등의 전통적 지향성, 둘째, 희로애락애오욕 등의 감정적 지향성, 셋째, 수단 합리적 지향성, 넷째, 가치합리적 지향성 등이다. 이 네 가지 지향성으로부터 세 가지 지배, 권한 유형이 도출된다.

베버(Max Weber)는 권한(authority)의 형태에 따라 조직을 크게 전통적

권한 형태(traditional authority), 합리적·법적 권한 형태(rational-legal authority), 카리스마적 권한 형태(charismatic authority)로 분류했다(<표 6-2> 참조).

전통적 권한이란 전통적인 것을 신성한 것으로 인식하고 전통이 규정하는 범위 안에서 지배자는 권한을 행사하며 피지배자는 이러한 권한에 복종하는 관계를 가지는 권한을 말한다. 이러한 권한에 포함되는 대표적인 예

〈표 6-2〉 베버에 의한 지배 유형

① 카리스마적 지배(charismatic domination)

지도자가 그의 개인적인 특질로 인해 지배하게 될 때 발생한다. 이때, 지배의 정당성은 피지배자가 자신들의 지도자에게, 이를테면 예언자, 영웅, 혹은 선동가로서 부여하게 되는 신념에 근거하게 된다. 이러한 지배 양식 하에서 관리기구는 매우 비조직적·비구조적이며, 불안정적이고, 대개 소수의 추종자들이나 중개인들의 활동을 통해 운영된다.

② 전통적인 지배(traditional domination)

지배할 수 있는 권력이 전통이나 과거에 대한 존중에 의해 보장될 때 일어나게 된다. 따라서 지배에의 정당성은 관습이나 전통적인 관례의 '당연함'에 대한 느낌에 따라 부여하게 되는 것이다. 그러므로 사람들은 흔히 군주 체제나 그밖의 가족 승계 체제에서와 같이, 세습된 지위에 의해 권력을 보유하게 된다. 이 지배 양식 하에서 관리기구는 일반적으로 가부장적(patriarchal) 혹은 중세적(feudal)인 두 가지 형태를 띤다.

전자의 경우에 관리나 행정가는 대개 하인, 친족, 혹은 가까운 사람들로 구성되는 개인적인 수하인들이며, 그들은 지배자에 의존하고 그에 의해 보수를 받는다. 후자의 경우에는 관리들이 어느 정도 독립성을 유지할 수가 있다. 지배자에 대해 그들의 충성을 맹세한 대가로 그들은 대개 특정한 영역 내에서는 자율성을 인정받으며, 그 보수와 생계를 위해서도 지배자에 대해 직접적으로 의존하지는 않는 것이다.

③ 합리적·법적 지배(rational-legal domination)

양식에서 권력은 법률이나 규칙, 규제, 그리고 절차 등에 의해 정당화된다. 따라서 지배자는 지배자의 선출 방식을 규명해 놓은 법적 절차들을 준수함에 의해서만 정당한 권력을 획득할 수가 있을 뿐만 아니라, 바로 그 규칙에 의해 권력이 공식적으로 제한될 수도 있다. 이 지배양식의 전형적인 관리기구는 관료제이며, 이 구조 속에서 공식 권한은 조직 위계의 상층부에 집중하게 된다. 중세적인 관리기구와는 대조적으로, 관료제 하에서는 관리 수단(means of administration)이 관료들에게 속해 있지 않다. 즉 그들의 지위는 세습되거나 매매될 수 없는 것이다. 일반적으로 공적 및 사적 수입과 재산, 생활에는 엄격한 구분이 존재한다.

*출처: 오세철 외 역(1994: 398).

로는 장로제, 전제적 가부장제, 봉건제에서의 장로의 권한·부권·영주의 권한 등을 들 수 있다. 이러한 전통적 권한 유형을 행사하는 조직에서는 특수주의적이고 산만한 조직구조를 가지고 있다. 왜냐하면, 조직의 구성이 주로 지배자의 가신, 총신 및 친척 등으로 이뤄지기 때문이다.

합리적·법적 권한이란 조직의 규범적 규칙이 합리적·합법적으로 제정되어 이렇게 제정된 규칙에 복종하는 것이 정당한 것으로 간주되는 권한을 말한다. 즉, 합법성에 근거한 신념을 가지고 규칙의 제정이나 실행이 모두 합리적·합법적으로 이뤄져야 하며 복종은 어느 개인에 대한 것이 아니라 누구에게 얼마만큼 복종해야 하는가를 규정해 놓은 규칙에 의해서만 정당화될 수 있다는 것이다. 이러한 권한 유형에 해당되는 대표적인 예로는 합리적인 관료제(rational bureaucracy)가 있으며, 좀 더 보편적인 조직구조를 가지고 있다.

카리스마적 권한은 지배자에 대한 개인적인 헌신과 충성을 바탕으로 한 것으로서, 카리스마를 가진 지배자와 헌신적인 복종자 사이에 아주 개인적이고 밀접한 관계가 존재하는 권한을 말한다. 이러한 권한의 유형에 포함되는 예로는 고대의 신권정치나 히틀러·무솔리니 등의 예를 들 수 있다.

베버에게 합리적·법적 권한에 입각한 관료제는 "다른 여타의 조직 형태보다 기술적으로 우월하기" 때문에 다른 조직 형태를 지배할 수 있는 가장 능률적인 조직 형태다. 관료제를 규정짓는 특징은 다음과 같다.

① 문서화된 규칙 및 규제에 의해 통제되고 명령되는 공식적인 관할 영역
② 전문화와 전문지식을 극대화하는 권한 및 책임을 명백히 규정하는 분업
③ 권한계층제로 배열된 모든 직위
④ 자격 조건 혹은 전문성에 입각해 임명되는 모든 관료
⑤ 전임제 직업(full-time)으로 간주되는 직무
⑥ "개인에 대한 고려 없이" 획일적이며, 또한 비인격적인 처우

베버가 말한 바와 같이 관료제는 산업사회에서 지배적인 조직 형태가 된다.

이와 같은 조직유형론을 통해 베버는 합리적·법적 권한을 기초로 한 합리적인 관료제를 조직의 구조로 규정할 경우 가장 효율적이고 합리적인 조

직을 이룰 수 있다고 주장한다. 물론 그의 이러한 주장은 우리가 다음에서 알 수 있듯이 많은 학자의 비판을 받게 된다.

관료제는 합리적 원칙에 따라 조직된다. 관료들은 하나의 위계질서 속에 서열화되며, 그들의 행동은 비인격적인 규칙에 의해 특징지어진다. 현직자는 권한의 범위와 의무의 영역이 엄격히 배분되어 있다. 관료의 임명은 귀속적인 기준보다는 전문화된 자질에 따라 행해진다. 많은 사람의 행위에 대한 이 같은 관료제적 조정은 현대의 조직 형태를 구성하는 주된 구조적 특징이다.

고전적 조직이론은 한결같이 조직도표를 중시하고, 기능적 조직을 강조한다. 유사 기능을 한데 묶어 놓는 것이 바로 기능조직이다. 그러나 일부 기능은 여러 기능조직에 중첩되어 있다.

식수관리 기능은 보사부에, 수자원관리 기능은 건설교통부에, 환경감시관리 기능은 내무·법무부에, 수질오염관리 기능은 환경부에 속해 있어, 관할권 다툼이 있다. 따라서 부처 간 이기주의가 나타나기도 한다. 최근 대두되고 있는 리엔지니어링(reengineering)의 측면에서 보면, 이러한 조직도표는 조직의 죽음을 의미한다. 그러므로 베버는 분업의 원리에 입각한 전문화와 세분화된 업무를 조직체의 관점에서 조정, 통합관리하는 조직의 비대화 현상이 현대 조직의 고질병이라고 지적하면서 업무 흐름의 영 기준적 재구조화(restructuring)를 강조한다.

행정환경이 세계화, 국제화, 정보화, 지방화 시대로 급변하고 있는데 과연 경직된 관료제가 이에 순발력 있게 대응하고 변화해 나갈 만한 국제 경쟁력을 갖는 조직체로 탈바꿈해 나갈 수 있는가? 단순한 부처 이름의 변경이나 부처의 통폐합이 조직혁신이라고 생각하는 듯하다.

1994년 12월 3일 전격 발표된 행정조직 개편은 가히 혁명적(?)이라는 말이 나왔다. 정부가 공직사회의 동요를 무릅쓰고 대대적인 조직개편을 단행한 것은 자기조직화를 위한 목적 지향적(세계화 등의) '동요의 창조'로 볼 수 있다. 그러나 극비리에 전격적으로 실시됨으로써 자율성에 입각한 자율적 동요의 창조가 아닌 관계로 공무원의 자기초월이나 동적 협력성, 정보의 공유를 얼마나 기대할 수 있느냐가 관건이다.

이 개편에서 과 단위 이하의 조직개편만을 장관에게 위임한 것은 다소 미흡하다고 볼 수 있다. 실 및 국 이하의 조직까지 장관에게 위임하고, 과 단위 이하는 실국장에게 위임하는 방향으로 점점 더 위임을 확대해야 진정한 관료제의 자기조직화가 가능하리라고 본다.

〈표 6-3〉 정부조직 개편 약사

일시	중앙정부 기구	주요 개편 내용
1948.7	정부조직법 제정, 공포/14부 4처 3위원회	
1955.2	6·25 이후 국가조직 전면 개편/12부 2실 3청 1위원회	국무총리실 폐지 및 부통령제 도입, 부흥부 신설
1963.12	5·16 이후 후 3공화국 정부 조직개편/2원 3처 13부 6청 7외국	경제기획원, 감사원,중앙정보부, 철도청 신설, 국무회의 신설
1981.10	작은 정부 구현 위한 행정개편/2원 15부 4처 14청 5외국 1위원회	기관장 직급조정 및 부기관장제 폐지 등 조직 정비로 599명 감축
1990.12	행정개혁위 건의로 일부 조직개편/2원 15부 6처 15청 2외국	국토통일원 → 통일원 문교부 → 교육부 체육부 → 체육청소년부 조사통계국 → 통계처 중앙기상대 → 기상청 치안본부 → 경찰청
1993.4	새 정부 출범 후 2개부로 통폐합/2원 14부 6처 15청 2외국	문화부+체육청소년부 → 문화체육부 상공부+동력자원부 → 상공자원부
1999.5	17부 4청 17청 4실 10위원회	경제기획원 → 재정경제부; 통일원 → 통일부 기획예산처·홍보처 신설
2001.1	18부 4처 10청	여성부 신설
2004. 6. 2006. 1.	18부 4처 18청 4실 10위원회	소방방재청·방위사업청 신설, 철도청 공사화
2008.2	15부 2처 18청 3실 5위원회	기획예산서·국정홍보처·정보통신부·해양수산부·과학기술부 등 통폐합 행정자치부 → 행정안전부: 노동부 → 고용노동부

[그림 6-2] 정부조직 개편도

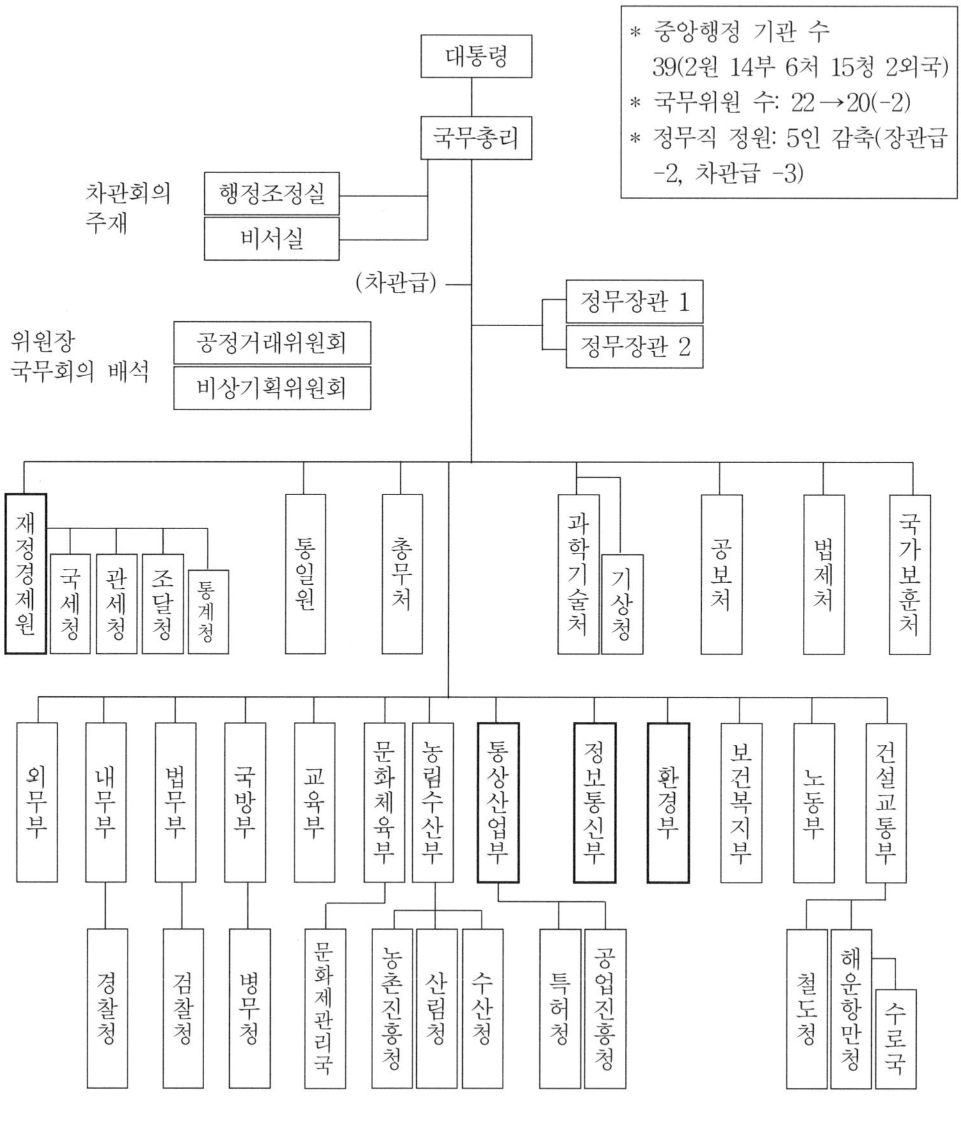

[그림 6-3] 현 정부조직 기구도(2011년 10월 기준)

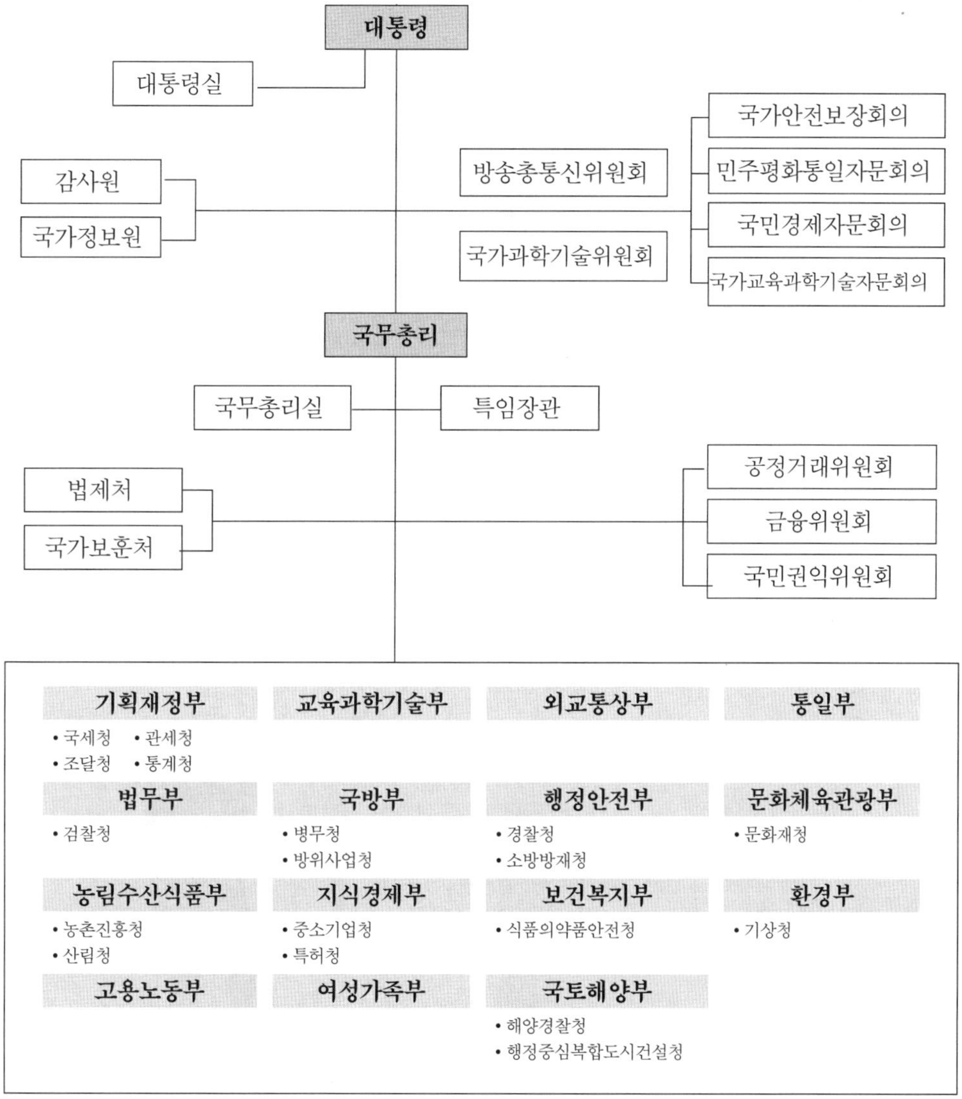

자료: www.president.go.kr 부분 수정.

[그림 6-4] 일반적인 조직도표

출처: McEachern(1984), *Organizational lilusions*, Shale Books.

관료제의 모형이 군대와 종교조직이었는데 가장 탄력적인 조직으로 변모하고 있으니 아이러니컬하다. 다음 신문기사는 그 예다.

미국 "군 경영 비법 배우자"

기업들 정보기동력 등 응용 확산

군대로부터 경영 비법을 배운다. 현실적으로 매우 동떨어진 얘기 같지만 최근 미국에서는 매우 설득력 있는 지적으로 받아들여지고 있다. 이 같은 현상은 미 육군이 미래전을 대비하면서 경영 측면에서 매우 훌륭한 조직으로 거듭나고 있기 때문이다. 이에 따라 미기업들은 군대로부터 배울 점이 많다고 생각하는 기류가 확산되고 있다.

미군의 변신은 3년 전 걸프전을 겪으면서 가속화하기 시작했다. 이 전쟁을 수행하면서 미군은 재래식 전쟁에 익숙한 조직보다 미래전에 대비한 효율적 조직이 훨씬 낫다는 점을 눈으로 확인했다.

적군인 이라크군의 동태를 정확히 파악하는 정보 능력, 적을 이기기 위해 택해야 하는 기동성 있는 전략, 적을 섬멸하는 데 탁월한 성능을 보였던 고성능 무기 등이 별로 힘들이지 않고 상대방을 무력화시키는 데 결정적으로 기여했던 것이다.

이러한 요소들은 기업조직의 입장에서 볼 때 경쟁기업의 동태를 정확히 알아야 한다거나 상대 기업보다 나은 경영전략을 세워야 한다거나 결국 제품의 성능이 뛰어나야 한다는 면에서 거의 일치한다고 하겠다.

미군의 경우 군살을 빼기 위해 재래식 군인 수를 종전 78만 명에서 최근 56만 5천 명 정도까지 줄여왔다. 이는 클린턴 정부가 들어서면서 미국의 재정적자를 줄이기 위한 노력의 일환으로 진행되기도 했지만 내부적으로도 효율성을 지향한 당연한 결과라고 평가하고 있다.

이는 경기 침체를 맞은 기업들이 감축 경영하는 것과 하등 다를 바가 없다. 군인의 수가 많다고 해 강력한 군대가 된다기보다 각 군인의 종합적인 전투 능력을 높이는 것이 군대조직의 힘을 늘리는 것이라는 미군의 판단은 경기 침체기를 맞은 기업에도 그대로 들어맞는 논리인 셈이다.

최근 미군이 정보화에 주력하고 있는 것도 현대 기업들에 닥친 미래와 결부할 때 필연적인 현상으로 파악할 수 있다. 미군은 앞으로의 전쟁이나 전투에서 철저히 정보통신 위주의 장비에 의존하게 된다고 판단, 전군조직을 철저히 정보화해 나가고 있다.

미래전쟁은 아예 '정보화 시대 전쟁'이라고 부를 정도, 이런 맥락에서 볼 때 미군이 이라크를 단기간에 무력화시킨 걸프전은 정보시대 전쟁의 효시라고 볼 수 있다.

전쟁이나 전투가 정보통신에 의존하게 되면서 미군 종사자들은 그 어느 때보다 교육의 필요성에 직면하고 있다. 미국 500대 기업에 대해 경영 자문을 해주고 있는 마거릿 휘틀리는 "현재 미국 내에서 군대만큼 교육열이 높은 조직도 찾아보기 힘들다"고 지적하고 있다.

> 미군 역사상 가장 지적이라 불리는 고든 설리번 장군은 "현재 미군은 현대 조직이 갖출 수 있는 가장 적응도가 높은 조직으로 탄생하기 위해 노력하고 있다"고 지적하고 "군대의 장군들은 그 어느 경영조직의 리더 못지않게 폭넓은 지식을 갖추는 것이 필요하다"고 말한다.
>
> 그는 심지어 "미군의 경우 앞으로 어떤 행동과 전략을 칠할 것인지에 대해 적군이 전혀 예측 불가능할 정도로 군대 조직을 탄력적으로 만들어가고 있다"고 말한다.
>
> (「중앙일보」, 1994. 10. 12일자)

3 사회의 맥도날드화

일찍이 베버는 합리적·법적 지배 체제인 관료제는 합리성이라는 미명하에 도피처도 탈출구도 없는 지배적인 사회관리 체제의 철창으로 변절될 수 있으리라는 우려를 표명한 바 있다. 관료제는 그 객관적 불가피성(objective inevitability)으로 인해 앞으로의 사회에서 가장 합리적인 지배 체제가 되리라고 베버에 의해 예견된 바 있으나, 최근 맥도날드화(McDonaldization)라는 현상이 합리화의 궁극적인 형태를 대변해 관료제를 대체하고 있는 듯하다.

맥도날드는 1955년 처음 생긴 이래 2010년 현재 121개국에 2만 9천여 개의 지점이 세계 전역에 퍼져 있고, 전 세계에도 많은 지점이 속속 생기고 있다.

맥도날드화는 즉석음식산업(fast food business)의 관리 원리를 상징하는 용어로서, Burger Kingization, Pizza Hutization, Seven Elevenizion 등의 용어로 대치될 수도 있을 것이다.

맥도날드화는 대학 캠퍼스, 고속도로 휴게소 등을 비롯해 병원, 은행(예: drive in bank) 등의 다른 산업으로도 파급, 확산되고 있다.

사회의 맥도날드화의 장점은 ① 능률적이고, ② 어느 지역을 가더라도 거의 유사한 맛과 양을 유지하기 때문에 예측성이 높고, ③ 효과적 통제가 가능하다(<표 6-3> 참조)는 점이다.

사회의 맥도날드화에 대한 비판으로는 다음을 들 수 있다.

① 번문욕례(red tape), 형식주의(formalism) 등의 관료제적 병리 현상으로 인해 관료제적 능률성은 비능률성을 초래할 수도 있다.

② 소품종 대량생산 시대에는 표준화, 분업에 의한 예측성 높은 동질, 동종의 물품을 공급할 수 있으나, 다품종 소량생산 시대에는 높은 예측성보다는 창의성을 바탕으로 한 다양한 품질, 다양한 종류의 물품이나 서비스의 제공이 필요하다.

③ 합리적인 체제는 인간의 이성의 야누스적인 한 단면인 감정을 거부하므로 비합리적일 수도 있다. 비인간화 경향은 고도로 합리화된 관료체제가 극히 비합리적일 수도 있는 여러 가지 측면의 하나에 불과하다. 합리적인 체제가 더 많은 비합리성을 야기시키지는 않는지 물어보아야 한다. 루소(Jean-Jacques Rousseau)의 "자연으로 돌아가라"라는 경고를 상기해야만 할 필요가 있다.

과학적 관리법과 맥도날드화

▸ 조립대

과학적 관리법을 처음 산업에 적용한 사람은 자동차왕 포드(Henry Ford)다. 그는 자동차 제조에 조립대(assembly line)를 이용한, 고도로 분업화되고, 전문화되고 탈숙련화된 합리적 체제를 실제 응용했다. 근로자가 움직이는 조립대에서 하는 일은 관리자의 측면에서 보면 근로자에 대한 통제를 극대화할 수 있다는 것이다. 근로자는 자신에게 부여된 단순 반복적 직무를 끝없이 지루하게 반복해야만 하고, 만일 근로자가 자신의 일을 제때에 처리하지 못하면 작업대는 멈출 수밖에 없기 때문에 관리자는 쉽게 감독 업무를 수행할 수 있다. 정보화 시대가 성숙 단계에 들어가면 로봇이 더 적절한 노동력이 될 것이다. 즉 근로자는 어떤 의미에서 보면 로봇화, 비인간화되는 것이 필연적 현상일지도 모른다. 이러한 비인간화에 대한 우려에도 불구하고 업무 처리상의 효율성을 극대화하는 합리적인 체제임에는 틀림이 없다. 그러나 아무리 합리적인 체제라 할지라도 이러한 체제는 비합리적 요소를 동시에 보여 준다. 인간은 본질적으로 일하기 좋아하고, 자율적이고도 창의적인 업무를 선호하리라는 이론 Y(Theory Y)적인 관점에서 보면 능력 있는 근로자에게 단순 반복 업무를 맡기는 것은 비합리적이다.

슬론(A. P. Sloan)은 GM의 사업부제(rnoltidivisional system)를 통해 조립대의 합리화를 더욱 강화했다. 사업부제란 장기적 계획은 중앙본부에서 하고, 일상적 결정은 사업본부에서 하는 체제를 말한다.

합리화와 철창(iron cage of rationality)으로 묘사된 관료제화는 전체주의로의 길을 걸을 가능성이 있으며, 이러한 가능성은 1984년,『위대한 신세계』등의 소설에서도 주제로 다뤄진 바 있다.

관료제화 혹은 맥도날드화로 대변되는 현대성(modernity)의 폐해성을 인식한 몇몇 학자는 후기산업주의, 후기포드주의, 후기현대주의 등의 여러 대안을 제시하나, 이는 아직 시기상조이고, 당분간은 관료제화가 우리와 함께 할 것이다.

벨(Daniel Bell)을 비롯한 여러 미래 사회학자는 후기산업사회로 이행하고 있다고 주장하나, 아직도 맥도날드화의 확산 현상 등으로 미뤄 산업사회가 당분간 지속될 것이다. 소품종 대량생산 사회로부터 다품종 소량생산 사회로 이행해 가고 있는 것은 사실이나, 아직도 관료제는 사라질 기미를 보이고 있지 않다(비록 탈관료제화를 위한 다각도의 몸부림이 있지만). 현대주의가 합리적이고 경직된 것으로 간주된다면 후기현대주의는 비합리적이고 유동적인 것으로 간주된다. 맥도날드는 합리적이고 경직된 조직화 양식이라는 점에서 후기현대주의는 시기상조라고 본다.

▸ 호텔 체인의 대안

B&B(Bed and Breakfast)는 원래 체인화된 호텔이나 여관의 사무적인 환대보다는 가정집의 따뜻함을 느끼게 한다는 점에서 많은 환영을 받았다. 그러나 B&B가 호황을 누리자 따뜻한 환대를 하던 주인장 대신 고용된 관리자가 들어서면서 관료제화를 보이게 된다. 따라서 B&B 협회가 표준을 정해 감독하게 되어 결국 B&B 산업도 합리화의 길을 걷게 된다.

이러한 사실은 우리에게 중요한 문제를 생각하게 한다. 그렇다면 대체 어떻게 해야 합리화의 길에서 빠져나올 수 있는가? 스컹크 작업(skunk works), 태스크포스(task force), 프로젝트 팀(project team), 리엔지니어링(reengineering) 등등 여러 가지 시도가 있다.

〈표 6-4〉 한 즉석 간이 식당에서 이용되는 카운터 직원 성과를 평가하기 위한 경영관찰 점검표

고객에의 인사	예	아니오
1. 미소의 여부		
2. 정성어린 인사		
3 시각 접촉(eye contact)의 여부		
기타 :		
주문 접수	**예**	**아니오**
1. 카운터 직원은 메뉴표에 대해 완전히 숙지하고 있는가? (메뉴판 참조 금지)		
2. 고객은 주문을 여러 번 할 필요가 없어야 한다.		
3. 소량의 주문(네 가지 종류 이하)은 메모하기보다는 즉석에서 암기해야 한다.		
4. 고객에 대한 메뉴의 제시 여부		
기타 :		
주문 처리	**예**	**아니오**
1. 주문은 적절한 연속 작업 과정으로 처리된다.		
2. 맨 먼저 그릴(grill) 전표가 제시된다.		
3. 음료수가 적절한 순서대로 채워진다.		
4. 적절한 양의 얼음 여부		
5. 컵이 기울어지고 손가락으로 컵이 뽑아진다.		
6. 음료수는 적절한 양만큼 채워진다.		
7. 음료수의 컵 뚜껑이 씌워진다.		
8. 컵의 청결 여부		
9. 커피 제공을 위해 걸리는 시간에 대한 관찰		
10. 커피는 적절한 양만큼 채워진다.		

주문 제공	예	아니오
1. 적절한 포장 여부		
2. 포장백은 이중으로 잘 접혀진다.		
3. 실내에서 식사를 할 경우 플라스틱 쟁반이 사용된다.		
4 쟁반 운반대의 사용 여부		
5 음식은 적절한 매너로써 제공한다.		
기타 :		
식사 요금의 처리	**예**	**아니오**
1. 주문량은 명확히 기재되고 충분히 알아들을 수 있을 만큼 똑똑히 전달된다.		
2. 수령한 액면 금액은 명확히 복창된다.		
3. 거스름돈의 액수도 복창되면서 처리된다.		
4. 거스름돈의 계산은 효율적으로 처리된다.		
5. 거액의 청구서는 거스름돈에 완전히 처리될 때까지 현금 서랍에 보관한다.		
기타 :		
고객에의 감사 표시	**예**	**아니오**
1. 감사하는 인사가 항상 뒤따라야 한다.		
2. 감사 인사는 정성어린 것이라야 한다.		
3. 시각 접촉의 여부		
4. 또 들려 주십사는 인사가 있어야 한다.		
기타 :		

* 출처: 오세철 외 역(1994: 29).

제 3 절 인간관계론

이제까지 논의된 각 관점의 주요한 규범은 능률성이다. 1960년대 초 이전에는 조직적 합리성을 위한 개인의 평가 절하가 거의 도전을 받지 않는다. 후기인간관계론(post－human relations theory)적 관점이 발전되고나

서야 이러한 관심이 명백하게 나타난다.[1)]

여기에서 살펴보겠지만 이러한 관점의 세부적인 면에서는 상당히 많은 논란이 있으나, 인간 가치와 개인의 발전을 조직활동에 주지시키려는 기본적 주장은 조직연구에 중요한 이정표가 된다.

우선 인도주의적 심리학의 강조점으로 정신적으로 건강한(혹은 자아실현적인) 사람들의 욕구와 특성을 들고 있는 머슬로(Abraham H. Maslow)에 초점을 맞춘다. 비록 머슬로 자신은 조직과 관리 문제에 관심을 보이지 않았지만 1950년대부터 그의 저서는 맥그리거(Douglas McGregor), 아지리스(Chris Argyris), 베니스(Warren Bennis), 리커트(Rensis Likert)와 허즈버그(Frederick Herzberg) 등을 포함하는 당대의 중요한 조직심리학자들의 저서에 심대한 영향을 끼쳤다. 후기인간관계학자, 특히 리커트[2)]와 허즈버그[3)]는 참여 전략과 직무 풍요와 조직효과성과의 관계에 대한 경험적 문제에 관심을 갖는다. 동일한 시기에 이 관점은 또한 개인적 성장 및 발전 문제에 대한 강한 규범적 몰두로 특징지어진다.

머슬로의 자아실현 개념에 상당한 영향을 받은 이러한 조직심리학자들은 건강하고 자아실현적인 개인의 규범적 이미지가 능률적인 목표 달성을 위한 조직 욕구와 양립될 수 있는가의 문제에 직면한다. 맥그리거, 아지리스, 그리고 베니스의 저서가 이러한 문제에 상이한 해답을 제공하기 때문에 여기에는 특히 머슬로와 맥그리거가 후기인간관계론의 대표작으로 소개

---

1) 관료제에 대한 불만은 일반 조직 문헌에 새로운 것은 아니다. 1940년 머턴(Robert K. Merton)은 관료제의 심각한 잠재적 역기능으로서 능률성은커녕 비능률성을 초래한다고 주장했다 (Merton, 1940: 560-568 참조). 이는 반관료제적인 저서의 확고한 전통의 시발점이 된다. 그러나 각 경우에 저자는 종종 머튼과 같이 좀 더 일반적인 관점인 기능주의 관점을 고집한다. 관료제적 조직과 대표성 및 권리 등과 같은 이슈 간의 관계에 회의를 품기 시작한 것은 후기에 들어와서 비롯된다.

2) Rensis Likert, *New Patterns of Management*(New York: McGraw-Hill, 1961), Likert, *The Human Organization*(New York: McGraw-Hill, 1967), Likert & J. G. Likert, *New Ways of Managing Conflict*(New York: McGraw-Hill, 1976) 참조.

3) Frederick Herzberg, *Work and the Nature of Man*(Cleveland: World, 1966), Herzberg, "One More Time: How Do You Motivate Employee?" *Harvard Business Review 46*: 1(1968: 53-62) 참조.

된다. 그들의 주요한 공헌 이후 약 20년 동안 많은 연구가 이를 바탕으로 이뤄지고, 수정되고, 또한 그들의 아이디어에 도전하기까지 한다. 따라서 그들 저서의 일부는 지금은 다소 구식이 된 듯하지만 이들의 초기 사상은 아직도 위력을 발휘하고 있다. 이는 이 세 명의 저자가 각각 조직심리학 연구를 위해 지속적인 규범적 맥락을 제공하는 조직과 관련된 개인의 일반적인 이해에 상당한 공헌을 했기 때문이다.

다른 심리학자들 이상으로 이들은 공공조직에서 민주주의의 역할과 의미에 대한 행정학의 논의에 심대한 영향을 끼쳤다. 예컨대 다른 인간관계 이론가들이나 1960년대 후반과 1970년대 초반의 소위 '신행정학' 운동에 미친 영향에 반영되어 있다.

새로운 인간관계 이론가와 여기서 설명된 신고전적 조직이론가의 저서에는 다섯 가지 주요한 명제가 반영되어 있다.

① 후기인간관계이론은 인간성과, 주류 조직이론에 내재되어 있는 사회조직의 본질적 목적에 대한 근본 가정에 도전한다. 문제가 되는 것은 개인 동기와 조직 목적의 집단적 달성에 적용된 합리성의 특질과 규범적 중요성이다.

② 후기인간관계론은 건강한 개인과 공식조직의 욕구 간에 근본적인 긴장이 존재한다는 확신을 갖는다. 관리의 주 임무는 이러한 두 수준 간의 욕구를 통합하거나 양자간의 합리적 균형을 협상하는 것이다.

③ 비록 그렇게 하는 이유는 상당히 차이가 나지만 후기인간관계이론가는 조직민주주의 개념을 처음으로 주장했다. 민주주의에 대한 그들의 특별한 개념에 근본적인 것은 참여관리 개념이다. 그들의 조직민주주의에 대한 주장에 결여되어 있는 것은 정치적 민주주의 개념과의 연관성에 대한 고려다.

④ 후기인간관계이론과 정설적인 행정이론 간에는 중요한 긴장이 존재하는데 이는 민주행정의 상충적인 개념 때문이다. 행정학을 위한 민주주의 개념을 불안정하게 제시하면서 후기인간관계이론은 이러한 주제에 관해 행정을 상당히 변경시켜 놓았다.

⑤ 중요한 후기인간관계 이론가들은 좀 더 큰 능률성, 효과성, 생산성 등

과 같은 수단적 고려 사항에 의해서라기보다는 민주조직의 내재적 가치에 대한 묵시적 신념에 의해 인도된다. 종종 그들이 이러한 가치몰입에 대해 명시적인 태도를 보이지 않은 것은(사실 그들은 종종 가치문제에 대해 양면성을 보인다) 행정학 분야에 대한 그들의 공헌을 혼동시키고 또한 제한시켰다.

1 자아실현자로서 개인: 머슬로

관리자의 기능이라는 저서에서 버나드(Chester Barnard)는 조직을 자연적으로 협조적인 체제라고 본다. 그러나 조직의 협조성은 오직 사회적 특히 조직적 맥락을 통해서만 도덕적 및 합리적 목적을 실현시킬 수 있는 본질적인 개인의 협조성을 반영하는 것에 불과하다. 협동이라는 사회학적 사조가 조직생활의 좋은 이미지를 촉진시키나 개인이 구성원으로 속해 있는 집단으로부터 도출된 목적이나 목표를 가진 개인보다 도덕적으로 우월한 것으로 조직은 간주된다. 이러한 생각은 곧바로 개인의 행동이 궁극적으로는 조직의 건강에 기여하는 관점에서 평가되야 한다는 확신을 갖게 한다.

버나드의 개인에 대한 조직의 도덕적 우월성에 대한 확신은 주류 체계이론가들에 의해 채택된 본질적으로 기능주의자적인 관점을 강화시킨다. 조직 권위가 조직의 밑에서부터 위로 흐른다는 버나드의 주장은 현명한 집행자에 의해 인도되는 집단으로서 조직의 도덕적 우수성에 대한 그의 확신에 비춰볼 때 이러한 명백히 민주적인 해석이 아이러니하게 보인다.

버나드의 저서는 처음 호손실험(Hawthorne experiment)에 의해 영감을 받고, 후에 기능주의자적 분석틀 내에서 메이요(George Elton Mayo)와 뢰슬리스버거(Fritz J. Roethlisberger)에 의해 해석된 초기 인간관계운동의 절정을 이루게 한다. 비록 개인의 욕구에 관심을 가지지만 이는 사회적 균형을 유지하기 위한 조직의 욕구에 봉사하기 위해 개인의 욕구가 조작되는 한 중요하다. 초기 인간관계론자들과 마찬가지로 버나드에게도 충성의 주요 대상뿐만 아니라 주요한 분석 단위는 전체로서 조직이다.

인간관계운동에서의 위대한 전환점은 본질적으로 충성심에서의 변환이 조직에서 개인으로 옮겨간 것으로 간주될 수 있다. 이러한 충성의 변천은 가시적이라기보다는 묵시적인 것이며 여러모로 불안전하고 모호하고 또한 모순적이다. 가장 중요하게 또한 최소한 행정연구에 대한 그 영향에서 후기인간관계 문헌의 인도주의적 감정은 공공조직에서, 또한 공공조직을 위한 민주주의 개념의 의미에 새로운 논란을 불러일으키는 결과를 가져온다.

후기 인간관계에 영감을 제공한 중요한 원천은 머슬로(Abraham H. Maslow)인데 이 심리학자는 조직심리학 이외의 분야에 주로 관심을 보인다. 그는 나중에야 조직에 대한 글을 쓰는데, 1965년 『윱시시언 매니지먼트(*Eupsychian Management*)』라는 책이 그것이다. 머슬로의 저서는 개인수준의 심리학을 갖는다. 그는 개인을 자연적 성장, 성숙, 자율성, 그리고 자유를 위한 내재적 잠재성의 실현 등을 지향하는 발전적인 견지에서 묘사하는 심리이론을 통합하고자 한다. 머슬로는 프로이트이론의 어두운 비관주의와 개인의 선에 대한 잠재력을 확신하는 심리학에서의 인도주의적 '제3의 힘'을 제안하는 행태주의심리학의 과학주의를 피하는 낙천주의적 실존주의자다.

머슬로의 관점에서 보면 조직 내의 자아실현은 무엇보다도 전통적인 공식조직에 흔한 권위적 관리와는 대비되는 조직관리에서 근로자 참여를 필요로 한다. 미슬로에게 참여와 자아실현은 조직 내의 민주주로 제한되지 않는 조직민주주의 개념과 동의어다. 그의 민주주의적 이상은 정치적 영역으로 확대되는데 여기서 조직 내의 자아실현에 대한 기회는 조직효과성을 위한 기능적 필요 조건이라기보다는 정치적 권리다.

욕구계층제와 그것이 함축하고 있는 자아실현 발전 단계는 머슬로와 인도주의 심리학자 후에 합리조직을 인간화하자는 점을 강조하는 젊은 조직관리 이론가들 간의 중요한 가교 구실을 한다. 머슬로 저서의 다른 측면에 의해 영감을 받은 조직적 인도주의자들은 관리와 정치에 대한 문제는 다른 사람에게 떠맡기고 그의 관심을 심리학에 한정했더라면 하고 바란다. 머슬로의 인도주의적 심리학조직에 대한 그의 관찰보다는 특히 그의 자아실현을 연장하여 '기업의 인간적 측면'으로 발전시킨 맥그리거가 그러한 이론가의 가장 영향력 있는 사람들 중 하나다.

2 기업의 인간 측면: 맥그리거

맥그리거(Douglas McGregor)에게 자아실현을 향한 개인의 자연적인 개발은 공식조직에서 전통적인 관리 실제와 논리적으로 모순된다. 비록 그러한 모순이 일시적으로는 잠잠해지지만 효과적으로 대응하기 위해서는 특별한 노력을 필요로 한다.

머슬로와 마찬가지로 맥그리거도 머슬로의 초기 저서를 읽고 자아충족을 향한 사람들의 능력에 대해 본질적으로 낙관적이었다. 인간 본성에 대한 맥그리거의 낙관주의는 인간과 조직을 동시에 만족시키는 방향으로 개인과 조직의 욕구를 통합할 수 있는 가능성에 대해 낙관을 하게 한다. 맥그리거는 개인과 조직의 목표가 동시에 충족될 수 있는 고양된 관리를 통해 개인과 조직 목표 간의 갈등을 해소할 수 있다고 본다. 따라서 맥그리거는 개인의 목적이 조직으로부터 도출된다는 버나드의 기능주의와 공식조직을 사회적 지배도 구로 간주하는 비판이론가의 마르크스주의·프로이트주의(그리고 베버주의)적 입장 간의 중간 입장을 취하는 듯하다. 맥그리거의 이러한 중간적인 입장은 비판 조직이론가로부터 그의 초점이 개인인가 혹은 조직인가에 대한 소재에 대해 분명한 입장을 취하지 않는다는 비판을 받는다. 그러나 논리적으로 보면 개인과 조직의 목표가 통합될 수 있다고 가정한다면 어느 한편에 설 필요는 없다.

맥그리거는 머슬로적(Maslowian) 인도주의와 지루한 설교를 견강부회격으로 접합시킴으로써 통합의 어려움을 얼버무리는 듯하다.

이론 X(Theory X)와 이론 V(Theory Y)

맥그리거는 관리에 대한 두 개의 대비되는 신념인 이론 X와 이론 Y로 잘 알려져 있다. 이론 X의 세 가지 근본 가정이 다음에 요약된다.

① 관리자는 경제적인 목적을 위해 금전, 물질, 장비, 인력 등과 같은 생산기업의 요소를 조직화할 책임이 있다.

② 인력과 관련해 이는 조직의 목표에 부합시키기 위해 인적 자원의 노력을 감독하고 동기 부여하고 행동을 통제하고 행태를 수정하는 과정이다.

③ 관리자에 의한 이러한 적극적인 간섭이 결여된 경우 사람들은 조직 욕구에 수동적이거나 혹은 반항적일 수도 있다. 따라서 그들은 설득되고 보상받고 처벌받고 통제되어야만 하며, 그들의 활동은 지시되어야 한다. 이것이 관리자의 직무다. 관리란 다른 사람들을 통해 일을 처리하는 것이다.

맥그리거에게 이론 X는 관리의 전통적인 이론이며 묵시적으로 근로자에 대한 다음과 같은 가정을 전제한다.

① 보통 사람은 본질적으로 게으르다. 가능한 한 적게 일한다.

② 야망이 없고 책임지기를 싫어하고 이끌려 다니기를 선호한다.

③ 내재적으로 자기중심적이고 조직 욕구에 무관심하다.

④ 본질적으로 변화를 거부한다.

⑤ 어리숙하고 영리하지 못해 선동가에게 잘 속는 사람이다.

이론 X의 중요한 요소는 관리가 주로 지시 및 통제로 구성된다는 전통적인 확신이다. 관리자가 조직 목표를 달성하기 위해 강압적인 위협을 하는 '강성(hard)' 관리일 수도 있고, 관리자가 조화를 위해 '연성(soft)' 관리를 할 수도 있다. 맥그리거의 저서는 이론 X를 강성 관리로 이론 Y를 연성 관리로 종종 오해하기도 한다. 그러나 맥그리거에게 강성과 연성 관리는 이론 X의 단순한 두 가지 측면에 지나지 않으며 양자는 모두 만족할 만한 것이 못된다. 강성이건 연성이건 간에 관리가 지시 및 통제로 구성된다는 이론 X의 가정은 이른바 머슬로의 고차원적 심리 욕구와 불가피하게 상충된다.

이론 X관리에 의해 야기된 이러한 동기적 손상을 회복하기 위해 맥그리거는 그가 더 선호하는 대안인 이론 Y를 기술하는 네 가지 가정을 도입한다.

① 관리자는 경제적인 목적을 위해 금전, 물질, 장비, 인력 등과 같은 생산기업의 요소를 조직화할 책임이 있다.
② 사람은 본질적으로 조직 욕구에 소극적이거나 반항적이라고 볼 수 없다. 그렇게 된 것은 조직 내적 경험의 결과다.
③ 동기 개발의 잠재성 책임을 떠맡을 수 있는 능력 그리고 조직 목적을 향한 행동 등이 모두 사람 속에 내재되어 있다. 관리자의 책임은 이러한 인간의 특징을 인식하고 개발할 수 있도록 해 주는 것이다.
④ 관리의 본질적인 책무는 사람들이 조직 목표를 향해 자신의 노력을 쏟음으로써 그들의 목표를 달성할 수 있도록 조직 조건과 운영 방식을 배열·준비하는 것이다.

비록 이론 X와 Y의 첫 번째 가정이 동일하지만 나머지 가정들은 관리의 근본적인 철학과 근본적인 동기적 가정에서 명백히 상충된다. 지시 및 통제를 통한 관리 대신 이론 Y는 관리 기능을 근로자가 조직 목표 달성을 위해 자신의 행동을 통제하는 조건을 창조하는 것으로 묘사한다. 그러한 자기 지시가 궁극적으로는 조직 목표와 일치하는 행동을 야기하리라는 가정은 이론 X보다 훨씬 더 낙관적인 또한 아주 상이한 개인적 동기에 대한 일련의 가정을 필요로 한다.

맥그리거는 이론 Y가정의 정신에 부합되는 몇 개의 관리 실태를 인용한다. 위임 및 분권화 관리적 의사 결정에서 근로자 참여의 증대, 근로자의 창조적 잠재성을 향상시키기 위한 직무 확대 그리고 개인 자신이 설정한 목표 달성에 초점을 맞춘 평가측정 등이 그것이다. 그러나 이러한 조직효과성을 증진시키기 위한 관리기법을 제공하는 것이 맥그리거의 주된 생각은 아니다. 그 대신 그의 목적은 관리와 근로자에 대한 새로운 사고 방식을 관리자에게 제시하는 것이다. 따라서 맥그리거가 이론 Y 관리의 과학에 입각한 특징을 언급하지만 이러한 암시는 과학보다 훨씬 더 가치에 입각한 더 중요한 메시지를 명백히 하기보다는 혼돈을 야기한다.

이론 Y는 중립적인 과학적 방법에 의해 궁극적으로 그 타당성을 검증할 수 없는 관리에 대한 규범적 철학이다. 이론 X이건 Y이건 간에 관리 가정은 자기충족적 예언이다. 그러한 가정은 우리의 무의식적이고 묵시적인 몰두에 의해 진정한 것이 된다. 다시 말해, 관리자는 동기에 대한 무의식적인 투영에 부합되는 부하의 행동을 촉진한다.

이론 Y가 근로자들에게 동기를 부여하기 위한 일련의 기법에 불과하지 않다는 맥그리거의 주장은 사람들이 본질적으로 수동적이기보다는 능동적이라는 그의 확신으로부터 기인한다. 다시 말해, 사람들은 심리적 에너지를 갖고 내재적으로 동기화될 수 있으며 자신을 동기화하기 위해 외부의 소스를 필요로 하는 수동적인 존재가 아니라는 것이다. 만일 동기가 외재적인 것이 아니라 내재적인 것이라면 관리자의 책무는 외부적 제재나 보상을 통해 근로자의 에너지를 창조하려 하지 말고 근로자의 에너지의 통로가 되는 것이다. 제재나 보상은 그래도 쓸모가 있는 것이기는 하나 좀 더 근본적인 욕구를 충족시키거나 혹은 사회적 욕구의 인식을 제공하는 데 제한된다.

조직심리학자로서 베니스, 아지리스, 그리고 맥그리거는 전통적으로 행정학자들의 관심을 끌어온 정치 권력과 정당성에 대한 문제에 거의 초점을 두고 있지 않다. 그러나 이러한 문제는 조직 민주성과 민주행정 개념에 대한 매우 중요한 공헌이라는 관점에서 분석할 필요성이 있다. 다음에는 이 문제와 연관된, 그리고 더 일반적으로는 행정의 규범적·정치적 맥락과 연관된 후기인간관계적 관점에 대해 알아본다.

3 동기이론

동기(motivation)란 특정 활동을 촉발시키고 유지시켜 주는 내재적 및 외재적 추진력(driving force)이다. 동기 과정은 내적 불균형 상태(internal disequilibrium state), 행동(behavior), 유인(incentive), 내적 상태의 수정이라는 과정이 반복 순환되는 것이다.

동기이론에는 크게 두 가지 관점이 있는데, 크게 과정이론(process theory)과 내용이론(content theory)으로 나눌 수 있다.

내용이론에는 머슬로의 욕구계층론, 허즈버그의 2요인이론(2 factor theory), 앨더퍼의 ERG이론 등이 있고, 과정이론에는 기대이론(expectancy theory)

과 형평이론(equity theory) 등이 있다.

1) 내용이론

내용이론 중 가장 기초가 되는 머슬로의 심리적 욕구의 계층제이론을 중심으로 설명하겠다. 머슬로 동기이론 중 가장 잘 알려지고 영향을 끼친 것은 우세성에 의거해 순서화된 인간 욕구의 계층제에 대한 개념이다. '우세성'은 특정 욕구 만족의 긴급성을 의미한다. 기본적인 생각은 '하위' 혹은 더 원시적인 욕구가 동기 부여의 원천으로서 개인에게 더 높은 욕구가 되기 전에 먼저 충족되어야만 한다는 것이다. 이 때문에 충족된 욕구는 더 이상 동기 부여를 할 수 없다. 욕구계층제의 다섯 가지 수준은 다음과 같다.

① 생리학적 욕구 – 주로 의식주
② 안전 욕구 – 물리적 위험이나 박탈감으로부터의 자유
③ 사랑 욕구 – 가족, 친구와 친밀하고 우호적인 관계를 가지려는 욕망
④ 존경 욕구 – 자기 능력, 성취 및 전반적인 개인적 가치에 대한 타인의 인정
⑤ 자아실현 욕구 – "자기가 될 수 있는 모든 것이 되려는" 자신의 내재적 잠재성 또는 창조적 능력을 구현하려는 욕구(Maslow, 1954: 82).

욕구계층제는 개인의 자연적인 '성장을 향한 충동(impulse toward growht)'을 반영하는 일련의 발전 단계를 나타낸다. 머슬로의 이른바 '결핍 욕구(deficiency need)' 즉 하위 네 개의 수준에서 맛보는 좌절은 최고위 수준인 자아실현 욕구로 향하게 하는데 그는 '존재 욕구(being need)'라는 용어를 쓴다. 비록 사람들이 이 수준에서 심리적 고통을 느낄지는 몰라도 네 차원과 연관된 신경과는 다른 것이다. 이제는 유명해진 욕구계층제, 그리고 특히 자아실현 개념은 맥그리거와 같은 머슬로의 많은 추종자들이 인정하지 않을지도 모르는 방법으로 관리이론가에 의해 해석되어 왔다.

예컨대 현대 상황이론은 욕구계층제를 객관적 지표로서 올바른 관리 형태 및 효과적 수행을 위한 유인과 상이한 욕구들을 부합시키기 위해 다양한 근로자를 동기 부여하는 다양한 요인을 찾아내는 도구로 간주한다. 근로자의 현재 동기 수준은 관리자가 조직 효과성 및 목표 달성을 위해 관리

방책을 변경시킬 수 있는 주어진 것으로 간주된다. 다시 말해, 근로자 욕구에 대한 지식은 근로자의 발전적 욕구보다는 조직의 수단적 욕구를 위해 쓰여진다.

머슬로	앨더퍼	허즈버그
자아실현 욕구	성장 욕구	
자기존중 욕구		동기 요인
사회적 욕구	연관 욕구	
안전 욕구		위생 요인
생리적 욕구	존재 욕구	

허즈버그는 직무 요인을 위생 요인(bygone factor)과 동기 요인(motivator)으로 구분한다. 위생 요인은 최소한의 근무 여건만 제공할 뿐 동기 부여하지는 못하나, 동기 요인은 근로자로 하여금 동기를 유발하는 요인이다. 앨더퍼(Clayton R. Alderfer)는 존재 욕구(existence need), 연관 욕구(relatedness need), 성장 욕구(growth need) 등의 세 가지 욕구로 구분하고 있다.

2) 과정이론

과정이론은 동기의 내용적인 측면보다는 동기의 과정에 초점을 두는 이론으로 기대이론과 형평이론을 구분할 수 있다. 대표적인 기대이론으로는 브룸(Victor H. Vroom)의 이론을 들 수 있다. 그는 동기란 각 대안의 기대 효용가치에 대한 개인의 주관적 평가에 따라 결정된다고 본다. 즉,

$$\text{Motivation} = [E \rightarrow P] \ \Sigma \ [P \rightarrow O] \ V$$

$$[E \rightarrow P] \ [P \rightarrow O] \qquad\qquad V$$

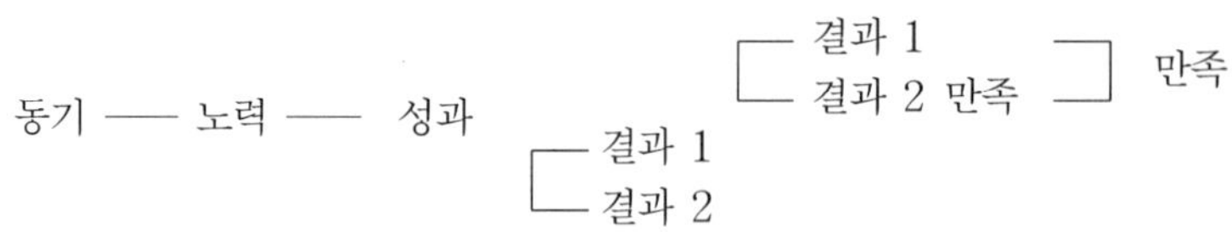

만일 어느 근로자가 더 많이 노력하면 더 많이 물건을 팔 수 있다는 확신을 80% 가지고 있고, 판매량 증가가 임금 인상을 수반하리라는 확신을 80% 가지고 있다면, 그는 높은 E→P, P→O 기대치를 갖고 있다고 할 수 있다.

그리고 그가 임금 인상에 대해 90%의 가치를 부여한다면, 그의 동기 수준은 Motivation=[E→P] Σ [P→O]V=.8*(.8*.9) =.58로 높다고 할 수 있다.

애덤스(J. Stacy Adams)의 형평이론에 의하면 근로자의 동기는 보상의 형평성 정도에 따라 결정된다. 즉

$$Output_a/Input_a = Output_b/Input_b$$

제 4 절 운영분석

버나드와 테일러가 조직을 협동단결 체제로 파악한 반면, 사이먼은 행정과정이란 본질적으로 의사결정 과정이라고 보고 있다. 또한 조직이란 개인의 총체적인 집합체이므로 조직분석에 기본적인 요소는 개인 의사결정의 기술적 분석이라고 보았다. 과학적 원리 원칙이 모순적 격언에 불과하다고 비판하면서 처방적 관리 원칙을 개인 의사결정 과정의 기술적 분석으로 대치시켜야 한다는 것이다. 고전적 의사결정이론이 모든 조직이 동일하다는 가정에 입각했으나, 사이먼은 결정이 개인적인 인지적 한계와 개인의 다양한 선택의 결과로 야기되는 다원주의적 갈등과 같은 제한적 합리성(bounded rationality)에 좌우된다는 것이다. 권한, 조직몰입도가 가치 전제에 영향을 주고 규칙, 능률성의 기준 등이 사실 전제에 영향을 준다. 이러한 의사결정의 전제 조건들이 이원적 인격에 의해 야기되는 개인 의사결정의 한계성을 조직적 목표 달성의 차원에서 통제하는 방법이 된다.

사이먼의 주장에 의하면, 고전적 이론과 행정관리학파의 조직관리 원칙은 원칙들이 상호 모순될 경우 언제 어느 원칙이 적용되어야 할지에 관한

지침을 제공하지 못하기 때문에 마치 상충되는 격언("아는 게 힘이다"라는 격언과 "모르는 게 약이다" 등의 격언이 그 예다)과 같다는 것이다. 이러한 지침이 결여된 이유는 원칙에 나오는 용어에 대한 적절한 개념 규정이 결여되어 있기 때문이다. 원칙이 특정 상황 하에서 일련의 선택을 제공하나 선택 근거가 무엇이어야 하는지에 대해 불분명하다. 예컨대, 행정능률성을 증가시켜 주는 목적, 과정, 고객, 그리고 장소에 의한 조직화 원칙을 검토하면서 사이먼은 다음과 같이 지적한다.

> ……목적(purpose), 과정(process), 고객(clientele), 그리고 장소(place)가 조직화의 모순적 근거이기 때문에 이러한 원칙은 내재적으로 일관성이 결여되어 있고, 어느 세 가지 근거의 장점은 네 번째 근거의 장점을 확보하기 위해 희생되어야만 한다는 것이 명백하다(Simon, 1976: 28).

Chapter 07 영어 강의

제 1 절 사회학

Sociological perspective is a way of seeing the world.
사회학적 관점이란 세계를 보는 방법이다.

Sociological perspective helps you to understand the social realities which make up the field of sociology.
사회학의 분야를 구성하는 사회적 실체를 이해하도록 도와 준다.

Sociological perspective sheds light on ordinary things that ordinary people like you and me observe everyday and take for granted.
당신과 나 같은 보통 사람들이 일상을 관찰하고 당연한 것으로 간주하는 보통 사물들을 조망해 준다.

1 Sociology and the Sociological Imagination(사회학과 사회학적 상상력)

The best place to start any movie is in the biginning.
모든 영화를 틀기에 가장 좋은 곳은 시작부다.

So why dont we start our movie by asking one rude question?
그러니 하나의 질문으로 우리의 영화를 시작해 보는 것이 어떨까요?

How can we define sociology?
사회학을 어떻게 정의할 것인가?

Primo (First stuff): Sociology is one of several social sciences: social sciences study humans, the social worlds they create.
우선 사회학은 여러 사회과학 중의 하나이며, 인간과 인간이 창조하는 사회적 세계를 연구한다.

Social sciences cover stuffs like economics, anthropology, psychology, and political science.
사회과학은 경제학, 인류학, 심리학, 정치학 등을 포함한다.

Sociology is to humans what entomologists are to bugs.
사회학과 인간의 관계는 곤충학자와 곤충의 관계와 같다.

Sociology is the science of human behavior as it is shaped by group life.
사회학은 집단생활에 의해 형성되는 인간 행동의 과학이다.

Sociology offers systematic ways of finding out how and why people interact with one another.
사회학은 사람들이 상호작용하는 방법과 이유를 알기 위한 체계적인 방법을 제공해 준다.

Sociology is the systematic study of human society.
사회학은 인간 사회에 대한 체계적인 연구다.

SOCIOLOGY IS INTERESTED IN HUMAN INTERACTIONS such as WORKING, LEARNING, FIGHTING, and SOCIAL SETTINGS like WORKPLACE, UNIVERSITIES, and PLAYGROUNDS.

사회학은 일, 학습, 분쟁 등의 인간의 상호작용, 그리고 근무지, 대학, 놀이터 등의 사회적 상황에 관심을 갖는다.

Sociology is the study of people's interactions.
사회학은 인간의 상호작용을 연구하는 것이다

2 Societies(사회)

What are societies?
사회란 무엇인가?

Societies are groups of people who share a common culture.
사회란 공통적인 문화를 공유하는 사람의 집단이다.

Societies also refer to intricately structured arrangement of relationships among people.
사회란 또한 복잡미묘하게 구조화된 인간 관계의 배열을 의미한다.

3 사회구조(social structures)

Social structures are made up of arrangements between people within a society.
사회구조는 사회 내 인간 간의 구조적 배열로 구성된다.

These arrangements include patterns of behaviors that are characteristic of the people involved.
이러한 구조적 배열은 관련된 인간의 특질인 행태의 유형을 포함한다.

For example, relationships between cops and robbers, waiters and restaurant patrons, and students and professors all have charateristic patterns of behavior, but these examples are just the tip of the iceberg.

예를 들어 경찰과 강도, 웨이터와 식당 손님, 학생과 교수 간의 관계는 모두 특징적인 행태 유형을 갖는다. 그러나 이러한 예들은 단지 빙산의 일각에 불과하다.

These relationships result in individual behaviors which make up social structures.

이러한 구조는 사회구조를 만들어내는 개인적 행태의 원인이 된다.

You start to understand why you need to THINK like a sociologist in order to grasp the complexities of social science.

사회과학의 복잡성을 파악하기 위해 왜 사회학자처럼 생각해 볼 필요가 있는가를 이해하기 시작할 것이다.

Globalization refers to the increasing interdependence of people around the world.

세계화는 전 세계 사람들의 점증하는 상호의존성을 의미한다.

Events far away which may seem completely unrelated to us affect our daily lives more and more.

우리와 무관한 것처럼 보이는 먼 곳의 사건들이 점점 더 우리의 일상생활에 영향을 미친다.

Globalization are relationships that are part of a social structure.

세계화는 사회구조의 일부인 관계라 할 수 있다.

Globalization refers to the many processes which cause the lives of people all across (over) the planet to become increasingly interconnected.

세계화는 점차 상호 연결되는 전 세계의 사람들의 생활의 원인이 되는 많은 과정을 의미한다.

Globalization gives long-distance relationships new meaning.
세계화는 원격 관계에 새로운 의미를 부여한다.

Take an example of your closet.
여러분의 옷장을 예로 들어보자.

Put out all your clothes and take a look at the labels on them.
옷을 모두 꺼내 옷의 상표를 살펴보자.

I will guarantee that a lot of stuff you got are manufactured in all of the world like China, Paraguay, Twain, and Mexico.
장담하건대 당신이 구입한 많은 옷이 중국, 파라과이, 대만, 멕시코 등의 전 세계에서 만들어진 것이다.

See. You depend on other society to dress you.
봐라. 옷 입는 것도 다른 사회에 의존하고 있다.

또한 주변의 많은 다양한 음식점의 경우도 마찬가지로 세계화의 예들이다.

You see.
알겠죠.

4 Sociologists(사회학자)

- observe
- analyze
- and attempt to explain these connections and their consequences for our daily lives.

사회학자는 이러한 연관성(연결)과 우리의 일상의 결과를 관찰하고, 분석하고, 설명하려 한다.

How many connections we are talking about here?
여기서 얼마나 많은 연관성에 대해 이야기하는가?

About a zillion!!!
헤아릴 수 없이 많다.

We are talking about a zillion connections and relationships that make up the social structures of societies all over the globe.
전 세계 사회의 사회구조를 형성하는 연관성과 관계는 수없이 많다는 얘기다.

These are sociological questions on the global level.
이러한 예는 전 세계적인 수준에서 사회학적인 문제다.

Answering them sounds like a pretty big job, uh.
대답하기 매우 어려운 일인 듯하다.

U · S factory worker may be adversely affected by a Latin American economy.
1) that economy allows for low wages.
2) low wages encourage American companies to move production.
미국의 공장 근로자는 남미의 경제에 의해 악영향을 받을 수 있다.
낮은 임금은 미국 기업으로 하여금 생산시설을 임금이 싼 남미나 다른 국가로 빠져나가도록 한다.

5 Micro-level Sociology(미시사회학)

The Micro-Level of Sociology
- refers to social relations that involve direct interactions with others.

미시사회학은 타인과의 직접적 상호작용을 포함하는 사회적 관계를 의미한다.

The micro-level focuses on smaller units of social systems like face to face social interactions, and directly connected through personal, immediate interaction.
미시사회학은 대면적인 사회적 상호작용과 같은, 혹은 개인적 친밀한 상호작용을 통해 직접 연관된 사회 체제의 작은 부분에 초점을 맞춘다.

6 Macro-level Sociology(거시사회학)

The next level of relationships macro-level relationships has to do with relationships that are less personal than those found on the micro-level.
다음 수준의 관계인 거시 수준은 미시 수준보다 덜 개인적인 거시적 관계와 관련된 것이다.

Distant social processes that help shape the micro-level
미시 수준을 형성하는 데 도움을 주는 먼 사회적 과정

This macro-level allows for the analysis of larger social patterns you will find in large-scale social systems or in society as a whole.
이 거시 수준은 대규모 사회 체제 혹은 전체로서의 사회에서 찾아볼 수 있는 더 큰 사회적 양식의 분석을 가능하게 해 준다.

Macro-level relationships between an individual and an institution, Government, Workplace, School System
거시적 관계는 개인과 정부, 근무지, 학교 체제 등과 같은 제도 간의 관계다.

In order to fully grasp the macro-level of sociology you need to understand what institutions are.
거시사회학을 충분히 파악하려면 제도가 무엇인지 알아야 한다.

Institutions are

- major areas of social activities
- family
- workplace
- political systems
- religion
- educational spheres

제도란 사회적 활동, 가정, 근무지, 정치 체제, 종교, 교육 등의 중요 분야를 뜻한다.

Institutions

- have sets of rules which govern a particular area of society

제도란 사회의 특정 분야를 지배하는 일련의 규칙이다.

Rules

- organize particular activities
- give participants a shared understanding of the activity.

규칙은 특정 활동을 조직하고, 참여자에게 활동에 대한 공유된 이해를 준다.

Each of the many institutions in a society have a different function.
사회 내 각각의 많은 제도는 다른 기능을 갖는다.

Function

The Rules of Institutions
기능이란 제도의 규칙이다.

Develop over time through repetition and habit.
이는 반복과 습관을 통해 발전된다.

Traditions

long standing ways of doing things.
전통이란 일하는 오랜 방식이다.

Extremely Important to maintaining stability of society rules and laws uphold them.
사회 안정을 유지하는 데에 극히 중요한 것은 규칙과 법이다.

제 2 절 문화에 대한 다양한 정의들

1 지식, 신념, 예술, 도덕, 법, 관습, 그리고 사회구성원으로서 인간에 의해 습득된 능력 및 습관

A complex whole which includes knowledge, belief, art, morals, law, custom, and any other capabilities and habits acquired by man as a member of society(E. Tylor)

Symbol — something that can be:
* verbal or nonverbal
* written or unwritten and represents an idea to the human mind.

다시 정리해 보면 상징이란 언어적 혹은 비언어적, 문서화된 혹은 비문서화된 표현된 생각이다.

Symbol → interpreted and understood by individuals based on their own knowledge and experience

상징은 지식과 경험에 의해 해석되고 이해된다.

Language—A system of written and verbal symbols which represent unique and universal ideas.
언어란 독특하고 보편적인 생각을 표현하는 문서화된 언어적 상징이다.

2 Sapir-Whorf 가설(Hypothesis)

A Linguistic Relativity Hypothesis that language can confine people
언어가 사람을 속박할 수 있다는 언어적 상대성 가설이다.

We are so dependent upon using language to express ideas and emotions, that if we can't think of a word to describe something, we cannot validate that idea or emotion.
우리는 생각이나 감정을 표현하기 위해 언어에 너무나도 의존하기 때문에 어떤 것인가를 기술할 단어를 생각할 수 없다면 그 생각이나 감정을 타당화할 수 없다.

We can only describe things by using already existing language.
우리는 이미 존재하는 언어를 사용해서만 사물을 기술할 수 있다.

Already existing language change perceptions and experience.
기존의 언어는 인식과 경험을 변화시킨다.

Culture is the way of life of a people.
문화란 인간의 생활 방식이다.

Culture consists of the values the members of a group hold.
- the norms they create.
- the material goods they create.

문화는 집단구성원의 가치, 그들이 창조하는 규범, 및 물질로 이뤄져 있다.

Culture is a collection of:

- shared beliefs
- behaviors
- products of a group of people.

문화는 공유된 신념, 행태, 인간집단의 산물이다.

Not every in a particular society shares the same culture.
특정 집단에서 모든 사람이 똑같은 문화를 공유하는 것은 아니다.

People participate in cultures different from the larger culture of that society.
사람들은 사회의 더 큰 문화와는 다른 문화에도 참여한다.

How you function in everyday life to build societies and form cultures.
사회를 만들고 문화를 형성하기 위해 여러분이 일상생활에서 기능하는 방법

How our interactions with similar and different people are part of social structures.
유사한 사람 및 상이한 사람과의 상호작용이 어떻게 사회구조의 일부가 되는가.

문화의 속성을 알파벳으로 정리하면 다음과 같다.
actions shared, beliefs, customs, doing things, expectations, feelings, glue that bonds, habit, ideology, jargon, knowldege, language, meaning, norms, organizationally learned, philosophy, rituals, symbols, thinking, understandings, values, worldview

제 3 절 사회학이론

Stereotypical World of Sociology
전형적인 사회학의 세계

Most complete up-to-date sociology info!
가장 완전한 최신 사회학 정보!

Greatest sociological minds around important introductory sociological concepts; Sociological imagination, culture, social institutions, groups.
사회학적 상상력, 문화, 사회제도, 집단 등의 중요한 사회학의 기초 개념을 둘러싼 위대한 사회학자들의 생각들

In order to truly comprehend the intricacies of SOCIOLOGY, Your intellectual mission must include GOING TO CLASS, READING TO YOUR PROFESSORS.
사회학의 미묘성을 진정으로 이해하기 위해서는 교수의 수업을 들어야 한다.

1 The Sociological Perspective(사회학적 관점)

The Social Science of Sociology(사회학의 사회과학)

Sociological perspective: A way of seeing the world under the social realities which make up the field of sociology.
사회학적 관점이란 사회학의 모든 분야를 구성하는 사회적 실체 이면의

세계를 보는 방법이다.

Sheds light on ordinary things, ordinary people, observe everyday and take for granted.

또한 보통 사물 및 사람을 조망해 주고, 당연한 것으로 간주되는 일상을 관찰하게 해준다.

2 Sociological Imagination(사회학적 상상력)

What is a Sociological Imagination?

Sociological imagination is a term coined by the late C. Wright Mills.

Mills believed that critical thought leads to understanding by asking questions in systematic way.

Critical Thinking

- a willingness to ponder ANY SITUATION
- ask any questions about it
- no matter how difficult!
- a willingness to be open to any answer
- supported by logic and evidence
- involves leaving your personal biases
- and the prejudices at the door

Critical Thinking Means

asking questions about

groups

structure

society

Critical thinking relates to the sociological imagination.

Critical thinking is the catalyst for the sociological imagination.

The sociological imagination is the ability to grasp the relationship between our individual lives and the larger social forces that help to shape them.

제 4 절 사회학이론의 변천

The Sociological Perspective and Key Contributors(사회관의 흐름)

Some Real Groovy Guys
진짜 뛰어난 사람들

- Auguste Comte(콩트)
- Harriet Matineau(마티노)
- Karl Marx(마르크스)
- Émile Durkheim(뒤르켐)
- Max Weber(베버)
- George Herbert Mead(미드)
- Talcott Parsons(파슨스)
- Robert K. Merton(머턴)

1 Auguste Comte

Auguste Comte in the early 1700's founded the science of sociology.
어거스트 콩트는 1700년대 초 사회학을 과학으로 정립했다.

SOCIOLOGY

Basis of Comte's sociological thought was his attempt to manage society.

콩트의 사회학적 사고의 기반은 사회를 관리하려는 시도였다.

Social Engineering(사회공학)

Auguste Comte named the science of sociology, and advanced the idea of Positivism.

그는 사회학을 명명했고, 실증주의 사상을 발전시켰다.

Positivism(실증주의)

Knowledge must be based on facts rather than beliefs, opinions, speculation.

지식이란 신념, 의견, 추측보다는 사실에 입각해야 한다는 것이다.

2 Harriet Matineau

translated Comte's works

콩트의 저서를 번역함.

authored one of the first books on sociological research methods

사회학 연구방법론에 관한 최초의 책 중의 하나를 저술함.

3 Karl Marx

Founding Father of Communism

공산주의의 창시자

Karl Marx is the founder of Conflict Theory.
마르크스는 갈등이론의 창시자다.

Conflict Theory asserts that the organization of society and the changes in society can be explained by the conflicts inherent to many social relations.
갈등이론은 사회조직과 변화가 많은 사회적 관계에 내재된 갈등에 의해 설명될 수 있다고 주장한다.

Marx criticized capitalism for producing inequality.
마르크스는 자본주의가 불평등을 양산한다고 비판한다.

Capitalist Societies exploit work for profit of owners.
자본주의 사회는 가진 자(유산계급)의 이익을 위해 노동을 착취한다.

Social Classes are arrangements that involve unequal positions
사회계급은 불평등한 지위를 내포하는 사회구조다.

Social Classes are based on Wealth Income Person's place system of economies.
사회계급은 가진 자에 입각해 있다.

Class conflict could only be overcome by abolishing private property and adopting communism.
계급 갈등은 사유재산을 철폐하고, 공산주의를 채택함으로써만 극복될 수 있다.

Communism is a system theorized by Marx as involving collective ownership of tools and factories.
공산주의는 생산 수단과 공장의 집단 소유제를 포함하는 마르크스에 의해 이론화된 체제다.

Communism would eliminate inequalities.
공산주의는 불평등을 제거할 수 있다.

There are two social classes, the CAPITALISTS and the PROLETARIANS.
자본가와 노동자(무산계급)라는 두 사회계급이 존재한다.

Capitalists are people who own the factories within which the proletarians work.
자본가는 노동자들이 일하는 공장을 소유한 자들이다.

Capitalists are the people who run the banks.
자본가는 은행을 경영하는 사람들이다.

Proletarians are the workers that make the products in the factory.
노동자는 공장에서 제품을 생산하는 근로자들이다.

They are the common people.
그들은 보통 사람들이다.

There is a conflict between these two classes
Capitalists and Proletarians
이들 자본가와 노동자들 두 계급 간에는 갈등이 존재한다.

Communism is the collective ownership of the means of production.
공산주의란 생산 수단의 공유제를 의미한다.

As a model of government, it opposes private ownership.
정부모형으로서 사유제를 부정한다.

in communism classes are eliminated
공산주의에서 계급은 제거된다.

People cooperate to produce and distribute the things needed for living
사람들은 생활에 필요한 물건을 협동 생산하고 분배한다.

Inherent conflict between the Haves and the Have Nots
가진 자와 못 가진 자 간에 갈등이 내재되어 있다.

4 Émile Durkheim

Ideas and Theories (사상과 이론)

Durkheim laid out the rules for researching human behavior and social relations.
뒤르켐은 인간 행태와 사회 관계를 연구하는 규칙을 정립했다.

Social Groups are collections of people who interact on the micro-level, hold similar or related expectations about behaviors, and share a common identity.
사회집단이란 미시 수준에서 상호작용하는 사람들의 모임이다.

Social Facts are characteristics or properties of groups that are separate from individual member.
사회적 사실은 개인과 구별되는 집단의 특질이다.

Level of solidarity Within a group.(집단 내의 결속도)
shared expectations of a group.(집단의 공유된 기대)
affect the behaviors of individual members of groups.
집단 내의 개인 행태에 영향을 미친다.

For example, kids behave differently with their friends than with their parents.
예를 들어, 아이들은 부모보다는 친구들과 다르게 행동한다.

Their behavior with their friends would be the Social Fact.
친구들과의 행태는 사회적 사실이다.

Social Facts 1st member of social group that enjoys respect
Social Facts 2nd group relation are strong and exclusive.
Social Facts 3rd group expectations about how to treat outsiders.
The Result your buddy acts towards you friendship
Notice that the social facts aren't characteristics of individual members

Emergent Properties(창발성)

- characteristics or traits of groups that result from interaction among people over time.
- influence the behaviors of group members

시간의 흐름에 따라 사람들 간의 상호작용으로 발생하는 집단의 특성으로 집단구성원의 행태에 영향을 미친다.

5 George Herbert Mead

Symbolic Interactionism is the sociological theory or perspective, which asserts that the self and society are built through interactions based on symbols and language.
상징적 상호작용주의는 사회학 이론 또는 시각으로, 자신 혹은 자아 그리고 사회는 상징 그리고 언어를 기초로 한 상호작용으로 만들어진다고 주장한다.

Symbols(상징)

- Things that represent something to a human being.
- can be a word from a language, a nonverbal gesture, like a smile, or a picture.

인간에게 무엇인가를 나타내 주는 것은 언어, 웃음 또는 그림과 같은 비언어적인 몸짓이 될 수 있다.

People use Symbols to communicate, and symbols may mean different things to different people in our culture and across cultures.

사람들은 의사소통하기 위해 상징을 사용한다, 그러나 이는 같은 문화 혹은 다른 문화의 사람들에게 다른 것을 의미할 수도 있다.

Humans use symbols to interact.

인간은 상징을 사용해서 상호작용한다.

Interactions between individuals build groups.

개인 간의 상호작용은 집단을 형성한다.

Groups make up society.

집단은 사회를 만든다.

So in other words, Society Is the product of the meanings that people give to their situations.

그래서 사회는 사람들이 상황에 부여하는 의미의 산물이다.

Symbolic Interactionism asserts that the understanding of symbols makes a social being......and social beings interact to create a society. “using symbols to communicate”

상징적 상호작용주의의 주장은 상징의 이해가 사회적 인간을 만들고, 사회적 인간은 의사소통을 위해 기호를 사용해 사회를 창조하기 위해 상호작용한다는 것이다.

“I find you very attractive.
“당신은 매우 매력적이시군요.

I'd like to get to know you better.”
당신을 좀 더 알고 싶어요.”

“I'm intrigued by your quiet demeanor and dark, handsome sensibility.”
“당신의 조용한 행실과 어둡고 멋진 감수성에 호기심을 느껴요.”

Detrimental outcoms will occur if people live in isolation.
만약 사람이 고립 안에서 산다면 해로운 산출을 발생할 것이다.

Isolation Means alone Human Interaction is what makes people what they are When two people are communicating they use symbols.
두 사람이 의사소통할 때 그들은 상징을 사용한다.

One of the people picks a symbol that they think will communicate something specific to another person.
그들은 다른 사람에게 명확한 어떤 것을 의사소통할 것이라고 생각하는 상징을 택한다.

He use that Symbol to communicate something to another person.
그는 다른 사람에게 어떤 의사소통을 하기 위해 그 선택한 상징을 사용한다.

Each of these people may not be interpreting the symbol to mean the same thing.

이 사람들 각자는 상징을 같은 것을 의미하는 것으로 해석하지 않을지도 모른다.

It all depends upon what experience may be tied to the symbol and thus how it is understood.

그 상징에 어떤 경험이 연계되어 있는가, 어떻게 이해되는가에 달려 있다.

Our relationship would be based on both physical and intellectual attraction. I think we would be great together.

우리 관계는 육체적이고 지적 매력에 기초를 둔다. 우리는 함께라면 거대한 공동체라고 나는 생각한다.

Two Possible Meanings(두 개의 가능한 의미)

1) Why don't you join me? or

2) get lost

How another person interprets a symbol determines how they react to people.

The human self is created through the interaction with others.

인간 자신은 다른 사람과의 상호작용을 통해 창조된다.

If we were never exposed to other humans, we would never be able to build our own concepts of symbols, because no one would ever communicate with us.

만약 우리가 다른 인간에게 드러나지 않는다면, 우리 자신의 상징 개념을 결코 조립할 수 없다, 왜냐하면 아무도 우리와 의사소통하지 않기 때문에.

Symbolic Interactionism assumes that interaction between individuals and groups is based primarily on symbols, thus, symbols and the study of their meaning are an integral part of sociology.

상징 상호작용주의는 개인 그리고 집단의 상호작용은 주로 상징에 기초한다고 주장한다. 그러므로 상징 그리고 그들의 의미를 연구하는 것은 사회학의 없어서는 안 될 부분이다.

6 Main Theories(주요 이론)

1. Functionalism(Parsons)<기능주의: 파슨스>
2. Conflict Theory(Marx)<갈등이론: 마르크스>
3. Symbolic Interactionism(Mead)<상징적 상호작용주의: 미드>

Functionalism is a macro-level perspective which attempts to explain relationships within society in terms of the relationships among

- individuals
- groups
- institutions

and the consequence of these relationships.

기능주의는 거시적인 시각으로 개인, 집단, 제도 간의 관계라는 점에서 관계 및 관계의 결과를 설명하려 한다.

1) 관계들의 사회적 중요성

Each of these parts is important(이것들의 각각은 중요하다)
jobs, bosses, salaries, retirement(일자리, 상사, 급료, 퇴직)
For example(예를 들어)
The economy(경제)

- organizes way individuals make a living.

생계를 꾸려 가는 개인들의 방법을 조직한다.
bosses(상사) salaries(급료)

retirement(퇴직) jobs(일)

All the various parts of society together Form the ORGANISM of society!
사회의 모든 다양한 부분은 사회의 유기체를 형성한다.

Our society has different institutions.
우리 사회는 다른 제도(기관)를 가지고 있다.
religious institutions(종교제도)
political institutions(정치제도)
economic institutions(경제제도)
educational institutions(교육제도)
small institutions(작은 제도)

Society is made up of lots of different people who form speciffic populations and social groups
사회는 사회집단을 형성하는 많은 다른 사람으로 구성되어 있다.

Educated professionals, sports fanatics, blue collar workers, sorority sisters, vegans, dart club member, the dead heads
교육받은 전문직업인들, 스포츠 열광자들, 육체 노동자, 여성단체 자매, 철저한 채식주의자, 다트 클럽 회원, 무임 승객.

Functionalism(기능주의)
Each part of society fits with the rest.
사회의 각 부분은 다른 부분들과 안정되게 고정되어 있다.

Each part of society does and how(part of)
of society's function were to change
사회 기능은 변화한다.

If society's pool of manual labor jobs were to suddenly shrink, millions of blue collar workers would need to find jobs.
만약 사회의 육체 노동 일자리가 갑자기 줄어들면 백만의 육체 노동자들은 일자리가 필요하다.

How do these workers find jobs if there aren't any available?
만약 어떤 이용할 수 있는 것이 없다면 어떻게 노동자들은 일자리를 발견할 수 있겠는가?

Because this part of society is suddenly gone, another part must compensate for that change.
왜냐하면 이 사회의 부분은 갑자기 사라지고 사회의 다른 부분은 반드시 그 변화에 보상한다.

This shift in economy may be offset by changes in education.
경제의 변동은 아마도 교육의 변화에 의해 상쇄된다.

The loss of manual labor jobs may mean those out of work are less qualified for other positions in society
육체노동 일자리 손실은 아마도 일이 사라지는 것을 의미한다.

Job Training Program(일 훈련 프로그램)
Tax Incentives(세금 유인)

other parts of society change in response to the original change and the functional balance is maintained.
그리고 그 기능 안정은 지속된다.

2) Conflict Theory(갈등이론)

The Second Theory of Sociology Conflict Theory(사회학 두 번째 이

론 갈등이론)
Conflict Theory(갈등이론)
organization of society and the changes in society(사회의 조직 그리고 사회의 변화들)
conflicts inherent in many social relations(많은 사회 관계들 속의 고유의 갈등)
Conflict Theory(갈등이론)
Social groups(사회의 집단)
interests(관심사)
one group conflicts with another

Two
social classes(사회의 부류)
capitalists(자본주의자)
proletarians(무산계급)
through profits
from businesses

사업으로부터 이익을 통해
own well-being
(개인 행복)
↓
wages
(급료)
↓
family
(가족)
Conflict(갈등)

If a capitalist wants to make lots of money in a company, expenses have to be minimal

만약 자본주의자가 회사에서 많은 돈을 벌기 원한다면 최소한도의 비용이 들어야만 한다.

giving the workers the lowest wages possible

가능한 가장 낮은 임금을 노동자에게 준다.

THE COMPANY WANTS HIGH OUTPUT

회사는 높은 산출을 원한다.

AND THUS, WILL ATTEMPT TO GET THE MOST OUT OF IT'S WORKERS

The conflict is:

worker want

(노동자 요구)

↓

good wages

(좋은 급료)

↓

reasonable hours

(적당한 시간)

business owners

(사업 소유자)

↓

high output

(높은 산출)

↓

low costs

(낮은 비용)

Symbolic Interactionism(상징적 상호작용주의)

Symbolic Interactionism 3rd main perspective(세 번째 주요 시각인 상징적 상호작용주의)

부 록

1. 개미 사회와 인간 사회
2. 기본 개념 풀이
3. 혼돈이론의 자기유사성
4. 생각해 볼 문제

부록 1 개미 사회와 인간 사회

창세기

개미 문명은 어떻게 건설되었을까? 그것을 이해하자면, 수억 년 전 지구 위에 생명이 처음으로 출현했던 때로 거슬러 올라가야 한다.

지구 최초의 거주자들 중에 곤충들이 있었다.

그들은 이 세계에서 살기에 적합하지 않은 것처럼 보였다. 작고 연약한 그들은 모든 포식자(捕食者)들의 더할 나위 없이 좋은 먹이였던 것이다. 살아남기 위해 어떤 곤충들은 메뚜기처럼 번식이라는 방법을 선택했다. 알을 아주 많이 낳아서 그것들 중에 꼭 살아남는 자가 생기도록 하는 방법을 선택한 것이다.

어떤 곤충들은 말벌이나 꿀벌처럼 독을 선택했다. 여러 세대를 거치는 동안 그들은 독침을 갖추게 되었고, 그럼으로써 스스로를 무서운 존재로 만들어갔다.

어떤 곤충들은 바퀴벌레처럼 포식자들이 먹기에 부적합하게 되어가는 쪽을 선택했다. 특수한 분비샘에서 나오는 물질이 그들의 살에서 고약한 맛이 나도록 해주기 때문에 어떤 포식자도 그 고기 맛을 보려고 하지 않았다.

어떤 곤충들은 사마귀나 밤나방처럼 위장이라는 방법을 선택했다. 풀이나 나무껍질과 비슷해 보이게 함으로써 그들은 살기 험난한 자연 속에서 발각되지 않고 지내게 되었다.

그렇지만 약육강식의 원리가 지배하는 초기의 정글에서 많은 곤충은 살아남기 위한 '비결'을 찾아내지 못한 채 소멸할 운명을 맞는 것처럼 보였다.

사회성

인간과 마찬가지로 개미는 사회성을 타고난다. 새끼 개미는 너무 약해서 자신을 가두고 있는 고치를 혼자서 깨뜨릴 수가 없다. 사람의 아기도 혼자서 걷거나 영양을 섭취할 수 없다.

개미와 인간은 둘 다 주위 도움을 받아야만 살 수 있는 종이며, 살아가는 방법을 혼자서 터득할 줄도 모르고 터득할 수도 없다.

어른에게 의존해야 한다는 것은 분명히 하나의 약점이다. 그러나 그 의존성이 또 다른 진화를 가져온다. 지식 추구가 그것이다. 어린 개체들에게 살아남을 수 있는 능력이 없는 터에, 생존 능력을 지닌 성숙한 개체들이 곁에 있으니, 어린 개체들이 처음부터 성숙한 개체들에게서 지식을 구하는 것은 당연하다.

이종교배(異種交配)

개미둥지에 다른 종이 섞여 있지 않다고 생각하는 것은 잘못이다. 개미는 저마다 자기 도시의 고유한 냄새를 가지고 있기는 하다. 그러나 인간 세계에서 볼 수 있는 것만큼 그렇게 '배타적인' 모습을 보이지는 않는다.

예를 들어 흙을 채운 어항에 불개미 100마리와 검은 목축개미 100마리를 함께 넣으면 어떻게 될까? 두 종 모두에 알 낳는 여왕개미 한 마리씩을 포함시켜서 말이다. 그러면 우선 몇 차례의 작은 충돌이 일어난다. 그러나 죽는 것들이 생길 정도의 충돌은 아니다. 그후에는 더듬이를 맞대고 긴 토론을 벌이고나서 함께 개미둥지를 건설해 나가기 시작한다.

어떤 통로는 불개미의 체구에 알맞게 되어 있고 어떤 것은 검은 목축개미에 알맞게 되어 있다. 그러나 그들은 그것에 그치지 않고 다음 종과 교배를 해서 서로 섞인다. 이상의 관찰을 통해 다음과 같은 사실이 분명해진다. 즉 개미 세계에서는 지배적인 위치에 있는 어떤 종이 도시 안에 게토(ghetto)와 같은 특별보호구역을 만들어 다른 종을 격리시키는 일이 없다는 것이다.

음모가들의 시대

인간 사회에 가장 널리 퍼져 있는 조직 체계는 다음과 같다. 복잡한 위계구조에 편입되어 있는 '관리자들', 즉 권력을 가진 사람들이 가장 제한된 권리를 지닌 '창조자들' 집단을 지도하거나 관리하고, '중개자들'이 분배를 구실로 창조자들이 노동 산물을 가로챈다…… 개미 세계에 일개미, 병정개미, 생식개미의 세 계급이 있듯이 오늘날의 인간 사회에는 관리자, 창조자, 중개자라는 세 계층이 있는 것이다.

20세기 초 러시아의 두 지도자였던 스탈린과 트로츠키 사이의 권력 투쟁은, 한 사회가 창조자들이 우대받는 체제에서 관리자들이 특권을 누리는 체제로 이행하는 모습을 아주 잘 보여 주고 있다.

파킨슨 법칙(Parkinson's law)

파킨슨 법칙(같은 이름의 파킨슨병과는 아무런 연관이 없음)에 따르면, 어떤 기업이 성장하면 성장할수록, 점점 능력이 없는 사람들을 고용하면서도 급료는 과다하게 지급하게 된다고 한다. 그 이유는 아주 간단하다.

고위 간부들이 강력한 경쟁자들이 나타나는 것을 두려워하기 때문이다.

위험한 경쟁자들이 생기지 않게 하는 가장 좋은 방법은 무능한 사람들을 고용하는 것이다. 또 사람들이 반기를 들 생각을 못하게 하는 가장 좋은 방법은 그들에게 지나치게 많은 급료를 주는 것이다. 그렇게 함으로써 지배계급은 영원한 평온에 대한 확신을 갖게 되는 것이다.

『개미』(Bernard Werber 저, 열린책들)에서

부록 2 기본 개념 풀이

가부장제(patriarchy): 가부장제의 가족 형태에서는 가족 성원이 세습적 규칙에 따라 지명된 개인의 지배를 받는데, 대개는 장남이 세습적으로 가장의 지위와 재산을 계승해 안으로는 가족을 통솔하고 밖으로는 가족을 대표한다. 고대 로마의 가부장제가 가장 강대한 가부장권을 바탕으로 했다는 사실은 역사적으로 잘 알려져 있는데, 가장은 아이들에 대한 생살권(生殺權)·매각권·징계권·혼인과 이혼의 강제권을 가지고 있었다. 중국의 가부장제에서는 가부장과 가족 사이의 권리 복종 관계가 국가적 규모에까지 확대되어, 군주(君主)가 중국 사회 가족적 구성원의 최정점에 있는 형태였다. 한국의 경우도 봉건사회에서는 이 제도가 지배적이었는데, 가장과 가족 성원 사이의 권한 격차가 매우 커서 가장의 권위를 중심으로 하는 집안의 질서가 엄격하게 유지되었다. 가부장제도는 개인이 아닌 집안을 중심으로 유지되었기 때문에 가장이 나이가 많거나 자리를 지키기 어려울 때 스스로 물러나거나, 후계자가 없을 때 양자를 삼는 등의 제도가 발달했다.

실비아 월비(Sylvia Walby)는 가부장제가 "남자들의 여성에 대한 지배, 착취, 억압 관행으로서 하나의 체계적 사회구조를 구성하고 있다"고 규정했다. 가부장제는 사적 가부장제(가부장 개인에 의해 가구 내에서 이뤄지는 여성 지배)와 공적 가부장제(정치, 노동 시장 등의 공공 영역에서 분리되고 배제되는 형태)로 나눌 수 있다.

가족(family): 부부를 중핵으로 그 근친인 혈연자가 주거를 같이하는 생활 공동체. 결혼 혹은 양자 영입에 의해 서로 관계되어 있고, 경제 단위를 형성하며, 성인 구성원이 자녀들의 양육에 책임을 지는 개인들의 집단. 비록 가족 관계의 속성이 매우 다르기는 하지만, 모든 사회는 어떤 형태로든 가족 체계를 가지고 있다. 현대 사회에서 가족 형태는 핵가족이지만, 다양한 확대가족의 형태가 발견되기도 한다.

가치(values): 개인이나 집단이 가지고 있는 바람직한 것, 적당한 것, 좋은 것, 나쁜 것에 대한 생각. 서로 다른 가치들이 인간 문화에서 핵심적인 편차를 대변한다. 개인들이 가치 있다고 하는 것은 그들이 살게 된 특정한 문화에 영향을 강하게 받는다.

갈등(conflict): 사회 내의 개인이나 집단 사이의 대립. 심리학 용어로, 이는 인간의 정신생활을 혼란하게 하고 내적 조화를 파괴한다. 갈등 상태는 두 개 이상의 상반되는 경향이 거의 동시에 존재하여 어떤 행동을 할지 결정을 못하는 것을 말한다.

갈등은 두 가지 형태를 띨 수 있다. 하나는 둘 이상의 개인이나 집단 사이의 이해가 충돌할 때 발생하고, 다른 하나는 사람이나 집합체들이 서로 적극적인 투쟁에 참여할 때 발생한다. 적극적인 갈등은 때로 이해가 대립한다고 오해한 주체들 사이에 발생할 수도 있지만, 이해 갈등이 항상 공개적인 투쟁으로 나아가는 것은 아니다.

객관성(objectivity): 사회학자들은 자연과학에서 연구하는 사람들과 마찬가지로 사회적 세계의 연구 결과들을 평가하는 데 객관적이고자 한다. 주관성(主觀性)의 반대로서 의식(意識)의 대상이 되는 사물·사건·관념 등이 가지고 있는 속성(屬性) 중에서 그 대상을 의식하는 사람의 영향을 전혀 받지 않는 성질, 즉 개인의 주관(主觀)으로부터 완전히 독립되어 있는 성질을 통칭하는 말이다. 그러나, 이렇게 정의되는 '객관성'이라는 것은 의식하는 주관과 전혀 관계가 없으므로, 우리는 그런 성질이 있다는 것을 확인할 도리가 없다. 그래서 우리는 보통 누가 의식하더라도 변하지 않는 성질, 즉 모든 사람이 공동으로 확인할 수 있고 공통 주관적으로 인식된 성질을 편의상 객관성이라고 부른다.

객관성은 경쟁적인 해석에 '정당한 기회'를 주는 것을 의미한다. 즉, 가능한 한 발견을 해석하는 데에 가능한 한 편견을 제거하고자 한다. 그러나 객관성의 핵심적인 차원은 특정한 연구자가 이끌어낸 결론이 사회과학계의 다른 성원들에 의해 비판적인 평가를 받을 수 있다는 데 있다.

결혼(marriage): 사회적으로 인정된 두 사람 사이의 성적 관계. 결혼은 대부분 이성끼리 하지만, 일부 문화에서는 동성 간의 결혼도 허용하고 있다. 통상적으로 결혼은 출산 가족의 기본이다. 즉, 결혼한 부부는 아이를 낳고 양육한다. 많은 사회들이 한 남자가 동시에 여러 아내를 취하는 일부다처제를 허용하고 있다.

경제(economy): 사회에서 살고 있는 개인들의 물질적 필요를 충족시키는 생산과 교환 체계. 경제 제도들은 모든 사회 질서에서 핵심적인 중요성을 가지고 있다. 경제에서 일어나는 것은 항상 사회생활의 다른 영역에 영향을 끼친다. 현대 경제는 대다수 인구가 농업 생산에 참여하고 있지 않기 때문에 전통적인 경제와 본질적으로 다르다.

계급(class): 계급은 사회학에서 가장 흔하게 사용되는 용어이지만, 계급 개념이 어떻게 정의되어야 가장 적합한 정의가 될 수 있는가에 대한 분명한 합의는 없다. 사회 전체 내부에서 직업・신분・재산 등에 따라서 구별되는 사람들의 집단을 말하며, 대부분의 사회학자들은 개인들의 물질적 풍요와 권력상의 차이를 만들어 내는 개인들로 이뤄진 집단들 사이의 사회・경제적 차이를 지칭하는 것으로 계급을 사용한다.

마르크스주의에서 사회 발전은 그 특정 단계의 생산력과 생산 관계에 의해 규정된다. 사회적 생산 관계에서 생산 수단의 소유・비소유에 따라 계급이 생기고 노동조직에서의 각자 역할이 결정된다. 즉, 이에 따라 지배・피지배, 착취・피착취의 관계가 생긴다는 것이다. 따라서 서로 대립하는 계급의 존재가 사회구조상의 기본적 특질로 규정되었다. 이를 역사적으로 보면, 노예제 사회에서는 노예 주인-노예, 봉건제 사회에서는 봉건영주-농노(農奴), 자본제 사회에서는 부르주아지-프롤레타리아트라는 기본적으로 대립하는 두 종류의 주요 계급에 의해 지금까지 사회가 구성되어 왔다는 것이다.

자본주의 사회에서는 생산 수단의 소유 여부에 따라 노동자(프롤레타리아트)는 부르주아지에게 자신의 노동력을 상품으로 팔아 스스로의 생활을 확보해야 하고, 자본가 계급(부르주아지)은 대가를 치르고 노동력을 사서 상품 생산에서 이윤을 올리고 착취를 계속해 간다. 이러한 양자의 관계는 화해할 수 없는 것이며 계급적 대립으로 남는다.

공식적 관계(formal relations): 집단이나 조직에서 권위의 '공식적' 체계에 의한 규범이나 규칙에 의해 이뤄지는 관계를 의미한다.

과학(science): 물리과학에서 과학은 물질적 세계에 대한 체계적인 연구다. 과학은 경험적인 자료를 찾아내고 설명하는 이론적 접근과 이론의 구성과 결합된 훈련된 자료 처리 방법을 포함한과. 과학활동은 대담한 새로운 사고 방식과 사려 깊은 가설과 생각의 검증을 결합시키는 것이다. 과학을 다른 사고 체계와 구분하는 것은 모든 과학적 사고가 상호 비판을 받을 수 있고, 과학 공동체의 성원에 의해 수정될 수 있다는 가정이다.

교육(education): 직접 가르쳐 한 세대에서 다음 세대로 지식을 전수하는 것. 비록 교육과정이 모든 사회들에서 존재하지만, 대중 교육이 교육 방식으로 등장한 것은 현대에 이르러 이뤄졌다. 개인들이 수년 동안 전문화된 교육환경에서 교육받는 것은 현대에 이르러 이뤄졌다.

국가(state): 주어진 영토를 지배하는 정치적 기구(행정 제도와 공무원)이며, 정치적 기구의 권위는 법과 힘을 사용할 수 있는 능력에 의해 뒷받침된다. 모든 사회에서 국가가 존재하는 것은 아니다. 수렵·채집문화와 소규모 농경사회들에서 국가 제도는 없었다. 국가의 등장은 인류 역사에서 뚜렷한 변동을 나타낸다. 왜냐하면 국가 형성에 내포된 정치 권력의 집중화는 사회 변동에 새로운 역학을 끌어들였기 때문이다.

국제화(globalization): 세계로 확대되는 사회적·경제적 관계의 발전. 현대 인간생활의 많은 부분이 그들이 살고 있는 사회로부터 수천 킬로 떨어진 조직이나 사회적 연결망에 의해 영향을 받는다. 세계화 연구의 핵심적인 측면은 세계 체계의 등장이다. 여러 가지로 우리는 세계가 단일한 사회적 질서를 형성하는 것으로 보아야 한다.

권력(power): 개인이나 집단의 성원들이 가지고 있는 목적을 달성하거나 이익을 증대시킬 수 있는 능력. 권력은 모든 인간 관계에서 전반적인 양상이다. 사회에서 많은 갈등은 권력을 둘러싼 투쟁이다. 왜냐하면, 개인이나 집단이 얼마나 많은 권력을 행사하는가는 다른 사람들을 희생시켜 얼마나 자신들의 소망을 실현할 수 있는가를 결정하기 때문이다.

규범(norms): 사회적 맥락의 범위에서 합당한 행위를 밝혀 주는 행위의 규칙들. 규범은 주어진 행위 유형을 지시하거나 금지한다. 모든 인간 집단은 한정된 규범 유형을 따르며, 규범 유형은 비공식적인 거부에서부터 신체적인 처벌 혹은 처단에 이르기까지 다양한 처벌에 의해 뒷받침된다.

문화(culture): 특정한 집단이 공유하는 독특한 신념, 기대, 사고방식, 행동양식, 가치, 규범과 물질적 재화. 사회의 개념과 같이, 문화의 개념은 다른 사회과학(특히 인류학)뿐만 아니라, 사회학에서도 대단히 광범위하게 사용된다. 문화는 인간의 사회적 결합 가운데서 가장 특징적인 속성 가운데 하나다.

문화적 재생산(cultural reproduction): 세대 간 문화적 가치와 규범의 전달. 문화직 새생산은 시간을 통해 문화적 경험의 지속성이 유지되는 기제를 지칭한다. 현대 사회에서 교육과정은 문화적 재생산 기제의 하나이며, 문화적 재생산이 공식적인 교육과정에서 교육된 것만을 통해 이뤄지지는 않는다. 문화적 재생산은 숨겨진 교과과정을 통해 더 심대하게 이뤄진다. 즉, 개인들이 학교에서 비공식적 방법으로 배우는 행위의 측면을 통해 이뤄진다.

비공식 관계(informal relations): 집단이나 조직 내에서 개인적 친분에 기초해 발전된 관계. 이것은 공식적으로 인정된 과정과는 다르게 일을 처리하는 방식이다.

사회 계층(social stratification): 사회 내 집단들 사이에 존재하는 물질적 혹은 상징적 보상에서의 구조화된 불평등. 모든 사회는 어떤 유형의 계층을 포함하지만, 부와 권력의 차이가 커진 것은 국가에 기초한 체제의 발달에 따른 것이다. 오늘날 가장 특별한 계층 유형은 계급 구분이다.

사회 변동(social change): 사회집단이나 사회의 기본 구조가 변화하는 것. 사회 변동은 사회생활에서 항상 존재하는 현상이지만, 현대에 특별히 심하다. 현대 사회의 기원은 전통적인 세계를 뒤흔들고 새로운 형태의 사회 질서를 촉진시키는 급격한 변동을 이해하려는 시도에서 연유한다.

사회운동(social movement): 사회 변동을 성취하거나 혹은 저지하기 위해 참여한 사람들의 대규모 집단화. 사회운동은 정상적으로 조직들과 갈등 관계에 놓인다. 흔히 조직들의 목적과 외형은 사회운동이 반대하는 것이다. 그렇지만 일단 사회운동이 제도화되면, 권력에 성공적으로 도전하는 운동들은 조직에서 발전한다.

사회 이동(social mobility): 개인이나 집단이 서로 다른 사회적 위치로 움직이는 것. 수직적 이동은 계층 체계 내에서 상승하거나 하강하는 이동을 지칭한다. 수평적 이동은 개인이나 집단이 한 지역에서 다른 지역으로 이동하는 것을 지칭한다. 수직적 이동을 분석할 때, 사회학자들은 개인이 전 생애 동안 얼마나 이동하는가와 부모와 얼마나 다른 위치를 점하는가를 구분한다.

사회적 성(gender): 남성과 여성에게 적합한 것으로 간주되는 행위에 대한 사회적 기대. 성성은 남성과 여성 간에 차이를 보이는 신체적 속성을 지칭하는 것이 아니라, 사회적으로 형성된 남성다움과 여성다움에 관한 것을 지칭한다. 성성에 관한 연구는 오랫동안 주목을 받지 못했지만, 최근 사회학에서 가장 중요한 분야가 되었다.

사회적 역할(social rule): 특정한 사회적 위치를 차지하고 있는 개인들에게 기대되는 행동. 사회적 역할은 원래 연기자들이 무대에서 담당하는 부분을 지칭하는 것으로 연극에서 유래한다. 모든 사회에서 개인은 활동의 다양한 맥락에 따라 상이한 사회적 역할을 수행한다.

사회적 위치(social position): 집단이나 사회에서 개인들이 가지고 있는 사회적 정체성. 사회적 위치는 속성상 대단히 일반적일 수 있고(성역할과 관계된 것과 같이), 혹은 좀 더 구체적일 수 있다(직업적 위치의 경우와 같이).

사회제도(social institution): 사회의 대다수 인구가 따르는 사회활동의 기본 양식들. 제도는 대다수 인구가 순응하는 규범과 가치를 포함하고, 모든 제도화된 행동 양식은 강한 제재에 의해 유지된다. 제도는 오랫동안 지속되는 상대적으로 고정된 행동 양식이기 때문에 사회의 '초석'을 이룬다.

사회진화론(social evolutionism): 생물학적 진화론에서 개념들과 사고를 끌어들인 사회 변동에 관한 접근. 비록 진화론적 사고가 특히 19세기 사회학에 영향을 끼쳤지만, 진화적인 생각들은 현대 사회학에도 영향력을 행사한다. 여러 가지 형태의 사회학적 진화론이 있지만, 대다수의 이러한 이론은 인간 사회들이 단순한 형태의 사회적 결합에서 좀 더 복잡한 형태의 사회적 결합으로 나아간다는 것을 주장한다.

사회집단(social group): 체계적인 방식으로 상호 교류하는 개인들의 집합 집단은 대단히 작은 단체에서 대규모 조직 혹은 사회에 이르기까지 범위가 넓다. 크기에 관계없이, 구성원들이 공동의 정체성을 인식하는 것이 집단을 정의하는 모습이다. 우리의 삶의 대부분은 집단을 접촉하는 데 소비되고, 현대 사회에서 대부분의 사람은 다양한 유형의 집단에 속한다.

사회학(sociology): 사회적 행위나 사회제도에 대한 과학적인 연구. 사회학은 사회과학 가운데 하나이며, 사회과학은 인류학, 경제학, 정치학, 인문지리학을 포함한다. 다양한 사회과학 사이의 구분은 분명하지 않고, 모든 것은 공통의 관심, 공통의 개념, 공통의 방법을 어느 정도 공유한다.

상관 관계(correlation): 흔히 통계적인 용어로 표현되는 두 차원 혹은 변수들 사이의 규칙적인 관계. 상관 관계는 부(否, negative)나 혹은 정(正, positive)의 방향을 갖는다. 정의 상관 관계는 한 변수의 높은 값이 다른 변수의 높은 값과 연관될 때 존재한다. 부의 상관 관계는 한 변수의 높은 값이 다른 변수의 낮은 값과 연관될 때 존재한다.

의식(ritual): 집단이나 공동체 성원들이 규칙적으로 참여하는 공식화된 행동 양식. 종교는 의식이 실시되는 주된 배경 가운데 하나이지만, 의식적 행동의 범위는 특정한 영역을 넘어선다. 대부분의 집단은 어떤 종류의 의식 관행을 가지고 있다.

이데올로기(ideology): 지배집단의 이해를 정당화하는 데 봉사하는 공유된 사고나 믿음. 이데올로기는 집단들 사이에 체계적이고 뿌리 깊은 불평등이 존재하는 모든 사회에서 존재한다. 이데올로기 체계가 집단들이 가지고 있는 차등적 권력을 정당화하는 데 봉사하기 때문에 이데올로기 개념은 권력과 밀접하게 연관된다.

이론(theory): 규칙적으로 관찰된 사건들을 설명하는 일반적인 속성을 밝히고자 하는 시도. 이론 구성은 모든 사회학 연구의 핵심을 이룬다. 이론이 더 광범위한 이론적 접근과 연결되기 쉽지만, 또한 이론에 도움을 받아 이뤄진 연구 결과에 의해 강하게 영향을 받는다.

이론적 접근(theoretical approach): 특정한 이론적 전통에서 연유한 사회생활에 대한 관점, 사회학의 주요 이론적 전통들은 기능주의, 구조주의, 상징적 상호작용과 마르크스주의를 포함한다. 이론적 접근은 사회학자들의 연구활동에 전반적인 관점을 제공하고, 연구 주제를 선택하고 다루는 방식뿐만 아니라 연구 영역에 영향을 준다.

인과 관계(causation): 한 요소나 변수가 다른 변수에 미치는 인과적 영향력. 특정한 사건이나 일의 상태(결과)가 다른 사건이나 일의 상태(원인)에 의해 생겼을 때, '원인과 결과' 관계가 존재한다. 사회학에서 인과 요인은 개인들의 행동에 영향을 끼치는 외적인 요소뿐만 아니라 개인이 자신들의 행동에 붙인 이유도 포함된다.

제국주의(imperialism): 식민주의 시기 동안에 이뤄진 제국의 형성.

조직(organization): 정의된 권위 관계를 포함하는 대규모 개인들의 집단. 산업사회에는 우리의 생활에 영향을 끼치는 많은 유형의 조직이 존재한다. 모든 조직이 관료적이지는 않지만, 조직의 발달과 관료화 경향 사이에 밀접한 관계가 있다.

종교(religion): 공동체의 성원들이 참여하는 의식 관행과 함께 경외감과 놀라움으로 여겨지는 상징을 포함하며, 공동체의 성원들에 의해 받아들여지는 일련의 믿음. 종교는 보편적으로 초자연적인 실체를 포함하는 것은 아니다. 종교와 주술(呪術)을 구분하는 것이 어렵기는 하지만, 주술은 공동체 의식으로 이뤄지기보다는 주로 개인들에 의해 실시된다.

주술(magic): 인간의 목적을 달성하기 위해 정령이나 초자연적인 존재에 영향을 주기 위한 의식. 현대 사회에서 주술은 종교와 긴장 관계를 가지며 존재한다. 종교와는 대조적으로 주술은 주술사나 샤먼에 의해 실시되는 더욱 더 개인적 활동이 되기 쉽다.

지위(status): 사회의 다른 성원들에 의해 특정한 사회적 집단에게 부여되는 사회적 명예나 위광. 지위집단은 통상적으로 집단의 성원들이 따르는 행동 양식인 뚜렷한 생활 양식을 포함한다. 지위 혜택은 긍정적일 수도 있고 부정적일 수도 있다. '부랑자' 지위집단은 내나수 사람에 의해 경멸받거나 혹은 쫓겨난 사람들로 취급된다.

집합행동(collective, action): 특정한 장소에 함께 모인 대규모의 사람들에 의해 상대적으로 자연발생적인 방식으로 일어난 행동. 집합행동의 가장 중요한 형태는 군중행동이다. 군중 속에서 개인들은 일상적인 방식으로는 가능하지 않은 목적을 달성할 수 있다.

차별(discrimination): 다른 사람들이 얻을 수 있는 자원이나 보상을 특정한 집단의 성원들에게 거부하는 행위. 비록 차별과 선입견은 밀접하게 관련되어 있지만, 차별은 선입견과 구분되어야 한다. 다른 집단에 대해 선입견을 가지고 있는 사람들이 그 집단에 대해 차별을 하지 않는 경우가 있을 수 있다. 거꾸로 어떤 사람들에게 선입견을 갖지 않더라도 그 사람들을 차별적으로 대할 수 있다.

친족(kinship): 혈연적 결합, 결혼 혹은 양자 취득을 통해 개인들을 연결시키는 관계. 친족 관계는 정의상 결혼과 가족을 포함하지만 이들 제도보다는 더 광범위하게 확대된다. 현대 사회에서 사회적 의무가 가족 이상으로 확대되는 친족 관계에는 적용되지 않지만, 다른 문화에서 친족은 사회생활에서 가장 중요한 측면이다.

탈산업 사회(post-industrial society): 사회 변동 과정이 우리를 산업화된 질서를 넘어서게 했다고 믿는 사람들에 의해 주장된 개념. 탈산업 사회는 물질적 재화의 생산보다 정보의 생산에 기초한 사회다. 이러한 개념을 좋아하는 사람들에 의하면, 현재 우리는 약 200년 전에 산업 시대를 이끈 사회 변동만큼 심대한 사회 변동을 겪고 있다.

페미니즘(feminism): 모든 생활 영역에서 남성의 권리와 동일한 여성의 권리를 주장하는 것. 페미니즘은 18세기 말에 유럽에서 시작되었고, 오늘날 페미니즘 운동은 모든 나라에 존재한다.

합의(consensus): 집단, 공동체 혹은 사회 성원들이 기본적인 사회의 가치에 동의하는 것. 일부 사회학자는 사회 안정의 토대로서 합의의 중요성을 크게 강조한다. 이러한 사람들은 상당히 오랜 기간 동안 지속된 사회 모두가 다수의 인구가 가지고 있는 합의된 믿음이라는 '공통의 가치 체계'를 가지고 있다고 믿는다.

행정(government): 정치적 기구들 내에서 공무원이 정책이나 결정을 집행하는 과정. 우리는 '행정'을 하나의 과정으로 말할 수 있고, 혹은 '행정부'를 정치적 결정을 책임지는 공무원을 지칭하는 것으로 말할 수 있다. 과거 모든 행정은 실질적으로 군주나 왕에 의해 이뤄졌지만, 현대 사회에서 행정은 공무원들에 의해 이뤄진다. 공무원들은 권력을 세습하지 않고 전문성이나 자격에 기초해서 선출되거나 혹은 임명된다.

부록 3 혼돈이론의 자기유사성

1. 코흐곡선(koch Curve)

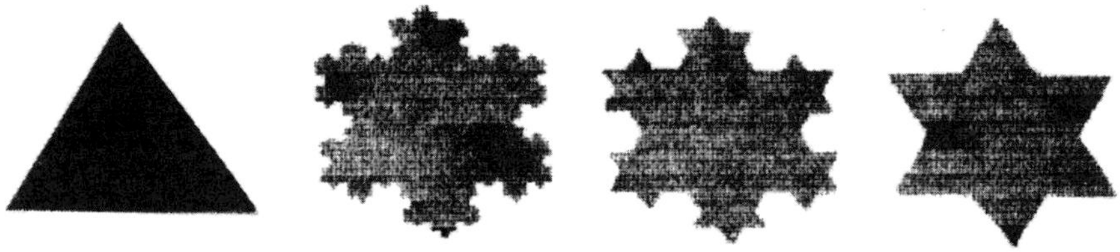

2. 나뭇잎

3. 만델브로트 집합(The Mandelbrot Set)

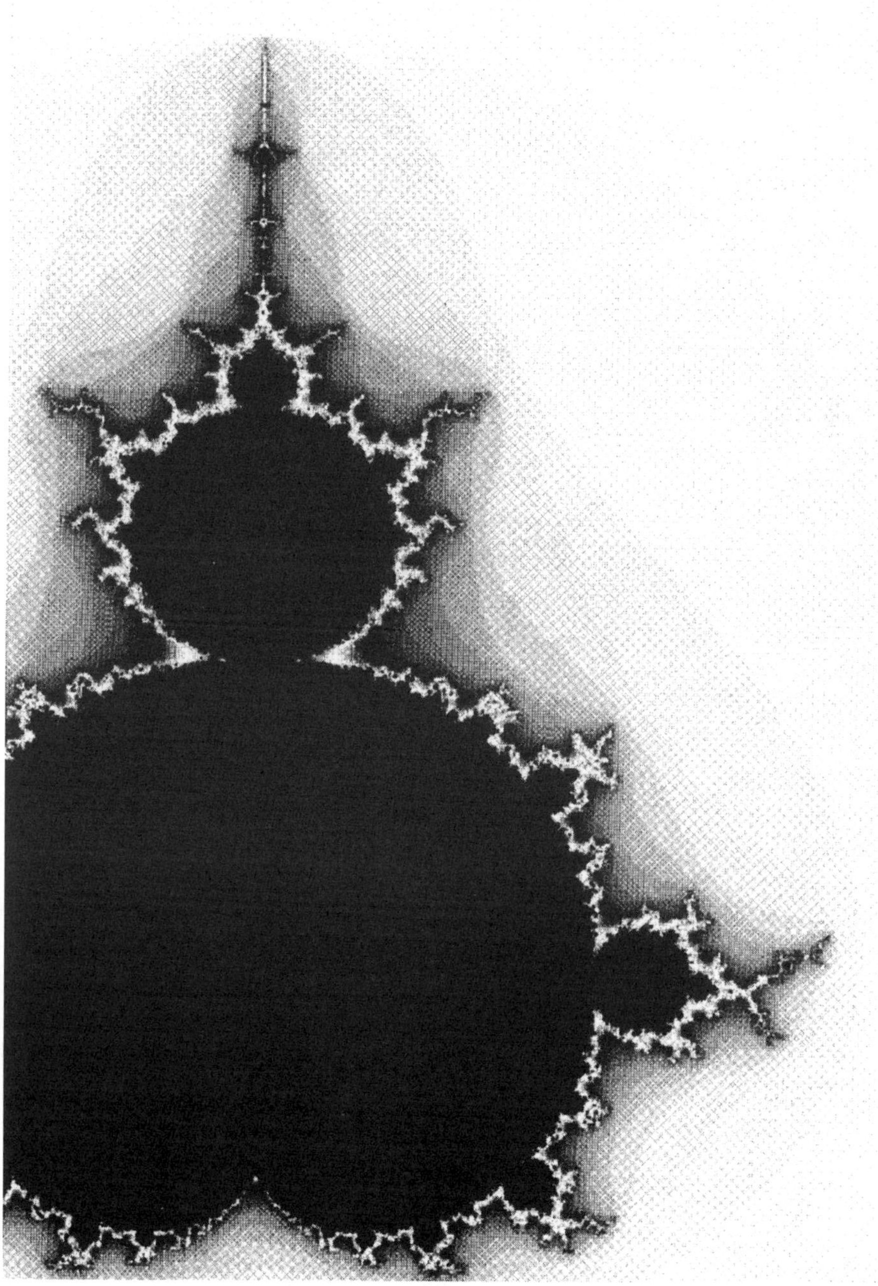

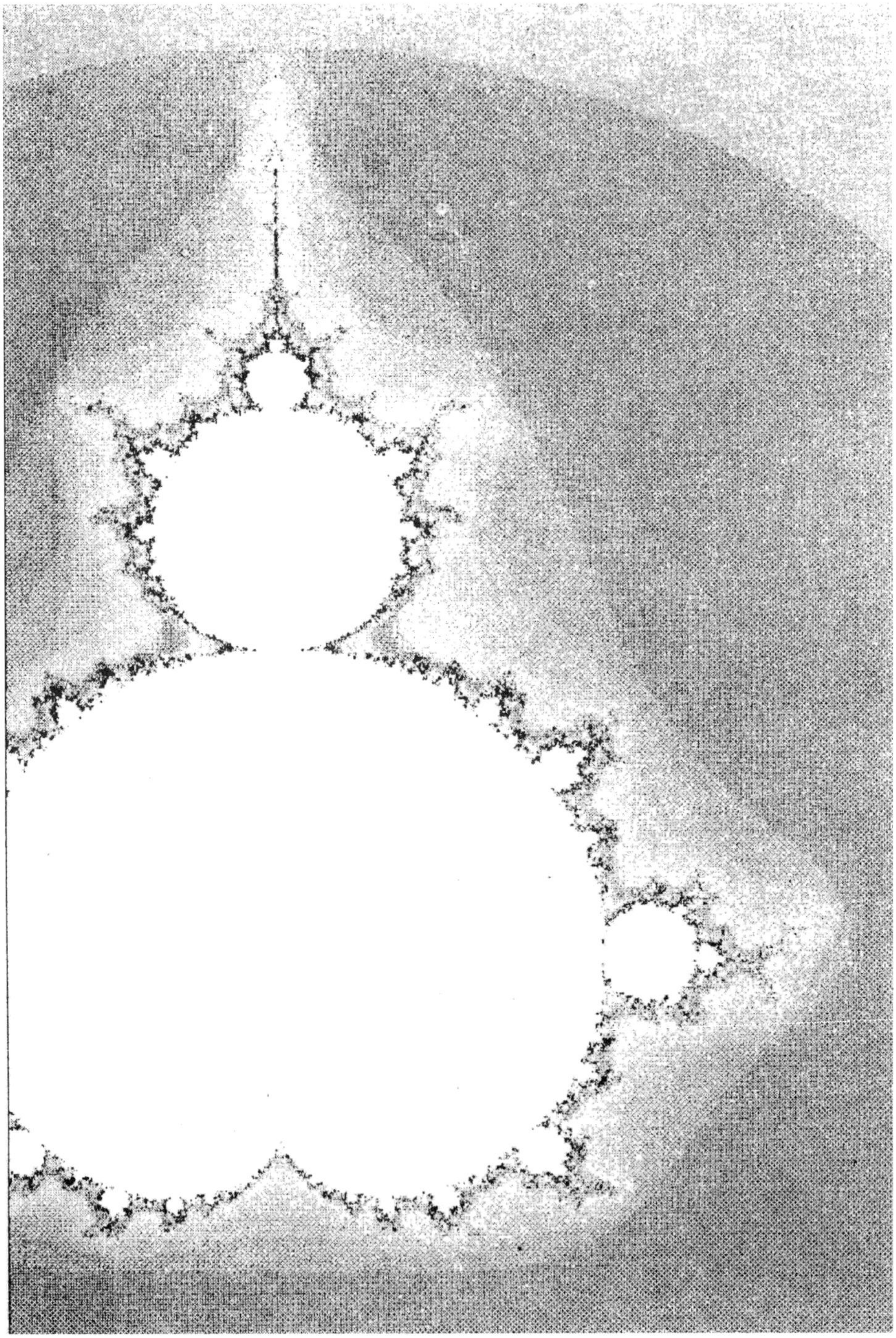

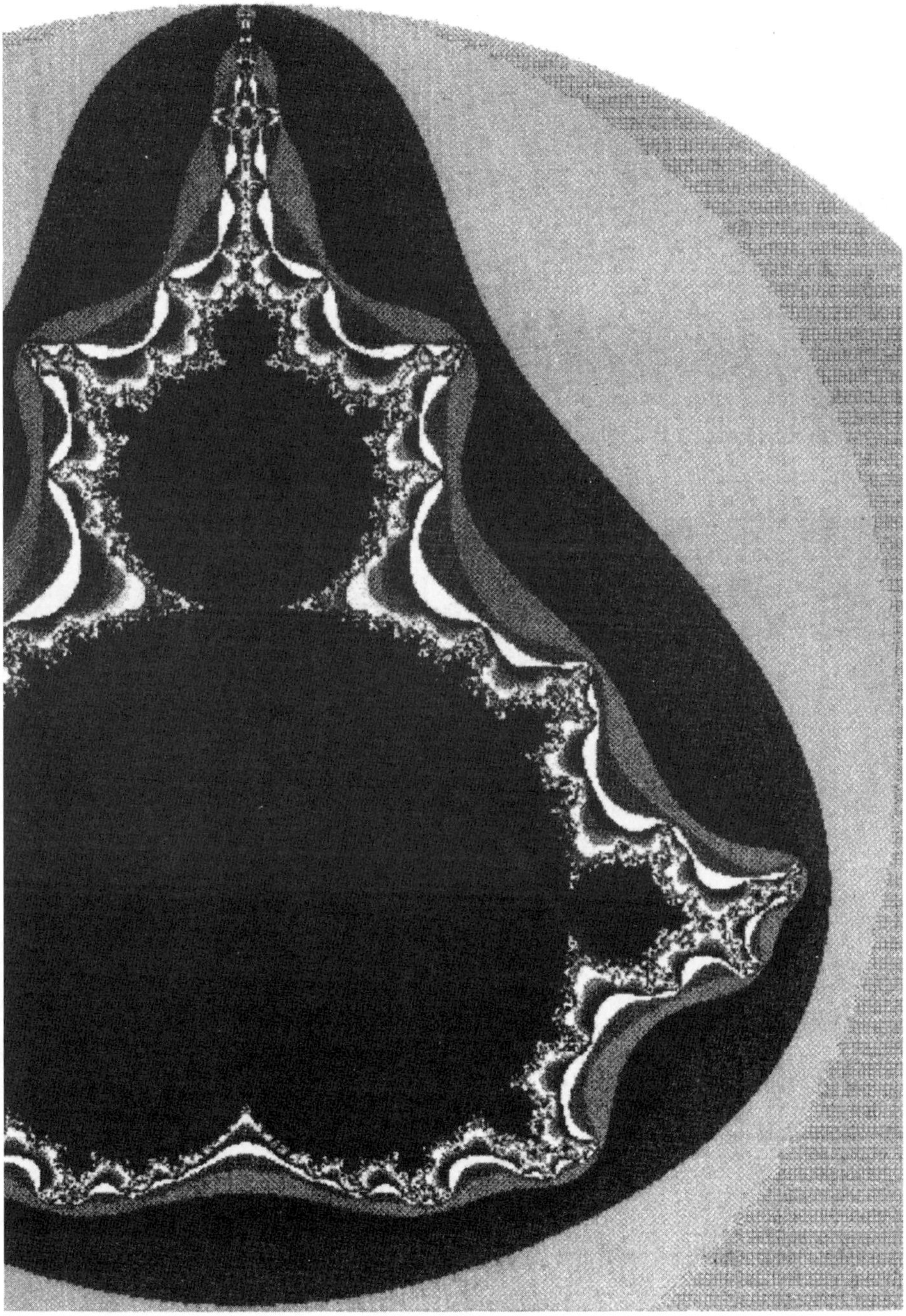

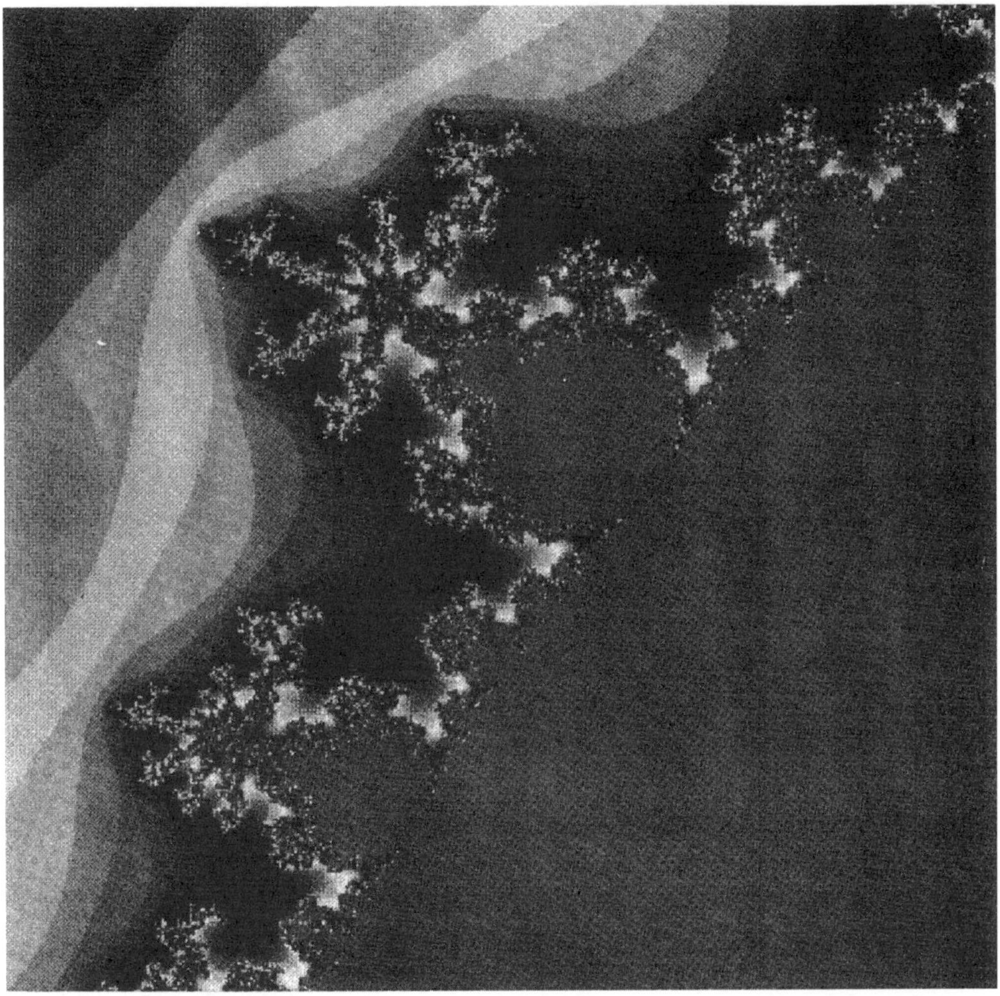

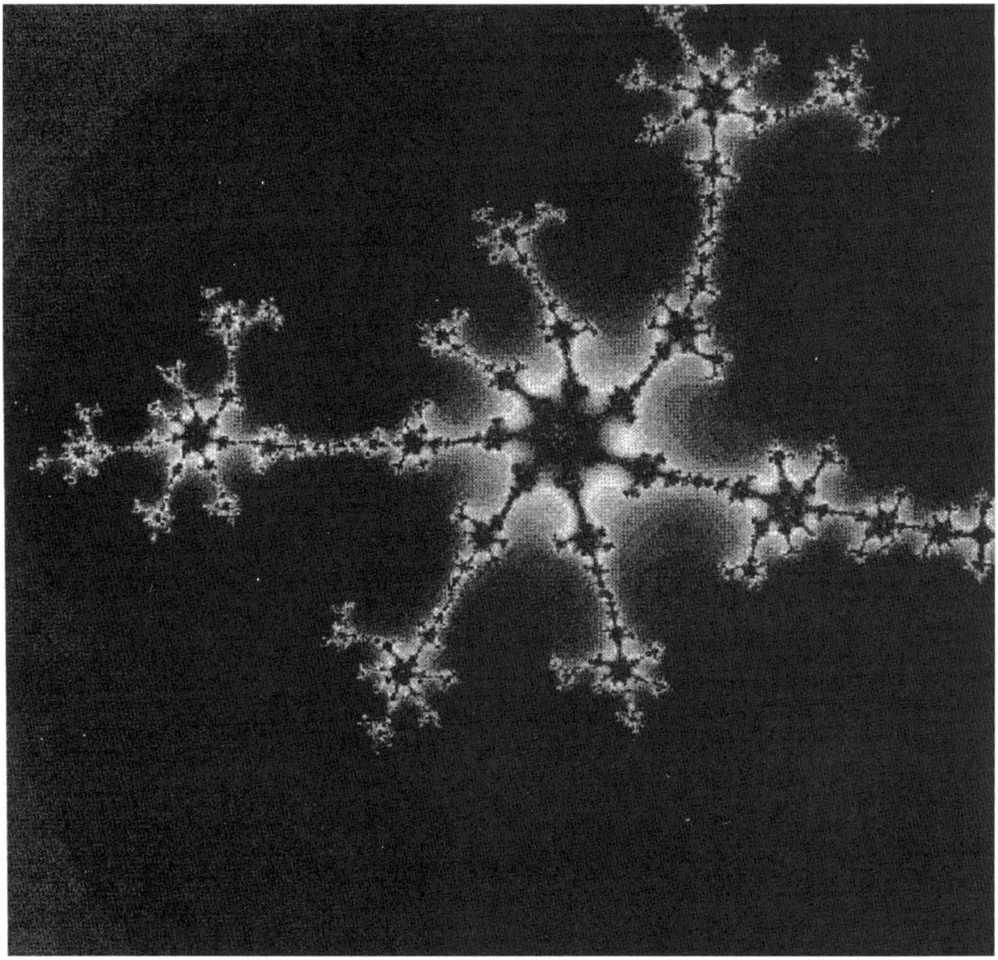

부록 4 생각해 볼 문제

1. 사회적 행동(social action)의 세 가지 성립 요건을 예를 들어 설명하라.
2. 사회적 행동의 네 가지 지향성과 지배(domination)의 네 가지 유형을 설명하라.
3. 구조기능주의(structural functionalism)와 갈등이론(conflict theory) 사회학을 비교, 설명하라.
4. 혼돈이론(chaos theory)과 체제이론(systems theory)의 특질을 비교, 설명하고, 어떤 사회 현상에 혼돈이론이 적용될 수 있는지 예를 들어라.
5. 기계적 조직의 예에 관한 문제:
   축구경기를 관람하고 축구팀의 조직화 원칙을 이해해 보도록 하자.
   1) 고전적 조직이론 및 관료제이론의 조직 원칙이 축구팀의 조직에 어떻게 나타나 있는가?
   2) 테일러의 과학적 관리의 4대 원칙이 어떻게 적용되는가?
   3) 기계적 조직 관점 이외의 다른 관점에서 축구팀을 분석해 보자(정치적 이론, 조직문화, 학습 체제, 시장이론, 자연도태 등).
6. 채플린(Charlie Chaplin)의 <모던 타임스(Modern Times)>
   이 영화의 처음 약 15분을 관람하고 다음을 생각해 보자.
   1) 이 영화가 전달하고자 하는 주제가 무엇인가?
   2) 채플린이 일하는 조직의 조직화 원칙은 무엇인가?
   3) 현대 조직이 본 영화가 제시해 준 교훈에서 배운 것이 있다고 생각하는가?
   4) 영화 <모던 타임스>를 갈등주의사회학 및 비판사회학적 관점에서 논하라(다음 신문기사 참조).

Modern Times

감독/Charlie Chaplin, 주연/Charlie Chaplin

찰스는 나사공장의 직공이다. 하루 종일 나를 죄는 것이 그의 일이다. 간단한 일이지만 일년 내내 나사만 죄다 보니 자신이 나사를 죄는지 나사가 자신을 죄는지 모를 지경이 되었다. 기계 앞을 떠나 집에 돌아오는 길이다. 앞서가는 아가씨의 뒷단추가 나사로 보인 찰스는 달려가서 그 환각의 나사를 죄었고, 그 덕분에 미친 사람으로 오인받아 정신병원에 감금된다.

찰리 채플린이 각본을 쓰고 감독을 하고 음악을 맡았으며 주연까지 한 50년 전의 무성영화 <모던 타임스>는 노동의 인간 소외를 고발해 각광받은 명작이다. 사람이 사람으로서 소외받고 기계의 부속품으로 전락한 노동의 비인간화는 노동자들에게 임금 다음으로 중요한 문제로 대두되고 있는 것이다. 기업의 이익과 직결되는 제품의 품질을 향상시키는 TQC는 잘 알려져 있다. 하지만 노동자의 이익과 직결되는 노동의 인간화, QWL이란 말은 생소하다. 지금 노도처럼 일고 있는 노사분규 현장에서 인간적인 대우를 받고 싶다는 목소리가 커가는 것도 바로 우리 노동 현장에서 QWL이 부재했다는 증거랄 수가 있다. 노동의 인간화는 전 세계적인 추세다.

그 QWL의 첫 시도는 컨베이어에 실려오는 부속을 기계적으로 조립하는 단순반복의 타율적 작업에서 어느 단위공정을 도맡아 하는 자율적 직업으로의 전환이었다.

이 QWL에 성공한 기업으로 스웨덴의 최대 자동차 메이커인 볼보사를 든다. 볼보사는 단순반복 생산 체제 아래에서는 노동자의 이동률이 40%나 되었고, 결근율이 19%에 이르는 별볼일 없는 회사였다.

그런데 그 작업 체제를 철폐하고 벌집처럼 육각형의 방을 만들어 8~10명 단위로 20~25개 작업 과정을 맡게 하여 반제품을 만들도록 시켰다. 이 육각방마다 화장실, 휴게실, 냉장고를 두어 휴식과 사생활을 자율화했고 시간을 자유롭게 쓰게 하며 서로 인간적 유대와 합심과 성취 욕구와 제품에 대한 긍지를 유발했다. 이 새 시설을 위해 10%의 투자가 늘었지만 노동 이동은 40%에서 14%로, 결근율은 19%에서 5%로 격감했다. 그만큼 노동의 인간화가 진행된 셈이다.

QWL의 또 다른 시도는 한 사람이 하는 일의 한계, 곧 작업의 영역을 기계적으로 딱 잘라 서로 불가침하도록 한 종전의 방식에서 인간적으로 유동성 있게 재량을 주는 방식으로의 개선이었다. 영국의 ICI가 이 QWL에 성공했는데 창의력이 왕성해지고 자신이 하는 일에 긍지를 갖게 되어 파업 일수를 75%나 격감시켰다.

미국의 제너럴 푸드가 성공시킨 QWL은 관리자나 노동자, 숙련공이나 미숙련공 사이의 모든 차별, 이를테면 시설 차별, 복장 차별, 휴식, 복지공간 차별을 일소함으로써 괴리감을 없애버린 것이다. 미국에도 근년에 급식하는 회사가 늘고 있는데 이 식당의 시설, 메뉴 차별도 일조했던 것이다.

QWL의 노동쟁의를 기적적으로 감소시킨 회사로 자동세탁기 메이커인 미국의 메이택회사가 곧잘 거론된다. 이 회사는 노동자의 노동시간 관리보다 여가 시간 관리에 더욱 관심과 예산을 쏟았다. 공장 내에 종교적 감동을 체감시키기 위한 참선이나

> 초월명상의 도장, 예술적 감동을 체감시키기 위한 각종 시설, 신체적 감동을 체감시키기 위한 각종 스포츠시설을 갖춰 휴식시간을 관리했다. 또한 직장 밖의 여가 시간까지 연장 관리하여 무슨 취미건 그에 몰두할 수 있도록 여가수당을 지급하고 그 취미 농도를 승급이나 승진에까지 반영토록 한 것이다. 우리의 경영자들은 노사문제가 임금문제만이 아닌 노동의 인간화에서도 곪고 있다는 것을 차제에 각성했으면 한다.
> (조선일보, 1987년 8월 20일자, CD-ROM으로 보는 이규태 코너에서)

7. 고전적 행정관리 원칙에 관한 설문

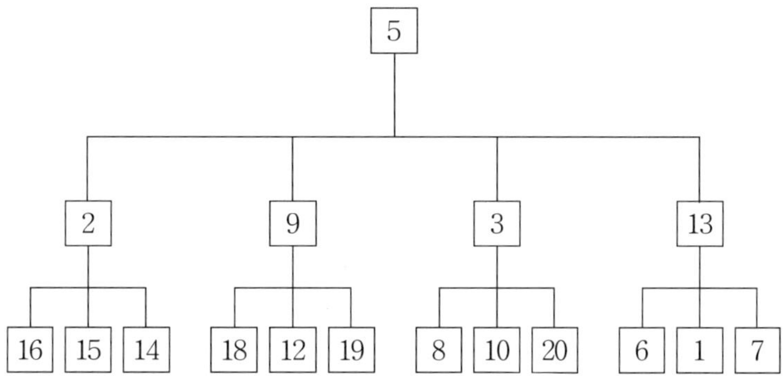

1) 8, 10, 20에게 명령하는 사람은 누구인가?
2) 19가 15에게 공식적인 업무에 대해 논의하고자 할 경우, 19는 누구의 허락을 받아야 하나?
3) 가장 높은 권한을 갖는 사람은?
4) 12가 업무 관계로 5와 논의해야 할 경우 누구의 허락을 얻어야 하나?
5) 5가 계획을 수립하려면 누구와 상의해야 하나?
6) 16에게 명령을 내리는 사람은 누구인가?
7) 2나 1중 누가 더 많은 권한과 책임을 갖는가?
8) 8과 10이 업무 진행에 대해 논쟁할 경우 누가 조정하는가?
9) 5, 2, 10 중 누가 가장 많은 월급을 받는가?
10) 4와 19 혹은 1과 7 중 어느 쪽이 유사한 직무를 수행하는가?
11) 누가 가장 크고 안락한 사무실을 사용하는가?
12) 가장 오래 근무한 사람은 누구인가?

13) 귀하의 성별은 ? ①남자 ( ) ②여자 ( )

14) 귀하의 연령은 만으로 몇 세인가? 만( )세

15) 귀하의 종교는 ?

① 기독교 ( ) ② 가톨릭 ( ) ③ 불교 ( )
④ 유교( ) ⑤ 천도교 ( ) ⑥ 없음 ( )
⑦ 기타( )

16) 귀하는 자신이 어떠한 성향을 갖고 있다고 보는가?

① 아주 보수적 ( ) ② 보수적 ( ) ③ 중도적 ( )
④ 진보적 ( ) ⑤ 아주 진보적 ( )

17) 귀하는 어느 계층에 속한다고 생각하는가?

① 상류층 ( ) ② 중상층 ( ) ③ 중류층 ( )
④ 중하층 ( ) ⑤ 하류층 ( )

8. 조직생활 적성검사 설문

다음 항목은 집단생활을 하면서 흔히 경험하게 되는 사항을 기술한 것이다. 각 항목을 잘 읽고 두 개의 보기 중 하나에만 X표를 하라. 선택하기 어려운 항목에 대해서는 느낀 대로 선택하면 된다.

1) 타인과 접촉할 경우, 나의 주된 관심은

③ 타인의 감정 ④ 타인의 권리

2) 나는 이런 사람과 관계를 맺고 싶다.

① 넓은 시야와 창조력을 겸비한 사람 ② 현실적이고 실질적인 사람

3) 나는 이런 사람이 되기는 싫다.

③ 일만 하는 사람 ④ 감정적인 사람

4) 일을 할 때는 다음 방식으로 처리한다.

① 내 방식대로 ② 구체적인 지시에 따라

5) 이런 사람이 가장 싫다.

③ 매정하게 대하는 사람 ④ 따뜻하게 대하는 사람

6) 차라리 이런 사람이 되련다.

① 상상력이 풍부한 사람 ② 상식적인 사람

7) 동료와 경쟁할 때,
   ③ 내 가슴이 이성을 지배하도록 한다.
   ④ 내 이성이 가슴을 지배하도록 한다.
8) 일을 할 때 나는,
   ① 먼저 전반적인 관점을 파악하고나서, 구체적 사실을 수집한다.
   ② 먼저 구체적 사실을 수집한 연후에, 전반적인 관점을 수립한다.
9) 내가 만약 전문적인 주제에 대해 가르쳐야 한다면,
   ① 이론적인 면에 치중한다. ② 응용적 측면에 치중한다.
10) 나는 이런 윗사람을 선호한다.
   ③ 내 요구에 아주 민감한 사람 ④ 매우 공평한 사람

《결과 해석법》

1의 수_____ 2의 수 _____ 3의 수 _____ 4의 수

다음 그림에 표시한다.

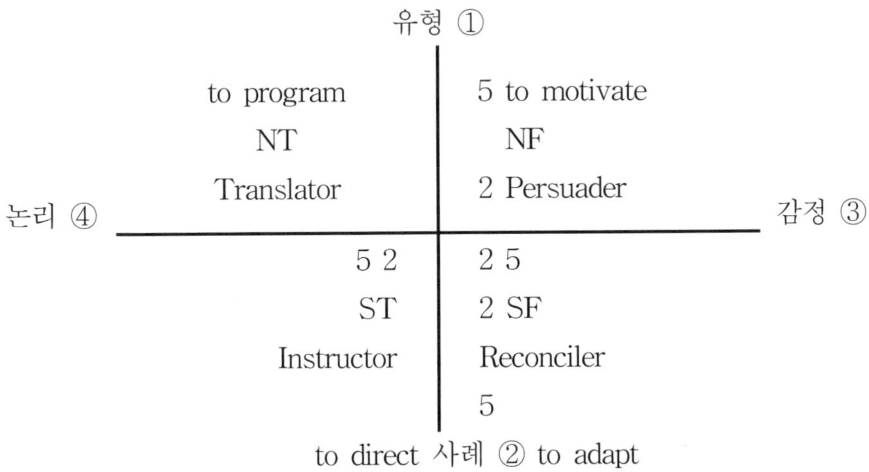

x축 1-2: 정보 수집, r축 4-3: 정보처리

* 출처: 융(Carl Jung)의 인식이론에 입각한 인성 유형(관심 창문), 관리자의 문제 해결 양식.

9. 직무기술 설문(Job Diagnostic Survey)

가능한 한 객관적으로 당신의 직무를 기술하라.

1) 당신의 직무는 얼마나 다양한가?

동일한 일을 반복해야 한다 | 그저 그렇다 | 아주 다양하다

1 2 3 4 5 6 7

2) 어느 한 가지 일을 처음부터 끝까지 혼자 하는가, 아니면 부분만을 담당하는가?

부분만 담당 | 전체 다 담당

1 2 3 4 5 6 7

3) 당신의 직무는 다른 사람에게 얼마나 중요한가?

중요하지 않다 | 아주 중요하다

1 2 3 4 5 6 7

4) 직무 수행상의 자율성은 어느 정도나 보장되어 있는가?

별로 없다 | 아주 많다

1 2 3 4 5 6 7

5) 직무를 잘 수행하고 있는지에 대한 정보를 얻을 수 있는가?

있다 | 없다

1 2 3 4 5 6 7

동기잠재성 점수(Motivating Potential Score: MPS)

=(기술다양도+직무동일성+직무중요도)/3×자율도×환류

=직무풍요(job enrichment)의 척도

담소하거나, 자리에서 신문도 볼 수 없다. 그래서 체득한 비법은 소위 테일러가 그의 명저 『과학적 관리의 원칙』에서 주장한 체계적 파업(systematic strike)을 하는 것이다. 즉 하루 업무의 80% 정도만 빨리 해 놓고 20%는 아껴두었다가 퇴근 시간 전까지도 열심히 일하는 것처럼 보이면 그날의 뒤통수는 따갑지 않다는 것이다. 업무 처리에도 80 대 20 법칙이 적용되는 모양이다.

합리적으로 업무를 처리하도록 고안된 관료제라는 미명하에 제도화된 무책임 같은 비합리적인 일들이 벌어지고 있는 것이다. 바로 이러한 이유가 필자가 조직관리에 대해 연구한 동기다.

10. 카프카(Franz Kafka)의 소설 『성』을 읽고, 관료제에 대한 생각을 해 보자.

11. 다음 필자의 조직생활 경험담을 읽고 여러분들의 경험을 이야기 자.

필자가 처음 대우 수입부에 입사했을 때이니까 1984년 7월 5일로 기억된다
입사 첫날 과장님이 무역영어 책을 주고 3~4일 후부터 업무 처리에 지장이
록 읽어보라고 하다. 무역영어 공부하느라 시간가는 줄 모르는 사이 4일이 지
입사 4일째: 다른 회사로 업무 인수 인계도 없이 이직한 전임자의 수입 관
류철을 과장님으로부터 받고 업무 처리 시작하다. 대부분의 조직이 분업의
입각해 전문화, 세분화된 업무만을 처리하는 기능적 조직이었으나 수입부는
특성상 담당관제를 취하고 있어 담당관 이외에는 다른 직원이 취급하는 수입
에 대해 모르므로 업무에 대해 물어 볼 수도 없어 막막하기만 하다.
5일째: 그 당시 출퇴근 시간은 (최소한 법적으로는) 9시부터 5시까지였으
30분에 아침 조회를 하고 7시에 퇴근하게 되어 있었다. 그러나 퇴근 버스가
출발하니 실질적인 퇴근 시간은 8시인 셈이다.
갓 입사한 신입사원이라 일찍 출근한답시고 8시 20분경에 출근해 보니
장님을 비롯한 고참들이 와 있다. 8시 20분부터 12시 10분까지 정신없이 일
심식사하러 회사 구내식당에 가려고 고개를 들어보니 아직도 일에 몰두하
고참들이 많다. 12시 30분이나 되어서야 식사하러 가는 사람들도 많다. 식
같이 입사한 ROTC 동기들을 만나 마파람에 게눈 감추듯 식사를 마치고 12
경에 사무실에 돌아와 보니 다른 사람들은 웬 점심을 그리도 빨리 먹는지
(?) 점심 시간인데도 일을 하고 있다. 다시 일을 시작해 허기가 느껴져 시계
아직 5시밖에 안 되었다. 10여 일 전에 제대한 군생활을 생각하며 까짓 국방
는 거꾸로 매달아 놔도 돌아가는데 곧 8시 퇴근 시간이 오겠지 생각하며 다
몰두한다. 그런데 이게 웬일인가? 8시가 다 되어가도 부장님이 퇴근할 기미
지 않는다. 드디어 8시 50분경 부장님이 퇴근하고 그 뒤를 이어 9시 10분
이 퇴근한 후 10시가 다 되어서야 고참들이 퇴근한다. 나의 퇴근 시간은
입사 두 달째쯤: 이젠 어느 정도 업무도 파악되어 간다. 열심히 일하면
정도면 과학적 관리법을 주장한 테일러(F. A. Taylor)가 말한 소위 하루의
무량(afair day's work)을 다 완수할 수 있다. 그러나 입사 후 얻은 첫 번
열심히 일해 하루 일과를 너무 빨리 끝내버리면 퇴근할 때까지 남은 시
지루하고 곤혹스럽다는 것이다. 그 당시 사무실은 한 100명 정도가 일하
은 방이었는데, 사무실 문을 열고 들어가면 맨 뒤에 부장, 그 앞에 과장,
원 순으로 배치되어 있었다. 신입사원은 맨 앞에 앉아 모든 사람의 시선을
받을 수밖에 없었다. (제3장 112쪽 '권위주의 책상 배치 사라진다' 참조)
끝내도 뒤통수가 따가워 마음놓고 자리를 비우고 다른 부서에 근무하는

참고 문헌

국내 문헌

강근복(1989), "미래예측 기법으로서의 Sysem Dynamics," 충북대 법률행정연구소 논문집, 제17권: 127-147.

강자모 역, 윌리엄 데비도 외 저(1994), 가상기업, 세종서적.

구현모 · 이해심 · 이호연 역(1988), 이성의 꿈, 범양사출판부.

김광태 · 조혁 역(1990), 혼돈의 과학, 범양사출판부.

김두철(1993), "물리학적 질서의 새로운 차원," 과학사상, 제6호, 범양사.

김상일(1993), 화이트헤드와 동양철학, 서광사.

김영평(1991), 불확실성과 정책의 정당성, 고려대출판부.

김완식(1991), "Harry Braverman의 노동의 탈숙련화에 관한 이론," 오석홍 편, 조직학의 주요 이론, 경세원.

김용정(1993), "혼돈과 무의 극," 과학사상, 제6호, 범양사.

남중헌(1990), 조직사회의 근본 문제, 형설출판사.

미래연구(1994), 19세기에서 본 21세기, 청년문예.

박배식 · 성하운 역, 제임스 글리크 저(1993), 카오스: 현대과학의 대혁명, 동문사.

박배식 · 조혁 역, 이안 스튜어트 저(1989), 하느님은 주사위놀이를 하는가?, 범양사.

백완기(1992), 행정학, 박영사.

변상근(1994), 글로벌 게임 카오스의 세계, 그 혼돈의 프론티어, 민음사.

신국조 역, 일리아 프리고진 저(1993), 혼돈으로부터의 질서, 고려원미디어.

이상진(1990), 현대조직학, 형설출판사.

오석홍(1989a), 인사행정론(전정판), 박영사.

———(1989b), "조직과 환경," 서울대학교 행정논총, 제27권 제2호.

오세덕(1985), "조직균형이론의 전개와 그 한계성에 관한 고찰," 경희대학교 사회과학논총, 제3권: 7~23.

오세철 · 박상언 역, G. 모르건 저(1994), 조직사회학. 현상과 인식.

윤재풍(1991), 사회과학과 조직분석, 박영사.

이인식(1995), 미래는 어떻게 존재하는가, 민음사.

이종수 외(1993), 새행정학, 대영문화사.

이창신(1984), "조직이론에 열역학의 개념과 원리의 적용," 한국행정학보, 제18권 제2호.

이호연 역(1988), 우주의 청사진, 범양사출판부.

이홍탁(1990), 사회학원론, 법문사.

장지호(1981), "조직이론의 변천," 인하대학교 인문과학연구소 논문집, 제7권.

정운찬(1993), "혼돈이론과 경제학," 과학사상, 제6호, 범양사.

최창현(1989), "조직이론 관점의 다양성: 해석학 및 비판이론을 중심으로," 홍동선 역, 자기조직하는 우주, 범양사출판부.

———(1991), "조직구조, 권위주의에 대한 태도, 직무만족도와 조직몰입도의 관계에 대한 경로분석적 연구: 선형구조 관계(LISREL) 모형의 적용," 한국행정학보, 제25권 제2호.

———(1992), "환경에 대한 조직 적응양식 구조적 상황이론, 자원종속이론, 개체군 생태학이론, 제도적 이론의 비교 분석," 한국행정학보, 제26권 제2호.

———(1993a), "조직이론에 있어서의 상호인과성의 논리: 개체군생태학이론의 Lotka-Voltera 모형에 대한 Simulation," 1993년도 한국 시뮬레이션 학회지, 제2권 1호.

———(1993b), "조직이론 관점의 변천: 체제이론 대 혼돈이론을 중심으로," 한국행정학회 동계 연례학술대회 발표논문집, 제1권.

———역(1992), 행정조직이론, 대영문화사(Michael M. Harmon & Richard T. Meyer(1986), *Organization Theory for Public Administration*, Little Brown and Company).

홍동선 역(1989), 자기조직하는 우주, 범양사출판부.

국외 문헌

Albesson, Mats(1985), "A Critical Framework for Organizational Analysis," *Organization Studies,* 6/2: 117–138.

Allen, R. G.(1960), "The Structure of Macro-Economic Models," *Economic Journal,* Mar: 38–51.

Anderson, D. F. & Sturis, J.(1988), "Chaotic Structures in Generic Management Models," *System Dynamics Review*, 4: 218–245.

Argyris, Chris(1964), *Integrating the Individual and the Organisation*, N. Y. : John Wiley & Sons.

Astley, W, Graham & Van de Ven, Andrew H.(1983), "Central Perspectives and Debates in Organizations Theory," *Administrative Science Quarterly,* 28(Jun): 245–273.

Barburoglu, O. N.(1988), "The Virtical Environment: The Fifth in the Emery-Trist Levels of Organizational Environments," *Human Relations*, 41.

Barnard, Chester 1.(1938), *The Functions of the Executive*, Cambridge, Ma.: Harvard University Press.

Bender, Jonathan B.(1985), *Parallel Systems: Redundancy in Government*, University of California Press

Benson, Kenneth J.(1975), "The Interorganizational Network as a Political Economy," *ASQ*, 20(June): 229–249.

———(1977), "Organizations: A Dialectical View," *Administrative Science* Quarterly, 22(Mar.): 1–21.

Berger, Peter L. & Luckmann, Thomas(1967), *The Social Construction of Reality*, N. Y.: Doubleday.

Blau, P. M. (1970), "A Formal Theory of Differentiation in Organizations," *American Sociological Review*, vol. 35: 201–218.

Bolman, Lee G. & Deal, Terrence E.(1986), *Modern Approaches to Understanding and Managing Organizations.*

Brunsson, Niels(1989), *The Organization of Hypocrisy.*

Burns, Tom, & Stalker, G. M.(1961), *The Management of Innovation*, London: Tavistoc Publications.

Burrel, Gibson & Morgan, Gareth(1979), *Sociological Paradigm and Organicational Analysis*, London: Heinemann Educational Books.

Carroll, Glenn R.(1988), "Organizational Ecology in Theoretical Perspective," in Glenn R. Carroll(ed.), *Ecological Models of Organizations*, Cambridge, Mass.: Ballinger Publishing Co.

Choi, Chang-Hyeon(1992), "The Relationship of the Antecedents of Organizational Commitment to Organizational Commitment: An Application of LISREL Model," paper presented at the 3rd International

Conference on Social Sciences Development, Taipei, Taiwan.

Clegg, Stewart(1983), "Phenomenology and Formal Organizations: A Realist Critique," *Research in the Sociology of Organizations*, vol. 2.

Clegg, Stewart & Higgins, Winton(1987), Against the Current: Organizational Sociology and Socialism, *Organization Studies*, 8/3: 201-221.

Davis, Kingsley & Moore, Wilbert(1945), "Some Principles of Stratification." *American Socioligical Review*, 10: 242-249.

Denhardt, Robert B.(1984), *Theories of Public Organization*, Monterey Calif: Brooks Cole Publishing Co.

Dobuzinskis, Laurent(1987), *The Self-Organizing Polity: An Epistemological Analysis of Political Life*, Boulder, Colorado Westview Press, Inc.

Drazin, R. & Sandelands, L. R.(1992), "Autogenesis and the Process of Organization," *Organization Science*, 144-155.

Emery, F. E. & Trist, E. L.(1965), "The Causal Texture of Organizational Environments, *Human Relations*, 18: 21-31.

Fossett, James, Choi, Chang H., & Peterson(1991), "Hospital Outpatient Services and Medicaid Patients'Access to Care," *Medical Care*, Oct., vol. 29, no. 10.

Gerth, Hans & Mills, C. Wright(1958), *From Marx Weber: Essays in Sociology*, New York: Oxford University Press.

Gerth, Hans & Mills, C. Wright eds. and trans(1946). *From Max Weber: Essays in Sociology*, New York: Oxford University Press.

Gleick, J.(1987), *Chaos: Making a New Science*, New York: Viking.

Greenhalgh, Leonard(1983), "Organizational Decline," *Research in the Sociology of Organizations*, vol. 2.

Gregersen, Hal & Sailer, Lee(1993), "Chaos Theory and Its Implications for Social Science Research," *Human Relations*, vol. 46, no. 7: 777-802.

Hannan, Michael T. & Freeman, John H.(1977), "Population Ecology of Organizations," *American Journal of Sociology*, 82.

———(1984), "Structural Inertia and Organizational Change," *American Sociological Review*, 49(Apr.) : 149-164.

———(1988), "Density Dependence in the Growth of Organizational Populations, in Glenn R. Carroll(ed.), *Ecological Models of Organizations*, Cambridge, Mass.: Ballinger Publishing Co.

Harmon, Michael M.(1981), *Action Theory for Public Administration*, New

York, N.Y.: Longman Inc.

Harmon, Michael M. & Meyer, Richard T.(1986), *Organization Theory for Public Administration*, Little Brown and Company.

Hassard, John(1991), "Multiple Paradigms and Organizational Analysis: A Case Study," *Organization Studies*, 12/2: 275−299.

Heffron, Florence(1989), *Organization Theory and Public Organization: The Political Connection*. Englewood Clifts, NJ: Prentice Hall.

Herzberg, Frederick(1966), *Work and the Nature of Man,* Cleveland: World.

———(1968), "One More Time: How Do You Motivate Employee?", *Harvard Business Review* 46: 1: S3−62.

Hicks, John. R.(1950), *A Contribution to the Theory of the Trade Cycle*, London: Clarendon Press.

Hrebeniak, Lawrence G. & Joyce, William F.(1985), "Organizational Adaptation: Strategic Choice and Environmental Determinism," *ASQ*, 30(Sept.): 336−349.

Jantsch, E.(1980), *The Self-organizing Universe: Scientific and Human Implications of the Emerging Paradigm of Evolution*, Pergamon Press.

Kerlinger, Fred N.(1964), *Foundations of Behavioral Research*, N.Y: Holt.

Lawrence, Paul R., & Lorsch, Jay W.(1967), *Organization and Environment*, Boston, Graduate School of Business Administration, Harvard University.

Leifer, R.(1989), "Understanding Organizational Transformation Using a Dissipative Structure Model," *Human Relations*, vol. 42, no. 10.

Levinthal, Daniel A.(1991), "Organizational Adaptation and Environmental Selection: Interrelated Processes of Change," *Organization Science*, vol. 2, no. 1 : 140−145.

Likert, Rensis(1961), *New Attemps of Management,* New York: McGraw-Hill.

———(1967), *The Human Organization,* New York: McGraw-Hill.

Likert, R. & Likert, J. G.(1967), *New Ways of Managing Conflict,* New York: McGraw-Hill.

March, J. G.(1981), "Footnotes to Organizational Change," *ASQ*, 26: 563−577.

March, J. G. & Olsen, J. P.(1976), *Ambiguity and Choice in Organizations*, Bergen, Norway Universitetsforlaget

Martin, Shan(1983), *Managing without Managers: Alternative Work Arrangement in Public Organizations*, SAGE Library of Social

Research, SAGE Publications.

Maruyama, Magorah(1963), "The Second Cybernetics: Deviation Amplifying Mutual Causal Processes," *American Scientist*, 51: 164－179.

Maslow, Abraham H.(1954), *Mativation and Personality,* New York: Harper and Brothers.

Maturana, H. & Varela, F.(1980), *Autopoiesis and Cognition: The Realization of the Living*, London: Reidl.

McGregor, Douglas(1960), *The Human Side of Enterprise*, N. Y.: McGraw-Hill.

Merton, Robert K.(1940), "Bureaucratic Sturucture and Personality." *Social Forces* 18: 560－568.

Mintzberg, Henry(1983), *Structure in Fives Designing Effective Organizations*, Englewood Cliffs, N. J.: Prentice Hall, Inc.

Morgan, Gareth(1986), *Images of Organization*, Calif: SAGE Publications Inc.

Morgan, Gareth & Burrell, Gibson(1979), *Sociological Paradigms and Organizational Analysis*, London & Portsmouth, N.H.: Heinemann.

———(1986), *Images of Organization*, Calif: SAGE Publication Inc.

———(1990), "Paradigm Diversity in Organizational Research," in John Hassard & Denis Pym(eds.), *The Theory and Philosophy of Organizations: Critical Issues* & New *Perspectives*, London: Routledge.

Nicolis, G. & Prigogine, 1.(1977), *Self－Organization in Nonerluilibriurn Systems: From Dissipative Structures to Order through Fluctuations*, John Wiley & Sons.

Oldham, G. R. & Hackman, J. R.(1981), "Relationships between Organizational Structure and Employee Reactions: Comparing Altermative Framworks, *Adminstrative Science Quaterly,* Vol. 26: 66－83.

Ostrom, Vincent(1974), *The Intellectual Crisis in American Public Administration*, Alabama: The University of Alabama Press.

Parsons, Talcott(1951), The Social System, Glencoe: Free Press

Pennings, Johannes M.(1992), "Structural Contingency Theory: A Reappraisal," *Research in Organizational Behavior*, vol. 14.

Perrow, Charles(1961), "The Analysis of Goals in Complex Organizations," *American Sociological Review*, 26 (Dec.): 688－699.

———(1967), "A Framework for the Comparative Analysis of Organizations,"

American Sociological Review, 32: 194－208.

———(1970), *Organizational Analysis: A Sociological View*, Belmont, Calif,: Wadsworth

———(1986), *Complex Organizations: A Critical Essay*(3rd ed.), New York: Random House.

Pfeffer, Jeffrey(1982), *Organizations and Organization Theory*, Boston: Pitman.

Porter, L. W., Lawler, E. E., & Hackman, J. R.(1975), *Behavior in Organizations*, N. Y.: McGraw-Hill.

Prigogine, I.(1980), *From Being to Becoming: Time and Complexity in the Physical Sciences*, San Francisco: W. H. Freeman & Sons.

Prigogine, I., & Stengers, 1.(1984), *Order out of Chaos: Man's New Dialogue with Nature*, Bantam Books.

Probst, G.(1984), "Cybernetic Principles for the Design, Control, and Development of Social Systems and Some after thoughts," in H. Ulrich & G. J. B. Probst(ed.), *Self-Organization and Management of Social Systems*, Berlin Heidelberg Springer-Verlag Co.

Ranson, Stewart, Hinnings, Bob, & Greenwood, Royster(1980), "The Structuring of Organizational Structures," *ASQ*, 25(Mar.): 1－17.

Rifkin, Jeremy(1980), *Entrophy: A New World View*, Bantam Books.

Ritzer, George(1993), *The McDonaldzation of Society.*

Ruelle, D.(1991), *Chance and Chaos*, N. J.: Princeton University Press.

Samuelson, P. A.(1939), "Interactions between the Multiplier Analysis and the Principle of Acceleration," *Review of Economic Statistics*, vol. 21, May.: 75－79.

Scott, William G. & Hart, David K. (1979), *Organizational America*, Boston: Houghton Mifflin.

Scott, W. Richard & Mitchell, T.(1976), *Organization Theory: A Structurl and Behavioral Analysis*, Homewood, Il: Irwin.

Shen, Vincent(1992), "Person as the Central Concept of Human and Social Sciences: An Interpretation of Edmund Husserl's Thought on Human Person in Ideen II," a paper presented at the 3rd International Conference on Social Sciences Development held in Taipei, Taiwan.

Shenkar, O.(1984), "Is Bureaucracy Inevitable?: The Chinese Experience," *Organization Studies*, 5/4: 289－306.

Simon, Herbert A.(1976), *Administrative Behavior A Study of Decision-king Processes in Administrative Organization*, (3rd ed.), N.Y.: The Free Press.

Silverman, David(1971), *The Theory of Organizations*, N.Y.: Basic Books.

Taylor, Frederick W.(1967), *The Principles of Scientific Management*, New York W.W. Norton & Company.

Thompson, James D.(1967), *Organizations in Action*, New York: McGraw-Hill.

Tucker, David J., Singh, J., Meinhard A., & House, R.(1988), "Ecological and Institutional Sources of Change in Organizational Populations," in Glenn R. Carroll(ed.), *Ecological Models of Organizations*, Cambridge, Mass.: Ballinger Publishing Co.

Ulrich, Dave(1987), "The Population Perspective Review, Critique, and Revelance," *Human Relations*, vol. 40, no. 3: 137−152.

Weber, Max(1947), *The Theory of Social and Economic Organization*, trans A. M. Parsons & T. Parsons, New York: Free Press.

———(1949), *The Theory of Social & Economic Organifation,* Glencoe: Free Press.

Weick, Karl(1979a), "Cognitive Processes in Organizations," *Research in Organizational Behavior*, vol. 1.

———(1979b). *The Social Psychology of Organizing* (2nd ed.), Reading, Mass. Addison-Wesley Publishing Co.

White, Jay D.(1982), "Public Policy Analysis: Reason, Method, and Praxis." *DDA degree,* George Washington University Press.

Williamson, Oliver E.(1981), "The Economics of Organizations: The Transaction Cost Approach," *American Journal of Sociology*, 87(Nov.): 548−577.

Zeitz, Gerald(1980), "Interorganizational Dialectics," *ASQ*, 25, Mar.: 72−88.

———, "Social Science Research", *Human Relations*, vol. 46, no. 7: 777−802.

찾아보기

저자 소개

최창현

〈약력〉

- 1985 성균관대학교 법정대학 행정학과 졸업, 대우 수입부 근무
- 1997 RPI Lally 경영대학원 초빙교수
- 1997 뉴욕주립대 록펠러 행정대학원 행정학박사
- 2003 한국 행정학회 편집이사
- 2004-2005 한국조직학회 편집위원장
- 2006 한국조직학회 부회장
- 2011 한국지방정부학회 부회장
- 2011 한국반부패정책학회 부회장
- 2009-2011 조직학회 부회장
- 2009-2011 캄보디아 행정연구회 회장
- 2012 조직학회 회장 현 관동대학교 행정학과 교수

〈주요 논문 및 저 · 서〉

- 조직구조, 권위주의에 대한 태도, 직무만족도와 조직몰입도의 관계에 대한 경로 분석적 연구(1991)
- Hospital Outpatient Services and Medicaid Patients' Access to Care(1991)
- 환경에 대한 조직 적응양식: 구조적 상황이론, 자원종속이론, 개체군생태학이론, 제도이론의 비교분석(1992)
- The Relationship of the Antecedents of Organizational Commitment to Organizational Commitment(1993)
- 조직이론에 있어서의 상호인과적 분석: Lotka-Voltera모형에 대한 Simulation, 조직이론 관점의 변천: 체제이론 대 혼돈이론을 중심으로(1993)
- 조직구조와 혁신의 관계(1994) 외 다수
- 『행정관리와 컴퓨터: 컴퓨터 패키지 활용 중심』(1994), 관동대출판부.
- 『행정조직이론』(Harmon & Meyer, 1992), 대영문화사.
- 『조직생활의 압박감과 그 대처 방안』(1995) 외 영미 서적 등 번역서 다수

현대 사회와 조직

펴낸날 / 제1판 제1쇄 2012년 1월 10일

지은이 / 최창현

펴낸이 / 임춘환

펴낸곳 / 도서출판 대영문화사

주소 / 서울 용산구 청파동 1가 178-2 ㉾ 140-869

등록 / 1975년 12월 26일 제3-16호

전화 / (02)716-3883, (02)714-3062

팩시밀리 / (02)703-3839

우체국 온라인 / 011353-02-009106

ISBN 978-89-7644-381-6

〔값 15,000원〕